构建新发展格局
推动高质量发展

GOUJIAN
XINFAZHAN GEJU
TUIDONG GAOZHILIANG FAZHAN

陈心颖　主编

海峡出版发行集团 | 福建人民出版社
THE STRAITS PUBLISHING & DISTRIBUTING GROUP | FUJIAN PEOPLE'S PUBLISHING HOUSE

图书在版编目（CIP）数据

构建新发展格局　推动高质量发展/陈心颖主编．福州：福建人民出版社，2024.12 -- ISBN 978-7-211-09675-6

Ⅰ. F124

中国国家版本馆 CIP 数据核字第 2024ER9891 号

构建新发展格局　推动高质量发展

GOUJIAN XINFAZHAN GEJU　TUIDONG GAOZHILIANG FAZHAN

编　　者：陈心颖
责任编辑：林诗鸿
美术编辑：林　玲
责任校对：林乔楠
出版发行：福建人民出版社
电　　话：0591-87533169(发行部)
地　　址：福州市东水路 76 号
邮政编码：350001
网　　址：http://www.fjpph.com
电子邮箱：fjpph7211@126.com
印　　刷：福州万达印刷有限公司
地　　址：福州市闽侯县荆溪镇溪头工业区徐家村 166-1 号
开　　本：700 毫米×1000 毫米　1/16
印　　张：16.75
字　　数：231 千字
版　　次：2024 年 12 月第 1 版
印　　次：2024 年 12 月第 1 次印刷
书　　号：ISBN 978-7-211-09675-6
定　　价：80.00 元

本书如有印装质量问题，影响阅读，请直接向承印厂调换。

总序

马克思主义是我们立党立国、兴党兴国的根本指导思想。实践告诉我们，中国共产党为什么能，中国特色社会主义为什么好，归根到底是马克思主义行，是中国化时代化的马克思主义行。习近平新时代中国特色社会主义思想是当代中国马克思主义、二十一世纪马克思主义，是中华文化和中国精神的时代精华，实现了马克思主义中国化时代化新的飞跃。在当代中国，坚持和发展习近平新时代中国特色社会主义思想，就是真正坚持和发展马克思主义，就是真正坚持和发展科学社会主义。

理论修养是领导干部综合素质的核心，理论上的成熟是政治上成熟的基础，政治上的坚定源于理论上的清醒。对领导干部来说，马克思主义这个看家本领掌握得越牢靠，政治站位就越高，政治判断力、政治领悟力、政治执行力就越强，观察时势、谋划发展、防范化解风险就越主动。党校（行政学院）作为干部教育培训的主阵地，始终不变的初心就是为党育才、为党献策，抓好用马克思主义中国化时代化最新成果统一思想、统一意志、统一行动，坚持不懈用习近平新时代中国特色社会主义思想凝心铸魂，是职责所在，使命使然。着眼于提高干部综合素质和能力，开发具有政治性、思想性、权威性、指导性、可读性的干部学习培训教材，把党的创新理论的时代背景、科学体系、精神实质、实践要求、原创性贡献研究深、阐释透，用通俗易懂的语言将其中的道理学理哲理讲得令人信服，切实把鲜活的思想讲鲜活，把彻底的理论讲彻底，有力推动党的创新理论深入人心，是党校（行政学院）办学治校义不容辞的责任。

福建是习近平新时代中国特色社会主义思想的重要孕育地和实践地。习近平总书记曾在福建工作17年半，领导和推动了福建改革开放和社会主义现代化建设，开创了一系列重要理念和重大实践，这是福建最独特最重大的优势。习近平总书记十分关心重视党校（行政学院）事业发展，在福建工作期间和到中央工作后，先后18次到中共福建省委党校（福建行政学院）调研、作报告，他提出要创建“一流党校”的目标要求，勉励我们“要把这个阵地建设好”。我们牢记嘱托，锚定“一流党校”建设目标，发挥独特资源优势，把打造体现福建干部教育培训特色、反映党校（行政学院）教学水平的精品课程、精品教材、精品案例、精品现场教学点作为办学治校的重点任务，持续推进。

基于以上考虑，我们组织校（院）精干教研师资力量，成立编写团队，精心制定编写方案，重点推出“党政干部培训”系列教材，系统阐释习近平新时代中国特色社会主义思想，党的二十大和二十届二中、三中全会精神，习近平总书记来闽考察重要讲话精神，深入发掘习近平总书记在福建工作期间的理论和实践富矿，全景展示习近平新时代中国特色社会主义思想在福建的生动实践，服务福建干部教育培训，推动各级干部当好推进中国式现代化福建实践的坚定行动派和实干家。

在此，我向积极参与教材编写和出版工作的老师和同志们表示衷心的感谢！由于时间仓促，这些教材难免存在不足之处，我们真心希望读者多提宝贵意见，以便再版时完善提升。

金敏

2024年11月

前 言

党的二十大报告中指出："从现在起，中国共产党的中心任务就是团结带领全国各族人民全面建成社会主义现代化强国、实现第二个百年奋斗目标，以中国式现代化全面推进中华民族伟大复兴。"我们必须把推进中国式现代化作为最大的政治，在党的统一领导下，团结最广大人民，聚焦经济建设这一中心工作和高质量发展这一首要任务，把中国式现代化宏伟蓝图一步步变成美好现实。

党的二十届三中全会提出："高质量发展是全面建设社会主义现代化国家的首要任务。必须以新发展理念引领改革，立足新发展阶段，深化供给侧结构性改革，完善推动高质量发展激励约束机制，塑造发展新动能新优势。"中国式现代化与西方现代化在经济维度的根本差异在于：西方现代化进程体现了资本逻辑，资本的逐利动机形成的财富积累机制一方面带来物质财富的迅速扩张，另一方面也备受生态危机、财富两极分化、精神荒漠等问题的困扰；而中国式现代化则充分体现人民逻辑，以高质量发展为路径，追求"质的有效提升和量的合理增长"，在经济现代化进程中把握"高质量"的方向，必须在经济发展中贯彻"创新、协调、绿色、开放、共享"的新理念，体现新发展理念的经济发展就是高质量发展。

经济高质量发展遵循创新理念，解决中国式现代化的动力源问题。中国式现代化是人口规模巨大的现代化，创新是强大动能。中国拥有十四亿多人口，数量庞大，中国式现代化进程是一个超大规模的现代化进程，当下中国经济正处在从数量型驱动的增长方式向质量型驱动的增长方式转型的过程中，创新是成功实现转型的关键变量，我们必须坚持科技是第一生产力、人才是第一资源、创新是第一动力，深入实施科教兴国战略、人才强国战略、创新驱动发展战略，开辟发展新领域新赛道，不断塑造发展新动能新优势。以创新引领高质量发展，同时通过高质量发展为创新提供坚实的物质保障，形成创新与高质量发展的良性循环。

经济高质量发展遵循协调理念，解决现代化进程中均衡性整体性问题，“木桶原理 ”表明短板对整体的掣肘，说明协调发展的重要性。协调理念下，经济高质量发展谋求工业化、城镇化、信息化、农业现代化同步推进，要求区域、城乡、产业、人口布局等协调发展。值得注意的是，经济高质量发展不能简单地与物质指标增长画等号，与现代化生产力相适应的制度和观念也是经济高质量发展的应有之义，经济高质量发展强调协调，旨在防止追求经济单一层面的单兵突进，忽视制度和观念建设，经济高质量发展最终要能体现物质文明和精神文明相协调，这是中国式现代化的本质要求。

经济高质量发展遵循共享理念，解决“经济发展为了谁”的问题，中国共产党的初心和使命就是为中国人民谋幸福，为中华民族谋复兴，经济发展的共享理念则指向共同富裕，充分体现了中国共产党为了人民幸福而发展的初心，习近平总书记指出：“共同富裕是社会主义的本质要求，是中国式现代化的重要特征。我们说的共同富裕是全体人民共同富裕，是人民群众物质生活和精神生活都富裕，不是少数人的富裕，也不是整齐划一的平均主义。”这指明共同富裕是内生于社会主义制度的，是伴随着中国式现代化进程的，是以高质量发展为路径的。当前，我国社会主要矛盾是人民日益增长的美好生活需要和不平衡不充分的发展之间的矛盾。共享理念下的共同富裕是我党自觉主动直面社会主要矛盾，通过解决发展不平衡不充分问题，全面提升人民群众的获得感、幸福感、安全感，避免发生西方现代化进程中衍生出的“无情的增长”“无根的增长”“无发展的增长”等问题。

经济高质量发展遵循绿色理念，解决经济发展与生态保护之间的关系。中国式现代化倡导可持续发展观，有别于西方国家先污染再治理的现代化道路。主要资本主义国家在现代化进程中过度迷信市场经济，导致或多或少都经历高能耗、环境污染、生态危机等一系列“市场失灵”的现象，有增长而无发展，付出了惨痛代价，而代价的主要承担者则是广大的老百姓。中国式现代化下的经济高质量发展要求坚持“绿水青山就是金山银山”的绿色发展理念，加快经济发展方式转变，制定引领绿色发展的产业政策，优化产业结构，走文明永继的发展道路。

经济高质量发展遵循开放理念，解决“实现什么样的开放发展、怎样推动开放发展”的问题。一方面，通过构建以国内大循环为主体，国内国际双循环相互促进的新发展格局，实现双向开放、内外联动，以国际循环提升国内循环的效率和水平。另一方面，中国式现代化选择的是一条坚定不移地开放、和平发展之路，绝不走一些国家通过战争、殖民、掠夺等方式实现现代化的老路，通过引进来、走出去，秉持和平共处、互利共赢作为基本准则，反对霸权主义、单边主义，践行真正的多边主义，在世界和平中谋求自身发展，通过谋求自身发展做强有力的维护世界和平的使者。

新发展理念最终指向经济高质量发展，深刻回答了“我们需要什么样的发展”。党的二十大和党的二十届三中全会对实现高质量发展作出了系统部署，提出了改革要求，内容涵盖“构建高水平社会主义市场经济体制”“建设现代化产业体系”“全面推进乡村振兴”“促进区域协调发展”“推进高水平对外开放”等五大行动。本书坚持以习近平经济思想为指导，坚持目标导向和问题导向相结合，理论与实践相统一，对五大行动进行分章论述，以期有助于党政干部深化对经济高质量发展的认识，更好投身于以中国式现代化全面推进强国建设、民族复兴伟业。

目录

第一章　构建高水平社会主义市场经济体制

党的二十大报告指出："构建高水平社会主义市场经济体制。"在社会主义条件下发展市场经济，是我们党的一个伟大创举。社会主义市场经济体制是社会主义基本经济制度采用的具体组织形式和管理体系。在全面建设社会主义现代化国家的新征程上，必须坚持社会主义市场经济改革方向，构建高水平社会主义市场经济体制，为推动高质量发展提供健全的体制保障。

第一节　构建高水平社会主义市场经济体制的内涵、背景及意义

一、构建高水平社会主义市场经济体制的内涵

构建高水平社会主义市场经济体制，必须深刻认识什么是高水平社会主义市场经济体制。所谓经济体制，就是国家管理经济的手段、方式和方法，它是制定并执行经济决策的各种制度和机制的总和。经济体制调控或影响社会资源和社会经济流动的范围、内容和方式，其核心是资源配置方式，有什么样的资源配置方式，就有什么样的经济体制。市场经济体制指的是市场在资源配置中起决定性作用的经济体制，它是相对于各级政府运用行政手段配置资源的计划经济体制而言的。市场能否在资源配置中起决定性作用，又取决于政府在经济管理中发挥什么作用，以及如何发挥作用。高水平社会主义市场经济体制就是中国特色现代企业制度与有效市场和有为

政府有机结合的社会主义市场经济体制。构建高水平社会主义市场经济体制，需要不断完善中国特色现代企业制度、建设高标准市场体系、更好发挥政府作用。

1. 各类市场主体活力竞相迸发

构建高水平社会主义市场经济体制，就是要让作为国民经济细胞的各类市场主体更加充满活力。市场主体是经济发展的基本载体，是经济活动的主要参与者、就业机会的主要提供者、技术进步的主要推动者，保护好市场主体，就是保护社会生产力。激发各种市场主体活力，就是要给多元市场主体留足发展空间，激发创业创新的巨大潜能，让各种市场主体自由发展，形成百舸争流、竞相迸发的良好局面。保持多元主体所有制结构的稳固性。一方面，要更好地发挥国有经济战略的支撑作用，推进国有经济布局优化和结构调整，增强国有经济创新力、控制力和影响力，推动国有企业在关键领域占据主导地位，在推动区域协调、绿色发展、科技创新发展中起到带头引领作用。另一方面，在市场发挥决定性作用的竞争性市场领域，放宽对民营经济的管制与束缚，降低进入门槛，鼓励和支持民营企业进行平等竞争，发挥市场配置资源要素的动态优化作用，汇聚起形成现代化市场体系的巨大动能。

2. 全国统一大市场基本形成

高水平的社会主义市场经济体制必须构建全国统一大市场，深化要素市场化改革，建设高标准市场体系。当前世界正处于百年未有之大变局，逆全球化和贸易保护主义愈演愈烈，外部环境引发的各种不稳定性、不确定性因素增加，中国内部经济短期内面临着需求收缩、供给冲击、预期减弱等多重压力，因此构建全国统一大市场、深化要素市场化改革、建设高标准市场体系十分迫切。未来五年乃至更长一段时间，建立起“以国内大循环为主体”的全国统一大市场，为高水平的社会主义市场经济体制提供基础支撑，为各种要素自由流动进行市场化的高效配置，为构建新发展格局、推动高质量发展提供优越的环境，将成为重要任务。建设全国统一大市场，就要大力推进要素市场化改革，夯实市场经济运行的基石，建设高标准市场体系，这是高水平社会主义市场经济体制的重要组成部分和有效运转的基础。

3. 有效市场和有为政府更好融合

党的二十大报告中明确指出，“充分发挥市场在资源配置中的决定性作用，更好发挥政府作用”。处理好政府和市场的关系，是构建高水平社会主义市场经济体制的核心问题。我国社会主义市场经济的优势恰恰在于市场经济中政府作用的积极发挥，“看得见的手”和“看不见的手”两手发力，既避免了单纯依靠政府力量会损失资源配置效率、丧失经济活力而出现政府失灵，又避免了完全依靠市场力量会催生过度垄断、排斥公共利益、引发两极分化而出现市场失灵，这是我国社会主义市场经济优越性的集中体现。社会主义制度和市场经济各自具有优势，市场经济的优势集中表现在能够引导生产资料和劳动力在生产领域的合理流动，实现社会资源的优化配置，促进社会生产力的发展。中国特色社会主义制度的优势则体现于在党的统一领导下，保证经济发展的社会主义方向，有效应对复杂局面和化解风险，保障中国经济安全稳定快速发展。未来，有效市场和有为政府更好融合、相得益彰，充分展现高水平社会主义市场经济体制的优势。

4. 财税金融体制精准施策

财政税收制度和金融制度都是国家宏观经济调控的手段，是一个整体。财政与金融关系密切，都力求社会供需在动态过程中达到总量的平衡和结构的优化，使经济尽可能实现持续、稳定、协调发展。中国处于重要的战略机遇期，机遇和挑战都有新的变化，宏观经济政策选择的外部环境也发生变化，需要将财税政策和货币政策统一起来，相互补充，解决市场自身不能解决的外部性问题。要建立、健全现代财税金融体制，将现代财税金融体制作为高水平社会主义市场经济体制健康、稳定、可持续发展的重要保障。在财政体制方面，健全现代预算制度，增强国家重大战略任务的财力保障；

在税收体制方面，建立健全现代税收制度，深化税收征管制度改革；在金融体制方面，健全现代中央银行制度，完善货币和利率调控机制，深化金融监管体系；在资本监管体制方面，健全资本市场功能，规范和引导资本市场健康发展。

二、构建高水平社会主义市场经济体制的时代背景和现实背景

40 多年来，我国经济体制改革从理论到实践不断创新发展，从以计划经济为主、市场调节为辅，到有计划的商品经济，再到建立社会主义市场经济体制，直至党的十八大以来，加快完善社会主义市场经济体制，成功实现了传统计划经济体制到社会主义市场经济体制的伟大转变。当下，中国特色社会主义进入新时代，构建高水平社会主义市场经济体制是基于目前我国所处的国内国际状况的现实需要提出的经济战略。

（一）时代背景

改革开放以来，我国经济发展取得举世瞩目的成就，这是我们党推进马克思主义政治经济学中国化、时代化的重大理论与实践成果。进入新时代，我国经济社会发展面临新的问题，需要构建高水平社会主义市场经济体制，护航新时代经济高质量发展。

世界面临百年未有之大变局，我国发展处于重要的战略机遇期。环顾全球，世界百年未有之大变局加速演进，世界之变、时代之变、历史之变正以前所未有的方式展开。一方面，在经济领域，新一轮全球科技革命和产业革命正在深入推进，大数据、人工智能、数字科技等一大批新技术不断涌现，高精尖技术飞跃发展，全要素生产率日益提速，产业组织形式发生颠覆性转变，全球供应链、价值链和产业链面临新一轮洗牌重组，我国经济发展外部因素的不确定性加大。另一方面，全球化治理结构正在加速调整。伴随着经济全球化的深入，全球商品和服务贸易繁荣发展，人才、技术等生产要素

流动日益频繁，经济资源通过世界大市场在全球范围内配置。同时，近年来贸易保护主义抬头、逆全球化趋势加剧、国际金融市场动荡等问题也为全球经济发展带来诸多不确定性。我国要积极参与全球经济治理体系变革，更好发挥在全球经济治理中的作用。

我国社会主要矛盾发生变化，满足人民美好生活的需要更受期盼。我国社会主要矛盾的新表述深刻反映了新时代我国发展的阶段性特征。改革开放40多年，我国社会生产力和生产关系、经济基础和上层建筑都发生深刻变化，社会主要矛盾也发生了深刻变化。我国经济体系日益完善，市场规模日益扩大，但仍然存在发展不平衡不充分的结构性问题。主要表现在三个方面：其一，历史形成、积累和遗留的体制性、机制性和结构性问题仍然突出；其二，城乡和区域间发展不平衡，市场分割和地方保护主义仍然存在；其三，在市场经济发展成果的共享上，不同社会阶层、社会群体差异明显。这些结构性问题亟待解决。

我国经济已进入高质量发展阶段，对构建高标准、高水平、高质量的社会主义市场经济体制提出了新要求。第一，市场微观主体的高质量，即一大批核心竞争力强、创新水平高的企业发展壮大，为市场经济发展注入源源不断的活力。第二，市场经济运行机制的高质量，即供求机制、价格机制、竞争机制、风险机制等在资源配置和经济运行中得到有效施展。第三，市场体系的高质量，即高标准的市场体系，包括健全的要素市场制度、完善的法律制度等。第四，市场经济运行环境的高质量，即市场经济有效运行的基本条件能够得到满足，市场主体参与程度深范围广，营造公平有序的市场竞争环境。第五，市场经济宏观调控体系的高质量，即运用科学高效的宏观经济治理手段，推进国家治理体系和治理能力现代化，建立高效的社会主义市场经济宏观调控体系。

不断完善社会主义市场经济体制，是我国经济体制改革的主要目标，也是全面深化改革的一项重大任务。党的十八大以来，“我们以巨大的政治勇气全面深化改革，打响改革攻坚战，加强改革顶层设计，敢于突进深水区，敢于啃硬骨头，敢于涉险滩，敢于面对新矛盾新挑战，冲破思想观念束缚，突破利益固化藩篱，坚决破除各方面体制机制弊端，各领域基础性制度框架基本建立”[①]。经济体制改革紧紧围绕使市场在资源配置中起决定性作用和更好发挥政府作用逐步深化，社会主义基本经济制度不断巩固，社会主义市场经济体制逐步完善，焕发出空前的生机与活力。

（二）现实背景

社会主义市场经济体制，就是建立在公有制为主体、多种所有制经济共同发展的基础上，市场在资源配置中起决定性作用，并正确处理政府、市场与企业三者关系的经济体制。“一段时间以来，社会上对我们是否还搞社会主义市场经济、是否坚持‘两个毫不动摇’有一些不正确甚至错误的议论。我们必须亮明态度、决不含糊，始终坚持社会主义市场经济改革方向，坚持‘两个毫不动摇’。”[②] 可见，加快构建高水平社会主义市场经济体制，不仅是我们构建新发展格局、推动高质量发展的迫切需要，也是我们明确回应社会上一些不正确甚至错误议论的实际行动。

全面激发经济主体活力要求深化所有制结构改革。社会主义市场经济体制不是孤立存在的，需要有公有制为主体、多种所有制经济共同发展的所有制予以支撑。党的二十届三中全会报告指出：“要毫不动摇巩固和发展公有制经济，毫不动摇鼓励、支持、引导非公有制经济发展，保证各种所有制经济依法平等使用生产要素、公平参与市场竞争、同等受到法律保护，促进各种所有制经济优势互补、共同发展。”一方面，要增强国有企业活力。我国的国家性质决定了生产资料公有制的基础性地位。公有制经济对于调节利益主体矛盾、减少市场无序竞争状态、促进市场经济与中国特色社会主义制度有

① 习近平：《习近平著作选读》（第一卷），人民出版社 2023 年版。

② 习近平：《当前经济工作的几个重大问题》，《求是》2023 年第 4 期。

机结合、协调统一具有关键作用。而公有制经济的核心载体是国有企业，要通过深化改革增强其活力和市场竞争力。另一方面，增强非公有制企业活力。目前，我国非公有制经济产值在国民经济中占比较大，非公有制企业对财政税收和就业的贡献不断增加。非公有制经济是破解经济发展动力不足、活力不强等问题的一剂良药。

实现共同富裕的战略目标要求深化收入分配制度改革。共同富裕是社会主义的本质要求，是中国式现代化的重要特征。中国之所以选择市场经济，是因为迄今为止的历史证明：市场经济是有效率的经济，是可以强国富民的经济。然而，社会主义的市场经济强调的是天下百姓的共同富裕，是全体人民共同富裕。在实现共同富裕的道路上，“做大蛋糕”和“分好蛋糕”二者缺一不可。这就要求兼顾效率与公平，我们应充分利用初次分配、再分配和第三次分配制度，构建一套机制完备、内部联动的收入分配制度体系，更好地促进共同富裕。在初次分配方面，要完善按要素贡献参与分配的市场机制，规范分配秩序，形成政府、企业、居民间合理的收入分配格局。在第二次分配方面，充分发挥再分配环节中政府的职能作用，要大力提高税收、转移支付和社保等手段的调节力度和精准度。在第三次分配方面，要健全分配机制，拓宽高收入人群参与慈善事业渠道的深度和广度。

经济发展和生态保护的有机统一要求创新驱动产业结构优化升级。社会主义市场经济高水平发展，要求统筹经济发展和生态保护，改变把经济效益作为唯一评判标准的传统观念，实现人与自然的和谐共生。经济高质量发展要求更加注重质量和效益，唯 GDP 论英雄的导向正在扭转，新发展理念成为引领经济发展的指挥棒，这对完善经济体制提出了更高要求。创新驱动产业结构优化升级，是应对新形势的必由之路，也是高水平社会主义市场经济体制的内在要求。当前，我国产业结构还存在较为突出的矛盾。农业的基础比较薄弱，与农业现代化、产业化发展不相适应；工业大而不强，很多产品处于价值链的低端，自主创新能力欠缺；服务业发展相对滞后，不能满足国民经济发展需要。因此，我国经济社会发展和民生改善比过去任何时候都更加需要科学技术解决方案，都更加需要增强创新这个第一动力，重构产业链和价值链，转变粗放型经济发展方式，实现产业结构优化升级。

三、构建高水平社会主义市场经济体制的意义

“十四五”时期是我国全面建成小康社会、实现第一个百年奋斗目标之后，乘势而上开启全面建设社会主义现代化国家新征程、向第二个百年奋斗目标进军的第一个五年，对构建高水平社会主义市场经济体制提出了迫切要求，迈出了完善社会主义市场经济制度的一大步。制度建设是人类进步的根本标志，制度的现代化是人类现代化进程中的重要内容，也是实现现代化的根本保障。构建高水平社会主义市场经济体制，是马克思主义中国化时代化的必然要求，也是推动经济社会高质量发展、全面建设社会主义现代化国家、在百年变局的激烈竞争中取得有利地位的重要制度保障。

1. 是开辟马克思主义中国化时代化、彰显社会主义制度优势的必然要求

习近平总书记关于推进完善社会主义市场经济体制的一系列理论和实践问题的深刻阐述，丰富和发展了马克思主义政治经济学关于市场经济的理论，是中国特色社会主义政治经济学的重大突破。习近平总书记指出：“中国式现代化，是中国共产党领导的社会主义现代化。”① 在中国共产党领导下发展市场经济，什么时候都不能忘了“社会主义”。构建高水平社会主义市场经济体制，必须始终坚持社会主义市场经济改革方向，继续在社会主义基本经济制度与市场经济的结合上下功夫，既要激发各类市场主体活力、解放和发展社会生产力，也要促进效率与公平的有机统一，推动实现全体人民共

① 习近平：《习近平著作选读》（第一卷），人民出版社2023年版。

同富裕。通过有效市场和有为政府更好结合，彰显社会主义的制度优势，以中国式现代化全面推进中华民族伟大复兴。

2. 是开启现代化国家发展新征程、实现国家治理现代化的应有之义

构建高水平社会主义市场经济体制是顺利开启全面建设社会主义现代化国家新征程的需要。世界现代化进程的历史表明，国家治理体系和治理能力现代化既是全面完整的现代化的重要组成部分，也是一国能否顺利实现现代化的关键因素和必要条件。党的十八届三中全会提出“使市场在资源配置中起决定性作用和更好发挥政府作用”的重大论断，有力地促进了多年来我国经济体制改革的全面深化，破除了一系列体制机制弊端，为经济实力实现历史性跃升提供了重要的制度保障。进入向第二个百年奋斗目标进军的新征程，全面建设社会主义现代化国家迫切需要社会主义基本经济制度更加完善、市场经济基础制度更加完备、制度活力更加彰显、创新活力更加活跃的高水平市场经济制度环境。加快构建高水平社会主义市场经济体制和完善社会主义基本经济制度，有利于促进市场体系高效运行、资源要素高效配置、经济发展和治理水平迈上更高水平，为全面建设社会主义现代化国家提供坚实的制度保障。

3. 是构建经济双循环新发展格局、推动经济高质量发展的重要举措

无论是畅通国内大循环，还是促进国内国际双循环，都需要全面深化改革，健全激发市场主体活力的激励机制和要素保障体系，着力打通生产、分配、流通、消费各个环节，加快形成高效、规范、公平、开放的国内统一大市场，促进人流、物流、资金流、信息流在社会再生产各环节、区域和城乡间流动。构建以国内大循环为主体、国内国际双循环相互促进的新发展格局，坚定走高质量发展之路，已成为我国新发展阶段的重大战略抉择。建设现代化经济体系，推动质量变革、效率变革、动力变革，迫切需要完善相关体制机制。比如，激发市场主体活力，激励企业更加重视技术创新，构建更加

完善的要素市场化配置机制，完善市场准入和监管方式以营造公平竞争的市场环境，加快形成有利于推动高质量发展的指标体系、政策体系、标准体系、统计体系、绩效评价和政绩考核办法等。

4. 是应对世界局势纷繁变化、形成中国特色社会主义制度优势的实践路径

当今世界的竞争，归根到底是制度的竞争。当下世界交融程度日益加深，相互竞争压力正在加大，全球经济治理体系发生深刻变革，国际经贸规则面临重构，全球“规则之争”“制度之争”日趋激烈。加快构建高水平社会主义市场经济体制，特别是把握经济全球化大势，运用改革的思维和办法，更加积极主动地推进高水平制度型开放，有利于我国加快完善相关体制机制对国际高标准经贸规则的适应性，在日益显现的多极格局中占据有利的国际地位，为参与全球经济治理赢得主动，推动国际秩序总体朝着有利于我国和世界健康发展的趋势演进。要在坚持和完善社会主义基本经济制度的前提下，加快推动规则、管理、标准等制度型开放，形成一整套既符合社会主义本质要求和国家根本利益，又具有高度开放性、能够推动我国积极参与全球经济治理体系改革的体制机制。

第二节　构建高水平社会主义市场经济体制的要件之一：坚持和完善社会主义基本经济制度

一、充分激发市场主体活力

市场主体一头连着经济发展，一头连着民生福祉。市场主体不但是建设现代化经济体系的根和魂，更是高质量发展的重要微观基础。市场主体是经济的力量载体，千方百计把市场主体保护好，不断激发市场主体活力，就是保社会生产力，既利在当前，更功在长

远。激发各种市场主体活力，就是要给多元市场主体留足发展空间，激发创业创新的巨大潜能，让各种市场主体自由发展，形成百舸争流、竞相迸发的良好局面。

改革开放以来，我国各类市场主体数量快速增长。尤其是党的十八大以来，我国坚持“两个毫不动摇”的基本方略，在增强公有制经济竞争力和创新力的同时，极大地激发了非公有制经济的发展活力。2012—2021 年，我国民营企业数量翻了两番多，在稳定增长、促进创新、增加就业、改善民生等方面发挥了重要作用。各种所有制经济相互促进、共同发展，成为现代化经济体系不可或缺的有机组成。“十四五”时期是我国开启全面建设社会主义现代化国家新征程、向第二个百年奋斗目标进军的第一个五年。当前，国有企业还存在布局结构不够合理、治理体制和经营机制不完善、效率效益有待提高等问题，民营企业还存在发展水平总体不高、内外部环境有待优化等问题，迫切需要进一步深化改革，解决制约企业发展的体制机制问题，不断激发企业活力。

一是抓好对外开放布局，激发市场主体资源配置活力。对外开放需要构建新发展格局，需要更高水平的对外开放，需要更有实力的市场主体参与。当前，我们要充分利用“一带一路”倡议，以及西部大开发、粤港澳大湾区、长江经济带等重大经济战略带来的机遇，以更加开放的姿态，促进人流、资金流、物流、信息流高效便捷畅通，帮助众多企业提升全球资源配置能力。实行高水平对外开放，建设更高水平开放型经济新体制，优化企业“走出去”“引进来”政策体系，支持有实力的企业发展成为我国进出口主体、对外投资主体。加速深化与“一带一路”共建国家和地区的投资合作，加快形成一批规模较大、特色突出、外向度较高的市场主体。发挥双边及多边合作机制对中小企业“走出去”的引领作用，持续推动中国—东盟、中国—中东欧国家以及中欧、中德、金砖国家等合作，鼓励中小企业开拓新兴市场。加快推动服务业高水平对外开放，抢抓《区域全面经济伙伴关系协定》（RCEP）战略机遇，积极开拓服务贸易市场空间，发挥好我国已有的自贸试验区、海南自由贸易港及服务业扩大开放示范试点地区的招商引资作用，推动市场主体深度融入全球产业链、价值链、供应链。不断发展外贸新业态新模式，充分发挥跨境电商作用，加快推动数字贸易发展，积极拓展新兴市场。

二是抓好制度环境建设，激发市场主体竞争活力。激发市场主体活力，关键在于处理好政府和市场的关系，充分发挥市场在资源配置中的决定性作用和更好发挥政府作用，为企业提供资源要素配置高效、市场运行有序的发展环境。加快建设全国统一大市场，进一步完善市场配置资源的有效机制，打破行业垄断、进入壁垒、地方保护等制约，切实增强企业应对市场需求变化的反应和调整能力，提高企业生产效率和竞争力。加快推进全国一体化政务服务平台建设，倒逼政务服务流程优化精简，强化事中事后监管，夯实服务型政府建设，充分发挥市场配置资源作用。注重优化政府的经济调节、市场监管和公共服务等职能，提供规范、高效、优质的政府服务，有助于企业专注发展、求新求变。这就要求持续深化“放管服”改革，进一步放宽市场准入，继续削减行政审批和许可事项，以最优的服务和政策，加快营造国际一流营商环境，把市场活力和社会创造力充分释放出来。强化反垄断和反不正当竞争，深入落实公平竞争审查等制度，积极清理妨碍各类市场主体公平竞争的歧视性政策，有效破除限制中小企业、民营企业参与市场公平竞争的不合理壁垒和垄断行为，构建大中小企业有序竞争、协同共生的生态群落式发展格局。完善各类市场主体公平竞争的法治环境，为各类企业更好地参与市场竞争和合作扫清障碍。弘扬企业家精神，鼓励企业改革创新，保障各类市场主体合规经营，维护民营企业的合法权益，充分调动和激发市场主体的积极性、主动性、创造性。

三是抓好数字经济契机，激发市场主体技术创新活力。数字化、网络化、智能化是新一轮科技革命的突出特征。应对新一轮科技革命和产业变革，要持续以新科技应用为突破口，让数字经济赋能市场主体，打破产业主体内外信息连接壁垒，持续提升企业技术创新能力。当前，我国仅有约25%的企业实施了数字化转型，中小企业大多没有参与数字化。通过数字化转型可有效降低各类企业的经营成本、提升企业收入。要大力推动企业“上云”，以制造业企业升级为重点，加快推进智能化改造，加速工业互联网平台在传统制造业的渗透应用，推动互联网、大数据、人工智能与实体经济深度融合。大力支持企业“用数”，充分发挥数据的基础资源作用和创新引擎作用，依托各省、自治区、直辖市的大数据资源中心，加快政务数据有序开放、授权运营，推动政务数据与行业数据、社会数据、企业数据融合创新，助力企业开发更多有益于经济社会发展的创新应用。大力服务企业“赋智”，充分挖掘“城市大脑”等新型基础设施建设的应用潜力，强化核心共性技术能力支撑，助力人工智能应用快速开发和集成创新，为企业数字化转型和智能化升级赋能。

四是抓好企业经营能力，激发市场主体化解成本活力。企业经营成本的高低，直接影响自身创新活力和市场竞争力。要想降低成本，既要注重降低要素价格成本，更要注重提升要素配置效率。强化政策落实，进一步增强已有政策效能，围绕国家已出台的一系列减税降费措施，开展政策措施宣传下基层、入企业、进园区等活动，切实把各项惠企政策宣传到位、解释到位、落实到位。强化要素保障，创新要素配置方式，全面优化资金、土地、科技、能源、人才等保障体系，助力企业提高经营效益。强化针对不同类型企业的融资服务，积极支持符合条件的民营企业扩大直接融资，加快发展创业投资、天使投资等融资方式，完善小微企业融资担保业务降费奖补政策，强化对优质民营企业、高成长性科技企业的金融供给，多措并举帮助企业降低融资成本。探索科技创新领域政府和社会资本合作（PPP）模式应用，鼓励高校、科研院所与企业共建联合实验室、新型研发机构等协同创新平台，开展关键核心技术和共性技术联合研发攻关，助力企业有效降低产品和技术研发成本。

除了企业的内外运行环境外，需要值得注意的一点是，要充分发挥企业家的主动性和创造性，让企业家成为激发市场主体蓬勃发展的最活跃因子。企业家是市场经济的一种特殊要素资源，是促进创新发展的重要源泉。要充分发挥企业家的创新精神，不断提升企业家把握国际市场动向和需求特点、把握国际规则和国际市场开拓的能力，激发企业家干事创业的热情和活力。

二、加快国有经济布局优化和结构调整

国有企业是中国特色社会主义的重要物质基础和政治基础，是党执政兴国的重要支柱和依靠力量。国企改革三年行动基本圆满收官，中国特色现代企业制度更加成熟。同时也要看到，新时代新征程也对国资国企提出了新的要求。一方面，从国内看，我国仍然面临“经济结构性体制性矛盾突出，发展不平衡、不协调、不可持续，传统发展模式难以为继”的严峻形势。另一方面，从国际看，各类挑战加剧。首先，国际经济环境严峻，2022 年全球实际生产总值下降约 2.3%、全球贸易总量下降 6%，影响我国发展外部环境，增强了我国经济结构调整的紧迫性。其次，逆全球化思潮抬头，单边主义、保护主义明显上升，部分国家通过“贸易战”“科技战”等方式，试图打击我国供应链、创新链。再次，局部冲突和动荡频发，全球性问题加剧，俄乌战争、巴以冲突等，冲击着全球能源和粮食供应链，引发全球需求紧缩，为世界经济发展蒙上一层阴影。我国经济发展的空间结构正发生深刻调整和变化，经济结构调整任务繁重，要坚持问题导向，促进国有企业改革继续深化。

（一）持续优化国有经济布局和结构调整

国企始终是国民经济“领头雁”、关键领域“压舱石”。一方面，继续优化国有经济布局，聚焦战略安全、产业引领、国计民生、公共服务等功能。目前，中央企业在涉及国家安全和国计民生领域的营业收入占比超过 70%。我国国有企业多数处于产业上游，尤其是

能源、资源类企业，对国民经济发展全局起着安全引领的作用。这种产业链条位置在一定程度上保证了国有企业具有一定的资源要素垄断利润，也表明国有企业发展更多的是依靠资源要素驱动。另一方面，国有经济布局优化与结构调整服务于经济高质量发展的要求。在高速增长阶段，国有经济的迅速扩张也带来了一系列问题，集中表现在国有经济部门的债务问题上。国有企业债务问题及其潜在的经济风险，也是国企改革必须面对的一大问题。

坚持问题导向，从传统产业升级、新兴产业引导、分类管理机制完善等方面采取措施，不断优化国有资本布局，促进国有企业改革继续深化。一要深入推进传统产业转型升级。针对产业体系关键环节和产业链薄弱环节，国有企业要聚焦资源，推动强链、补链、延链等方面的重大投资项目落地。以市场化方式推进战略性重组和专业化整合，通过数智化转型和工艺材料的持续迭代创新，以更大力度推动传统产业数字化、智能化、绿色化升级。二要加快战略性新兴产业发展步伐。鼓励有条件的国有企业锚定关键技术创新，优化国有企业新增项目投向，加快打造形成一批具有核心竞争优势的现代产业链领军企业，推进新型工业化和现代化产业体系建设齐头并进。三要进一步完善分类管理机制。在国家实施公益类、功能类、竞争类国有企业分类管理后，对国有企业在所有制结构、法人治理结构、企业管理者选任等方面实施动态差异化管理，按照不同模式推进企业治理体系和治理能力现代化。此外，还要抓好重大风险防控，严控债务、投资、合规经营等风险，确保取得实打实、经得起检验的经营业绩。

（二）稳步推进混合所有制改革

混合所有制改革是国有企业改革的突破口，对国有企业建立中国特色现代企业制度、更好地成为中国特色社会主义市场经济的市场主体具有牵一发动全身的作用。充分理解混合所有制改革的突破口作用，准确把握新时代国有企业混合所有制改革的核心要义，并重点突破和系统推进混合所有制改革，对顺利推进国有企业改革、做强做优做大国有资本和国有企业至关重要。以混促改激发活力，效果逐渐显现。截至2021年底，中央企业和地方国有企业混合所有制企业户数占比分别超过70%和54%。国企改革三年行动仅中央企业引入社会资本金额就超过8000亿元。混合所有制改革应始终坚持市场化法治化的改革思路，坚持把转换机制作为改革重点。从公有制经济的实现形式看，混合所有制经济是所有制发展不断延伸的结果，体现了社会主义公有制实现形式的与时俱进。从中国特色现代国有企业制度探索实践看，混合所有制经济是所有制改革与社会主义市场经济相融合的产物，是公有制与市场经济相结合的有效形式。

混合所有制为国有企业实现与其利益相关者的“共同治理”提供了可能，有利于形成国家、企业、劳动者“激励相容”的产权安排和治理结构。混合所有制改革对当前国有企业改革具有牵一发而动全身的突破口作用。不仅有利于国有资本放大功能、保值增值、提高竞争力，也有利于各种所有制资本取长补短、相互促进、共同发展，促进基本经济制度的深化发展。当前，要从抓住两个关键环节入手，探寻混合所有制改革的突破口。第一，构建以员工持股方案为重点的激励约束机制。成功的员工持股方案有利于激发活力、创新力、竞争力，继而有利于做强做优做大国有企业。第二，要围绕企业高质量发展设计治理方案。构建中国特色现代国有企业制度，把企业党组织内嵌到公司治理结构之中，明确和落实党组织与公司法人治理结构的各自定位，做到分工明确、职责分明。

（三）逐步建立国资监管体系

党的十八大以来，随着改革的不断深入，我国国有资产监督管理的理念、方式和重点都发生了重大转变，逐步形成了组织架构科学、职能定位准确、总体格局合理、运行机制高效、监督方式多样、制度保障有力的中国特色国有资产监督管理新模式，为保障国有资产安全、发挥国有经济战略支撑作用、推进高质量发展提供了重要保障。近年来，国有资产监管以“管资本”为重心，改革国有资本授权经营体制，各地均组建若干国有资本运营公司，支持有条件的国有企业改组为国有资本投资公司。同时，国务院国资委先后改组组建一批国有资本投资公司试点企业。截至2021年底，全国已有36家省级国资委改组组建了近150家国有资本投资运营公司，在改组组建方式、投资运营模式、授权范围、作用发挥等方面进行了积极探索。

当前，要着力构建国资监管体系，切实增强国资监管的系统性、针对性、有效性。第一，管好资本布局，构建国有资本布局优化结构调整体系。坚持以市场为导向、以企业为主体，有进有退、有所为有所不为，推进国有资本布局优化和结构调整，管好国有资本的布局领域，增强国有经济整体功能和效率。第二，规范资本运作，构建国有资本规范化、专业化管理体系。国资监管机构依法对国有资本投资、运营公司和其他直接监管的企业履行出资人职责，国有资本投资、运营公司对所出资企业履行股东职责，科学界定所有权和经营权边界，赋予企业更多自主权，强化企业市场主体地位。第三，提高资本回报，构建国有资本高效运营体系。坚持以服从服务国家战略、促进国有资本保值增值为目标，通过股权运作、价值管理、有序进退，促进国有资本合理流动，提高国有资本运营效率。第四，维护资本安全，构建国有资本全链条监督体系。坚持守土有责、守土尽责，加快打造全面覆盖、分工明确、协同配合、制约有力的国有资产监督体系，防范化解重大风险，找准国有资产流失风险点，加大监督力度，切实防止国有资产流失。

（四）大力攻坚专项工程项目

近年来，我国国企在创建专项工程方面取得明显成效。在“科改示范行动”、“双百行动”、建设世界一流企业等方面，国有企业特别是央企的科技创新能力和水平得到了实质性提升，填补了关键材料、核心元器件、基础软件、基础零部件等诸多领域空白，缓解了一系列“卡脖子”问题。同时，越来越多的国有企业开始迈向世界一流企业。2022 年度《财富》世界 500 强榜单中，我国有 99 家国有企业上榜，其中国务院国资委监管的中央企业 47 家；发电、航运、船舶等行业的中央企业主要效率指标达到世界一流水平，中国高铁、核电等重大项目和标志性工程开始在海外崭露头角。

专项工程是加强国有企业自主创新能力的重要举措。要紧紧抓住激发活力、提高效率的市场化改革主线，坚持问题导向、目标导向、结果导向，抓落实、见成效。第一，在完善公司治理体制机制方面，加快推动建立科技型企业董事会，健全董事进出机制，提高董事会科学决策水平。第二，在健全市场化选人用人机制方面，加快建立职业经理人制度。第三，在强化市场化激励约束机制方面，大力推行股权激励、分红激励、员工持股、超额利润分享、虚拟股权、骨干员工跟投等中长期激励方式。第四，在激发科技创新动能方面，充分发挥科技型企业在技术创新决策、研发投入和成果转化中的主体作用。

此外，还要抓好重大风险防控。推动国有企业树牢高质量发展理念，坚决遏制片面做大规模的冲动，坚决摒弃粗放式发展路子，严控债务、投资、合规经营等风险，确保取得实打实、经得起检验的经营业绩。

三、建立中国特色现代企业制度

中国特色现代企业制度列入中国特色社会主义制度的重要组成部分，丰富和发展了社会主义基本经济制度的内涵。中国特色现代企业制度是我们党在社会主义制度下发展市场经济的一个伟大创举。它坚持了马克思主义政治经济学基本原理和方法论，又批判吸收了国外经济理论的合理成分，立足我国国情和我们的发展实践，把实践经验上升为系统化的经济学说，是公有制与市场经济相结合、社会主义制度和市场经济规律相结合的产物，是中国特色社会主义实践探索的结晶。

中华人民共和国成立初期，国有经济和国有企业成为中国经济的根基，它们担负着重要的职能：恢复经济、人民财政、解决就业、稳定物价、稳定金融等，引导、主导经济发展，努力提高民生福利，在社会主义市场经济体制中发挥着宏观调控的基本功能。这是传统意义上的中国特色，当然在运营和管理也有其独特性，适应于计划体制年代的需要。改革开放后，国有企业逐步转型，为适应社会主义市场经济体制，逐步建立现代企业制度。中国特色国有企业具有双重属性。第一属性是企业属性，也就是经济属性。只有不断提高企业经营管理水平，提高国有企业盈利能力，才能实现做强做优做大国有资本，放大国有资本功能。第二属性是公益属性，也就是政治属性或者社会属性。我国的国有企业归全体人民所有，其公益性目的是要求国有企业充分履行社会责任和义务，向广大社会民众提供基本服务。国有企业在落实国家战略，比如精准扶贫、共同富裕、乡村振兴、“一带一路”倡议、对外开放等，承担了重大的战略落实责任。运用好国有企业的宏观调控作用，也是中国特色社会主义市场经济的一大特色。

相较于传统国有企业制度而言，中国特色现代企业制度建设有了重大突破。第一，突破了现代企业制度的理论束缚。创立了中国特色现代企业制度，把加强党的领导同完善公司治理统一起来。国有企业已全面实行党建入章，表面上是建立党组织，是党管企业，本质上是建立一个坚强的战斗堡垒，借鉴党建的经验，利用治党的经验治理企业。企业治理也要贯穿铁的纪律、坚定的信念、团结的组织、个人奉献与牺牲、必胜的信心和永不磨灭的精神，这是党建的本质和精髓。第二，突破了政企不分的体制樊篱。创立了出资人国有资产监管体制，实现了专业化、体系化、法治化监管。企业国有资产出资人监管体制的确立，《中华人民共和国公司法》和《中华人民共和国企业国有资产法》赋予国有资产监督管理机构行使国有独资公司股东会职权和向国有控股公司、国有参股公司委派股东代表的权利。这彰显了监管制度优势，并充分激发了企业改革发展活力，在中央企业数量从 2003 年国资委成立时的 196 家调整至 2024 年底 98 家的同时，全国国资委系统的国有企业进入世界 500 强的数量从 7 家（全部为中央企业）增加到 2022 年的 86 家（中央企业 47 家）。第三，突破了公私对立的传统观念。创立了基本经济制度，形成了混合所有制的新型微观主体。基本经济制度立足我国处于社会主义初级阶段的现实，在坚持公有制经济主体地位的前提下，明确公有制经济和非公有制经济都是社会主义市场经济的重要组成部分、都是我国经济社会发展的重要基础，既平等竞争、比学赶超，又优势互补、相得益彰，形成了产业链、供应链上中下游的深度协同，共同组成了社会主义市场经济的重要微观主体。截至 2022 年 11 月，中央企业所属子企业中混改户数占比超过 70%，非公资本占央企所有者权益比重超过 38%，地方国有企业混改户数也接近 60%，公有资本和非公有资本交叉持股的新型市场主体成了主流。

当前和今后一个时期，要完善中国特色现代企业制度，在已经初步形成的现代企业治理层面，贯彻中国国企的特色要求，吸取优秀治理实践，形成一套真正可以为提升中国国企长期竞争力而设计实施的企业治理制度体系，具体而言可从以下三点入手。

第一，打造系统完备、衔接匹配、执行有效的制度体系。

一是强化公司章程基础性地位。公司章程是企业内部的根本法。要在公司章程的统筹引领下，按照系统、完备、一体的要求，梳理优化治理各项制度的层级、作用、类别，建设形成公司章程、基本制度、专项制度、管理办法、实施细则为主要内容的制度图谱，夯实国有企业现代公司治理的制度基础。二是突出制度体系衔接与匹配。深入总结国企改革三年行动成果成效，推动生动实践与经验做法上升为制度规范，推进中国特色现代企业制度系统化、规范化、长效化。坚持把党的领导融入公司治理，本着精简高效、上下贯通的原则，实现治理制度体系全面覆盖、系统集成。三是确保制度刚性执行与落地。治理制度体系运行的重点在于达成共识、共同遵守，并需要通过实践磨合加强改进、优化完善。公司治理制度体系要能够深入对接各业务单元、各部门管理，清晰履职行为边界，细化职责任务分工，做好业务流程对接。要高度重视公司治理制度体系执行情况的评估、反馈与诊断，不断提升公司治理体系现代化水平。

第二，建立健全边界清晰、协同共进、制衡有效的治理机制。

一是优化和完善党委前置事项清单。明确党委（党组）在决策、执行、监督各环节的权责和工作方式，既要把党的领导落实到公司治理各环节，又要避免直接成为企业生产经营的决策和指挥中心。贯彻落实党中央决策部署，服务国家战略发展需要，聚焦国有企业功能定位，推进加强党的领导与完善公司治理协同，由党组织研究“能干不”、董事会决定“干不干”、经理层考虑“怎么干”，推动各治理主体权责边界更趋清晰，使得企业决策、治理、管理与市场经济要求更加契合。二是规范和促进董事会科学决策。要兼顾决策质量与决策效率，统筹考虑决策事项的性质特点、重要程度、频率频次与数量金额，梳理明确董事会职权事项，合理确定董事长与总经理权责界面。董事会要始终坚持集体审议、独立表决、个人负责的运行规则。三是支持和保障经理层履职行权。加强经理层成员任期制和契约化管理，吸引更多优秀人才参与国有企业公司治理。要综合考虑企业的经营规模、发展阶段、业务模式、风险特点等因素，明确经理层的决策权限。建立经理层对董事会负责、向董事会报告、落实董事会决议的闭环运行机制。

第三，构建因企施策、授权规范、分层分类的管控模式。

一是科学合理差异授权。按照分层分类、放管结合的原则，一业一策、一企一策实行差异化授权。根据企业的战略定位、经营业务业态特点和运营管理能力水平，合理授权放权。特别是对运营稳健、治理完善、管理规范，以及确需抢抓市场机遇且具备履职行权条件的事项，应适当加大授权放权力度，并建立动态授权放权监督管理机制。切实夯实所属单位市场主体地位，增强独立运营能力，有效提升治理水平。二是积极推进精准管控。责任、权利、义务相统一，授权、管理、服务相衔接，针对所属单位的股权架构、管理层级、作用定位，分别实施战略型、运营型、治理型等不同的管控模式。对于落实党中央、国务院重大决策部署，以及服务国家重大战略等事项，要突出加强战略管控；对于培育战略性新兴产业，以及推动科技自立自强等事项，要突出加强运营管控；对于重大经营决策事项，要突出加强治理管控。三是探索创新基层治理。遵循治理基本规则与鼓励实践创新并重，高度重视公司以外非标准治理结构企业或单位的治理，推动现代公司治理贯彻落实到全系统、各环节、最基层，全面提高治理能力现代化水平。这样，才能突出发展这个第一要务，加快完善国企敢干的创业创新环境。

四、促进民营企业高质量发展

政府和市场在资源配置中分别具有不同的作用，它们既相互依存，又互相矛盾。国有企业主要集中在关系国家安全、国民经济命脉和国计民生的重要行业，以及关键领域、重点基础设施、前瞻性战略性产业；民营企业则主要分布在一般竞争性领域。在中国的改革开放进程中，民营经济发挥了重要的作用，作出了巨大的贡献。首先，民营经济为社会创造了大量就业机会。越来越多的民营企业涌现并扩大，在给予人们更多的就业选择的同时，也提高了就业率，民营企业已经成为中国社会就业岗位的重要提供者。其次，民营经济对于经济增长起到了重要的推动作用。我国的民营经济具有“五六七八九”的特征，即贡献了50%以上的税收、60%以上的国内生产总值、70%以上的技术创新成果、80%以上的城镇劳动就业，90%以上的企业数量。民营企业具有灵活的运作机制，不断为市场注入新鲜的活力。再次，民营经济还具有较强的社会责任感和创新精神。许多民营企业家积极投身教育、环保、扶贫等领域，敢于创新、勇于担当，为社会发展作出了重要贡献。当然，我们也要正确认识民营经济的问题与挑战。一方面，由于历史原因和市场环境等因素，一些民营企业在管理水平、创新能力和竞争力等方面仍存在欠缺。另一方面，一些地方政府对民营经济的支持不够，存在着政策歧视和限制等问题。

党的十八大以来，民营企业无论是在数量上还是规模上，都保持稳中有进的良好发展态势。一是企业数量迅猛增加。从企业数量来看，民营企业数量由 2012 年底的 1085.7 万户增至 2021 年底的 4457.5 万户，10 年之间翻了两番，民营企业占企业总数的比重相应地由 79.4%提高到 92.1%。[①] 二是资产规模和营收规模较快增长。以规模以上工业企业为例，2021 年底私营工业企业的资产总计达到 40.9 万亿元，是 2012 年底的 2.79 倍；平均每户私营工业企业资产总计为 1.37 亿元，是 2012 年底的 1.72 倍。三是经济增加值总体保持稳步增长。自 2005 年以来，民营经济增加值占国内生产总值的比重趋于稳定，中国的生产总值已由 2012 年的 53.9 万亿元增加至 2021 年的 114.4 万亿元，10 年间民营经济增加值实现明显增长。

同时，民营企业“质”的提高凸显发展层次得到提升。随着中国转变经济发展方式的进程不断加快，高质量发展成为宏观经济和微观企业的时代主题。在这一背景下，民营企业相较以往更加重视质量变革、效率变革和动力变革，更加强调集约高效，民营企业发展质量和发展层次得到稳步提升。一是经营效益总体得到改善。以规模以上工业企业为例，2021 年私营工业企业实现利润总额 2.9 万亿元，同比增长 27.6%；营业收入利润率为 5.73%，高于 2019 年 0.48 个百分点；人均营业收入为 142.2 万元，较 2019 年增长 20.7%。二是涌现一批有较强竞争力的大型民营企业。2021 年《财富》世界 500 强榜单中，中国内地民营企业入围的有 34 家，较 2012 年增加了 28 家，其中有 5 家民营企业进入榜单的前 100 强。在 2021 中国企业 500 强榜单中，民营企业数量达到 249 家，同比增加 13 家。此外，中国民营企业 500 强不仅在经济价值创造水平上持续提

① 林丽鹂：《民营企业十年数量翻两番》，《人民日报》2022 年 3 月 23 日。

升，而且创新能力也大幅跃升，大大增强了企业竞争力。三是涌现一批“专精特新”企业。按照优质中小企业梯度培育的思路，自2018年起，国家加大对“专精特新”企业的培育工作，涌现出一批优质的“专精特新”企业。目前中国已经拥有4万多家“专精特新”企业、4762家“小巨人”企业和848家制造业单项冠军企业，其中绝大多数为中小民营企业。“小巨人”企业中，超五成企业研发投入在1000万元以上，超六成企业属于工业基础领域，超七成企业深耕行业10年以上，超八成进入了战略性新兴产业链，超九成是国内外知名企业的配套专家。“小巨人”企业的平均研发强度达到10.3%，高于上市企业1.8个百分点。① 可以说，“专精特新”中小企业创新能力强、成长性好，在强链、补链、稳链中发挥着不可或缺的重要作用。

民营经济是推动我国经济高质量发展的重要主体，经济高质量发展离不开民营经济的积极参与。我国经济已由高速增长阶段转向高质量发展阶段，民营经济在我国动力转换过程中将起到极为重要的作用，如何推进中国经济发展质量逐步提升成为未来一段时期我国经济社会发展的主要任务。当前，我们需要从多个方面支持民营企业发展，为我国经济发展实现动力变革提供重要的支撑。

一是营造公平竞争的市场环境。要优化公平竞争的市场环境，重点是要进一步放开民营企业市场准入，实施公平统一的市场监管制度，强化公平竞争审查制度刚性约束，破除招投标隐性壁垒。坚决破除各种不合理的门槛和限制，进一步减少社会资本市场准入限制，清理地方保护和行政垄断行为。市场准入负面清单以外的领域，各类市场主体均可以依法平等进入；招标投标和政府采购应当公开透明、公平公正，依法平等地对待各类所有制和不同地区的市场主体，不得以不合理条件或者产品产地来源等进行限制或者排斥。鼓励有条件的民营企业优化产权结构，鼓励民营企业参与混合所有制

① 孟珂：《中国这十年》，《证券日报》2022年6月14日。

改革，引导民营企业建立规范的法人治理结构。

二是保障资源要素获取。要完善资源要素保障，重点是创新产业用地供给方式，加大人才支持和培训力度，优化资质管理制度，破除要素流动的区域分割和地方保护；着力解决融资难题，重点是加大对民营企业信贷支持力度，支持开展信用融资，拓展贷款抵押、质押物范围，拓展民营经济直接融资渠道，创新信贷风险政府担保补偿机制，促进及时支付中小企业款项。国家保障各类市场主体依法平等使用资金、技术、人力资源、土地使用权及其他自然资源等各类生产要素和公共服务资源。针对民营企业融资问题，要健全银行业金融机构服务民营企业体系，完善民营企业直接融资支持制度，健全民营企业融资增信支持体系。

三是推动减负降本增效。中央先后出台一系列优化营商环境的法律法规和政策文件，对深化商事制度改革、简化企业投资审批、压减行政许可等事项，以及提升涉企服务质量和效率等做出了具体安排，为民营企业发展创造良好的政策环境。与此同时，减轻企业税费负担、降低企业生产经营成本，成为优化营商环境的重要内容，也是为民营企业营造更好发展环境的重要举措。为应对内外部经济低迷，国家针对民营企业尤其是中小企业推出了一系列惠企纾困政策，其中减轻企业税费负担、降低企业生产经营成本是重要的纾困解难、助企惠企政策，为民营企业高质量发展守住"生命线"。与此同时，要鼓励民营企业加快转型升级，推动民营企业加快数字化转型步伐，引导中小民营企业走"专精特新"发展之路。

四是加强民营企业权益保护。通过健全执法司法对民营企业的平等保护机制，保护民营企业和企业家合法财产，构建亲清政商关系。营造依法保护企业家合法权益的法治环境，依法保护企业家财产权、创新权益、自主经营权，强化企业家公平竞争权益保障。完善民营企业诉求反映和权益维护机制，依法维护企业正常经营秩序，尊重和保护企业家合法的人身权和财产权益。力促民营企业推动大众创业、万众创新，加强优秀创新型民营企业家培育，助力民营企业创新人才培育，落实支持民营企业创新发展的各项政策，支持民营企业加强科技创新。

第三节　构建高水平社会主义市场经济体制的要件之二：建设高标准市场体系

一、推进要素市场化改革

要素市场是现代化经济体系的核心环节，完善要素市场化配置是建设统一开放、竞争有序市场体系的内在要求，是坚持和完善社会主义基本经济制度、加快完善社会主义市场经济体制的重要内容。建设高标准市场体系的根本途径是推进要素市场化配置改革，使价格机制真正引导要素配置，提升要素配置效率。所谓要素市场配置，是指在市场经济条件下，根据市场规则、市场价格、市场竞争等进行要素配置，以期实现效益最大化。健全要素市场化配置体制机制，最重要的是加快要素价格市场化改革，健全要素市场运行机制，推动要素配置实现效益最大化和效率最优化。价格机制是市场机制的核心，要推动政府定价机制由制定具体价格水平向制定定价规则转变，最大限度发挥市场决定价格的作用。

传统生产要素市场化改革的核心目标是消除要素配置扭曲，把要素配置到生产率更高领域，使经济达到潜在生产可能性边界。要素市场化的总体思路是：健全要素市场体系，扩大配置范围，实现要素价格市场决定、流动自主有序、配置高效公平。劳动力市场化配置改革重在推进劳动力城乡流动和人才社会性流动，资本要素市场化配置改革重在深化资本市场改革，土地要素市场化配置改革重在集体经营性建设用地入市和农村宅基地“三权分置”改革。对技术、数据等现代生产要素，改革的核心目标是推动产业技术变革，加快产业数字化智能化改造和先进技术扩散，使我国潜在生产可能性边界达到国际前沿水平。其中技术要素市场化配置改革重在探索科技成果产权激励制度改革，数据要素市场化配置改革重在数据产权界定和数据交易市场培育。

要素市场化配置既是关键性基础性的重大改革任务，也是市场化改革成败的关键。要素市场化配置改革涉及传统要素和新型要素，是一项内涵丰富的系统工程，在中国特色社会主义新时代，要实现有效的市场配置资源，须进一步发挥好有效市场和有为政府的作用，围绕要素确权、交易单位、定价机制、交易市场、交易监管和创新能力等要素市场化配置的基本流程，深入推进一系列改革。为此，应着力在以下四个方面实现突破。

一是构建统一开放的要素市场体系。完善的市场体系是要素市场化配置的基础和载体，能够为各种生产要素同等并便捷进入市场提供条件。我们深化要素市场化配置改革，要在“促开放”的同时“补短板”，一方面，根据不同要素属性和市场化程度，循序渐进破解阻碍存量要素自由流动的体制机制难题，提高市场对各类要素进入和退出的开放程度；另一方面不断扩大要素市场化配置范围，将各类生产要素都纳入市场进行配置，加快完善要素市场体系的完备性。比如要推动数据资源的市场化配置，重点是构建完善的数据市场运行基本框架，充分发挥市场机制的激励作用，促进数据要素市场化应用、有偿共享、流动安全以及公平竞争。

二是完善要素价格市场化形成机制。价格是市场竞争和资源配置的信号灯和导航仪，要素配置是否有效，关键是由在公平竞争和透明监管下市场自发形成的价格决定。应加快健全市场决定价格机制，最大限度减少政府对价格形成的不当干预。一方面，要进一步扩大物质性生产要素的价格市场形成范围，放松政府对一些自然垄断领域的规制，把一部分由政府规制的要素放给市场定价和配置；另一方面，要加快推进形成要素由市场供求决定价格的机制，例如，金融市场改革的重点是要深化利率市场化改革，提升金融机构自主定价能力，使利率能够反映资本市场的供求情况，并且以这种价格比例调节金融资源的配置。

三是规范要素市场化配置市场秩序。要素市场改革的关键在于健全要素市场运行机制，规范要素配置的市场秩序，完善政府调节与监管，做到放活与管好有机结合，引导各类要素协同向先进生产力集聚。要素的市场化配置要能达到效率目标，关键在于市场整体有效，而市场整体有效的关键在于市场秩序的公平公正、竞争有序。在市场秩序建设方面，首先要规范政府自身的行为，打破市场分割，打破行政性垄断，对各类市场主体实行统一的市场准入和退出制度，降低市场调节成本。其次是规范市场行为，加快建立更加公平开放透明的市场规则，建立市场信息披露制度，加强信用体系建设。

四是强化要素市场化配置制度保障。推动要素市场化配置绝不是让市场盲目地起决定性作用。在当前改革阶段，要素市场化配置作为全面深化改革的重点领域，问题和矛盾相对集中，必须夯实市场经济基础性制度，确保市场公平竞争。特别是我国实行的是社会主义市场经济体制，在充分发挥市场决定资源配置作用的同时也必须发挥社会主义制度的优越性，发挥党和政府的积极作用，切实把党领导经济工作的制度优势转化为治理效能，为此，必须全面完善产权制度、市场准入制度等社会主义市场经济的制度基础，并以保护产权、维护契约、统一市场、平等交换、公平竞争、有效监管为基本导向，在不断完善社会主义市场经济法治体系的轨道上推进要素市场体系各项改革。

二、加快构建全国统一大市场

构建新发展格局，迫切需要加快建设高效规范、公平竞争、充分开放的全国统一大市场，建立全国统一的市场制度规则，促进商品要素资源在更大范围内畅通流动。全国统一大市场的核心内涵，就是高效规范、公平竞争、充分开放，这指出了建设全国统一大市场的根本要求。高效规范就是要在制度和法律上更大范围有效配置资源，最大限度提高资源配置效率，进一步厘清政府与市场的边界。公平竞争就是要营造公平竞争的一流营商环境，消除妨碍公平竞争的各种因素，做到竞争中性。充分开放就是要在开放的广度和深度上充分利用两个市场两种资源，增强国内国际两个市场联动，进而形成国内国际双循环相互促进的联动效应，建设高水平对外开放新体制和新格局。

建立统一大市场的理论意义和实践意义都十分重大。第一，建设全国统一大市场是加快构建新发展格局的根本举措。建设全国统一大市场就是破除地方保护主义壁垒，畅通循环堵点，助力以国内大循环为主体、国内国际双循环相互促进的新发展格局的形成。第二，建设全国统一大市场是充分发挥国内超大规模市场优势的必要前提。推进全国统一大市场建设可打破地区保护壁垒，重塑国内分工格局，让产业有更多落地选择，提升各省份可调动资源上限，释放大国经济的潜力和规模效应。第三，建设全国统一大市场是实现区域协调发展和全体人民共同富裕的必要途径。建设全国统一大市场要在产权保护制度、市场准入制度、公平竞争制度和社会信用制度上实现统一，为各地区深入调整产业结构，建立更稳固的利益联结机制、互助机制、利益补偿机制创造有利条件，加速弥合发展差距。第四，建设全国统一大市场是建设高标准市场体系和高水平社会主义市场经济体制的必要途径。全国统一大市场更强调各地区的统一协作，打破小市场的局限，以丰富的产品、服务、经营和管理模式，助力高标准市场体系的建设。

过去，在长期坚持赶超战略的情况下，区域市场分割、政府考核激励机制、基础设施互联互通水平、认知和监管能力制约等问题对建设全国统一大市场造成了阻碍。建设全国统一大市场面临着需要破除的制度性障碍和政策性梗阻。一是区域市场分割阻碍商品、要素等在全国范围内形成统一大市场。这种市场分割的现状是40多年改革开放积累的结果。二是政府部门的考核激励机制未能形成各地建设全国统一大市场的有效合力。地方政府为避免优质资源和要素外流，往往以保护本地企业发展的名义，阻碍了生产要素流动和产业结构调整。三是基础设施建设和互联互通水平不足，客观上降低了全国统一大市场建设效率。建设全国统一大市场需要实现和维护生产要素的自由流通。四是对新经济模式认识的滞后和监管能力有限，使全国统一大市场的制度建设缓慢。随着科研成果转化效率提高和数据要素不断融入生产生活的各个环节，新的生产方式不断涌现，而相应的认知和监管环节却是滞后的。因此，建设全国统一大市场不仅需要破除地方保护的制度壁垒，还需要调整地方政府的政绩激励机制，提高基础设施互联互通水平，不断提升政府部门的认知监管水平。建设全国统一大市场不仅是一个宏伟的战略目标，更是一个系统化的制度工程，需要长期坚持、不断完善。

第一，建立统一的市场制度规则，降低制度性交易成本。深化体制机制改革，破除行政垄断和地方保护机制，为商品、服务、资本、土地、技术、数据、知识、人才等要素流动创造畅通的制度环境，是推动高质量发展的必由之路。完善市场准入和退出制度，落实“全国一张清单”管理模式，加强产权保护，全面清理涉及市场歧视的优惠政策。必须坚持维护信用标准统一，发挥信用机制在落实企业质量主体责任中的作用，通过社会失信惩戒、社会信用评级等市场性约束，促使市场主体主动遵守市场竞争准则，提高产品和服务的供给质量。建立统一的产品质量标准体系，推动重点领域商品和服务质量标准与国际接轨，破除产品质量标准上的贸易壁垒，为高质量发展提供有效引导。

第二，强化基础设施高标准互联互通，着力畅通经济循环。基础设施互联互通有利于促进市场一体化，促进产品和要素打破距离阻碍，在更大空间范围内实现高效流通。发挥基础设施连接国内市场与国际市场的桥梁作用，通过统一基础设施建设标准，进一步优化各类市场连接方式，夯实市场一体化的软硬件基础，实现要素和资源的空间统一，提升国内经济循环的质量和水平。加大基础设施改造升级的投入，优化铁路、公路、机场、港口等传统基础设施，及时配置新型基础设施，实现要素资源和商品服务在更大空间范围内高效流通。搭建全国统一的公共资源交易平台，明确公共资源交易平台的标准和准入方式，实现要素资源交易全流程电子化，丰富平台整合共享功能，建成畅通有序、充分开放的公共资源交易网络。

第三，全面推进市场监管现代化，增强市场服务效能。构建统一的市场监管体系，制止和纠正扰乱市场公平竞争秩序的行为，才能使有为政府和有效市场相辅相成，相得益彰。必须构建统一的市场监管体系，形成综合监管部门和行业监管部门联动的工作机制，以保证效率和公平为目标合理配置横向和纵向的政府权力，形成政府监管主导，企业、行业协会、消费者、平台等第三方机构协作共治的市场监管新模式。统筹监管执法资源，开展跨区域协同监管和联合执法工作，严格落实责任追究机制，保障人民群众的生命健康权。必须善于利用新兴技术，优化重组监管工具，通过创新、高效、适配的监管工具，提高市场监管治理的现代化水平。

第四，推动高水平科技自立自强，释放技术革新动能。实现高水平科技自立自强，是盘活市场活力、推动高质量发展的必然选择。强化有组织的基础研究，以原始性创新引领带动核心技术攻关，推动关键核心技术自主可控，以高水平科技带动高质量发展，实现创新链与产业链的深度融合。实施人才强国战略，营造良好的人才创新生态，充分激发科技人才的积极性、主动性、创造性。必须深化科技体制改革，完善科技评价体系，着力提升产品与服务的科技含量，缓解国际技术贸易壁垒的冲击，在全球范围内集聚科技创新力量，弥合技术变革引发的数字鸿沟和信息分化，形成高质量发展的技术革新动能。

三、优化市场化营商环境

营商环境是一个国家或地区经济软实力的重要体现。营商环境是指伴随市场主体开展经济、社会活动整个过程的各种周围境况和条件的总称，通常包括政务环境、市场环境、国际环境、法治环境、企业发展环境和社会环境等。从理论上来说，营商环境是一个系统性的环境，更强调市场化、法治化、便利化等的“软环境”。从实践上来说，营商环境的优劣决定着经济发展的速度和质量，已经成为衡量一个地区发展软实力的重要标志。好的营商环境通常具有几个共性：便利性、公平性、透明度、法治化、国际化。

虽然我国营商环境已有明显改善，但与国际先进水平相比，目前还存在不小差距。一是改革不平衡问题突出。在改善营商环境进程中，有些改革进展明显，有些改革相对滞后，存在着不平衡问题。二是一些领域存在制度性痛点堵点。在市场准入环节，企业开办“准入不准营”和建筑施工许可手续多耗时长仍是两大堵点，融资难融资贵问题仍是制约民企、中小企业发展的痛点。三是信用体系亟待健全。信用体系是营商环境的基础要件，涉及市场主体活动的各个领域和方面。近年来，不讲诚信、违约失信的问题较为突出。四是法治保障存有不足。执法不公、多头执法、选择性执法等问题依然存在，对企业合法权益保护力度不足、公信力不强等问题屡屡发生。为此，要大力推进“放管服”改革，打造国际一流营商环境。

第一，以系统集成提升改革成效。近年来，各地区各部门针对营商环境重点领域推出了许多改革创新措施，取得了明显成效，也积累了经验，按照“先试点后复制再推广”的思路，接下来应加强经验总结和统筹协调，对重点领域的改革措施进行系统集成，形成整体改革方案在全国统一实施，防止零敲碎打、各改各的、进度不一，这是改革进入新阶段的必然选择，不仅可巩固扩大改革成果，提高整体成效，也有助于化解改革进展不平衡的矛盾。具体来说，对市场准入涉及领域，应加快推行全国统一的市场准入负面清单制度，实现“非禁止即准入”，从体制上破除阻碍公平准入的各种限制，使各类市场主体都能依法进入。同样，对于企业开办、建筑施工许可等领域的各种审批事项，应进行全面清理，必须保留的要制定清单公布，实行动态调整，在全国统一实施。对市场监管涉及领域，应当分领域制定全国统一、简明易行的监管规则和标准，向社会公开，提高市场监管的透明度和公平性，维护市场公平竞争。建立全国统一的在线监管系统，加强标准化建设，推动各领域各层级的监管信息共享、违法线索互通、执法协作联动，提高监管效能。

第二，以制度重构破解痛点堵点。一些领域之所以存在束缚市场活力的痛点堵点，分析起来原因有三：其一，按照现行制度办事难度大、耗时长成本高；其二，办一件事需要多个部门或层级点头同意，绕不开也拖不起；其三，现行制度有法律法规依据，如改变需要先修改法律规定。如此看来，所谓痛点堵点多是制度性的，单靠技术性调整和局部改进并不能从根本上解决问题，只有从制度变革入手，重塑相关领域的办事制度，才能彻底破解痛点堵点。需要重构制度，全面梳理行业许可事项，清理市场准入的各种歧视性限制，做好审管衔接和事中事后监管，进行审批流程再造，通过健全信用体系和信息共享机制来确保承诺的可信和履行，修订法律法规为改革提供依据和标准，这样才能真正打通束缚市场活力的堵点。

第三，以信用体系夯实营商基础。市场经济是信用经济，建立一个诚实守信、重诺践约、失信受戒的信用体系，可为营商环境改善提供有力支撑。为此，首先要加快社会信用体系建设，统一标准，建立健全信用信息的收集公布、承诺履约、信用修复、异议投诉、商业秘密保护、“黑名单”认定、失信惩戒等制度，实行分类分级管理，引导市场主体诚信守法、信守承诺。其次要强化政务诚信，建立有效的约束机制和问责制度，不履行对市场主体作出的政策承诺、不遵守订立的合同协议和拖欠账款等行为，应依法追究相关政府部门的责任，对因政府违约毁约给市场主体造成损失的，要依法予以补偿，为市场主体提供一个可预期的政务环境。最后要健全信用运作机制，既要合理用信，也要防止用信不当，例如，可将市场主体信用状况与企业开办、合同订立、招标投标、政府采购等市场活动挂钩，使守信者一路畅通，失信者寸步难行；将市场主体信用状况与市场监管结合起来，健全信用信息监管平台，根据企业信用等级实行分类监管，形成以信用为基础的新型监管机制，提升监管效能；将企业信用担保与贷款融资挂钩，创新信用融资工具，为民营企业、中小企业融资贷款提供运作机制。

第四，以公共服务供给增强获得感。优化政务服务，不仅应为市场主体办事提供方便快捷的政务服务，而且还应增强服务意识，根据市场主体需求扩大公共服务供给，补齐短板，增强企业公众的获得感。具体而言，一是提供公用事业服务，包括供水、供电、供气、供暖、电信等公用事业，推动相关企事业单位公开服务项目、标准和收费，优化报装流程，推行在线办理和支付等，大幅压缩办理时间，实现公用事业服务透明化、在线化、可及化。二是推动服务业发展，如在互联网＋教育、互联网＋医疗、养老托幼、就业培训、社区服务等领域，降低准入门槛，建立政府与市场合作机制，引导民间资本和社会力量进入服务业，扩大服务供给，为市场主体和社会提供多样化服务。三是提供创新创业服务，在政策优惠、财政金融、人才开发、技术推广、信息服务等方面，为市场主体创新创业活动提供便利化服务，例如对科技型和创新型企业实施税费减免和融资支持，对政府组织的科技创新、技术研发、人才培训等项目实行透明化管理，鼓励支持各类企业加入创新创业。

第五，以法治保障提高可预期性。法治是最好的营商环境。建立法治化的营商环境可以有效增强营商环境的公正性、稳定性和可预期性，形成不可逆的改革成果，为市场主体投资兴业提供坚实的法治保障。在立法上，应以实施《优化营商环境条例》为契机，加快相关法律法规的“立改废”，并将听取市场主体诉求作为立法的必经程序，对不符合《优化营商环境条例》的法规、规章、规范性文件进行清理和修订，对不适应改革需要的规定应改尽改，对成熟定型、行之有效的改革措施以立法形式出台，统一实施。在执法上，要坚持依法行政、公正执法，健全权责清单制度和监管执法制度，防止出现自由裁量权过大、“见客下单”、选择性执法、多头重复检查等情况，对监管执法中发现的违法侵权、制售假冒等损害市场公平竞争的行为，要加大处罚力度，建立惩罚和赔偿机制，使违法者得不偿失。在司法上，加大对企业合法权益司法保护的力度，重点是提升司法审判的公正性和便利性，杜绝权力干预司法、地方保护、涉企诉讼漫长、投诉无门等现象，使司法成为维护公平正义的坚实防线。

第四节　构建高水平社会主义市场经济体制的要件之三：提升政府经济治理能力

一、完善宏观经济治理

科学有效的宏观经济治理是实现国家治理体系和治理能力现代化的客观要求，也是构建高水平社会主义市场经济体制的重要组成部分。宏观经济治理体系不仅兼顾了传统宏观调控关注的经济增长与经济结构等基本目标，而且囊括了民生保障与生态治理等重点内容。就治理方式而言，宏观经济治理体系要求从全局出发、从系统出发，在多重治理目标中寻求动态平衡。新时代的宏观经济治理，具有以下几个方面的主要特点。第一，更加突出以国家中长期发展规划作为宏观经济治理的战略导向。第二，以深化供给侧结构性改革为主线，同时注重与需求侧管理相配合。第三，以货币政策和财政政策作为主要手段，构建符合中国特色的宏观调控方式。第四，增加跨周期政策设计，弥补逆周期调节的不足。第五，注重国际宏观经济政策协调，着力促进中国经济在新发展阶段与新发展格局下的内外均衡。第六，强化底线思维和风险意识，构建重大风险识别预警机制。

当前，我国要健全以国家发展规划为战略导向，以财政政策和货币政策为主要手段，就业、产业、投资、消费、环保、区域等政策紧密配合，目标优化、分工合理、高效协同的宏观经济治理体系。这要求对宏观经济治理体系总体框架、主要功能、分工层次作出整体设计，更加强调各类调节手段的协调配合，旨在为系统集成、协同高效地发挥宏观经济治理效能提供机制保障。

（一）着力健全宏观经济治理体系

充分发挥国家发展规划的战略导向作用。运用接续的中长期规划指导经济社会持续健康发展，确保国家战略目标、战略任务和战略意图的实现，体现中国特色社会主义制度的独特优势。一是健全目标鲜明、层次清晰、功能明确的国家发展规划体系，统筹中华民族伟大复兴战略全局和阶段性发展任务，统筹国内国际两个大局。二是充分体现新发展理念，突出高质量发展目标引领，增强国家中长期规划的引导功能和统筹功能，提高规划的引领性、指导性。三是创新规划实施机制，加强规划实施的推进、协调和执行能力，推动国家战略得到有效落实。

大力完善财政政策和货币政策手段。财政政策和货币政策是宏观调控的主要手段。一是更好地发挥财政政策的再分配功能和激励作用。更好地发挥中央、地方积极性，加大对落后地区的财政支持力度，增强基本公共服务保障能力。二是健全货币政策调控框架。健全基础货币投放机制，完善中央银行利率调控和传导机制，保持货币信贷和社会融资规模适度增长，强化有效防范系统性金融风险能力和逆周期调节功能，加强金融市场监管。

着力健全就业、产业、投资、消费、环保、区域等政策紧密配合机制。新时代新征程，要促进多项政策联动发力，构建更加高效的宏观政策供给体系。坚持实施就业优先政策，把稳定和扩大就业作为经济社会发展的优先目标。突出产业政策的战略引导作用，强化对技术创新和结构升级的支持。发挥投资对优化供给结构的关键性作用，着力抓重点、补短板、强弱项。完善促进消费的政策体系，进一步深化收入分配制度改革，激发消费潜力，增强消费对经济发展的基础性作用。实施因地制宜、分类指导的区域政策，完善国家重大区域战略推进实施机制。完善绿色生产和消费的政策体系，健全环境质量标准，推进绿色技术创新。

（二）着力完善宏观经济政策制定和执行机制

完善宏观经济政策协调机制。宏观经济治理目标制定和政策手段运用保持统一连贯协同，形成治理合力。加强部门之间的协调，实现各项政策手段的优化组合、协同发力，灵活有序高效服务宏观调控大局。加强中央和地方之间的协调，中央层面要搞好宏观经济政策顶层设计，地方层面要提高执行落实能力。加强政府与市场主体之间的协调。

完善预期管理和市场行为引导机制。加强宏观经济政策动态管理，适时适度进行预调微调，增强政策连续性、应变性、可预期性。完善市场主体引导机制，维护经济运行的稳定。健全宏观经济政策和市场信息权威发布平台，增强宏观经济政策透明度，稳定市场预期。

完善跨周期政策设计和逆周期调节机制。根据国家战略部署实施情况和形势变化，加强中长期、跨周期宏观经济政策预研，增强宏观调控的前瞻性，着力提高逆周期调节能力。强化风险意识和底线思维，形成综合性应对预案和专项应对预案。

完善参与国际宏观经济政策协调机制。统筹国内国际两个市场两种资源，吸引全球资源要素，发挥比较优势，增强国际竞争力。捍卫国家经济主权，营造有利的外部经济环境。依托“一带一路”倡议和多边双边合作机制，积极参与全球经济治理，推动构建人类命运共同体。

（三）着力提升宏观经济治理能力

提升政府科学调控能力。提升宏观经济治理能力，要充分尊重市场规律，最大限度减少政府对市场资源配置和微观经济活动的直接干预。更好地发挥政府的经济调节、市场监管、公共服务和维护国家经济安全等职能作用，持续打造平等准入、充分竞争、公正监管、有序开放、诚信守法的营商环境。提高法治化、国际化水平，保护各类市场主体的合法权益，维护公平竞争，坚决反对垄断和不正当竞争行为。以科学适度的宏观调节促进经济总量平衡、结构优化、内外均衡，及时有效弥补市场失灵，实现有效市场和有为政府更好结合。

提升宏观经济监测预警和风险防控能力。针对复杂多变的国内外形势，加强基于大数据的经济监测预警能力建设，进一步完善经济景气预报体系。逐步实现宏观经济信息管理的网络化、智能化，研究优化能够更好地反映高质量发展的先行指标。加强跨部门跨地区信息交流共享，主动引导和稳定市场预期。加强风险防范和应对处置能力，完善国家战略资源储备体系。建立外部风险冲击预判预警制度，坚决守住不发生系统性风险的底线。

提升现代技术手段辅助治理能力。加快建立宏观经济治理基础数据库，建设全国一体化大数据共享交换平台，发挥互联网、大数据、云计算、区块链、人工智能等现代技术手段的辅助决策作用，实现对经济运行动态和结构变化的实时跟踪，增强时效性和精准度，为宏观经济治理提供有力支撑。适应构建现代化经济体系的要求，提高统计数据质量，更好地发挥统计监测分析和统计监督作用。

二、建立现代财税金融体制

财政与金融关系密切。在宏观经济调控中，财政政策和货币政策的协调配合是否得当，直接影响宏观经济稳定目标的实现。财税和金融体制的有机融合，不只是简单的文字调整，而有着非同寻常的意义。首先，财政税收制度和金融制度都是国家宏观经济调控的手段，是一个整体。财政与金融关系密切，都力求社会供需在动态过程中达到总量的平衡和结构的优化，使经济尽可能实现持续、稳定、协调发展。其次，中国仍处于重要的战略机遇期，机遇和挑战并存，宏观经济政策选择的外部环境多变，需要将财税政策和货币政策统一起来，相互补充，解决市场外部性问题。再次，突出税收政策在财政和金融政策中的作用。税收在经济社会发展中扮演着重要角色，既是财政收入的重要来源，又是国家重要的调节收入分配的工具之一。税收政策会对其他财政政策的选择和实施产生影响，也会进一步引导宏观经济发展方向和微观主体的资金流向，从而影响金融政策。

财税金融政策作为重要的宏观调控手段，对经济社会的健康发展具有不可替代的作用。建立现代财税金融体制，是我国进入新发展阶段抓住新机遇、应对新挑战的必然要求。建立现代财税金融体制，是全面建设社会主义现代化国家的重要举措和重要保障。必须持续深化财政金融体制改革，完善现代财税金融体制，更好地发挥现代财税金融体制在资源配置、财力保障和宏观调控等方面的基础作用。

（一）发挥金融在现代经济中的核心和引领作用

积极推进金融结构性改革。要瞄准要素市场化配置、创新驱动发展和低碳绿色转型三方面发力，为各类经济社会主体提供具有适应性和包容性的金融服务，不断提升应对不确定性冲击、防范化解公共风险、实施跨周期调节的能力。一是依托金融科技手段，提升金融枢纽效能，构建城乡一体的金融服务新模式。二是注重数据要素的价值挖掘，优化科创企业的金融服务模式，开发适配科创金融新需求的投融资产品。三是服务绿色低碳和人的全面发展。加快构建碳金融的标准体系、评估体系、风控体系，提升我国碳金融在国际上的话语权和规则引导力。

强化金融在促进消费升级和加快内需体系建设中的作用。金融应坚持扩大内需这一战略基点，增强金融对收入结构优化和消费升级的适应性。一是助力分配改革，多渠道增加居民收入。二是通过金融力量打通内需堵点、补齐短板，破除制约消费扩大的障碍，加快消费金融的创新。

发挥金融市场再分配的正向作用。培育健康的金融市场，使更多人获得财产性收入，缩小贫富差距。

增强金融发展的包容性。助力初次分配、再分配、第三次分配协同配套的基础性制度建设。一是支持小微市场主体创新创业和可持续发展，通过金融市场拓宽小微企业的融资渠道，为缩小收入差距创造条件。二是充分发挥金融在破解城乡二元结构中的作用。不断优化、完善农村金融服务体系，盘活农村资源、资产，推动城乡金融服务更加均衡便捷。三是发挥金融在有效推进区域重大战略和区域协调发展战略中的积极作用，因地制宜深入推进区域金融改革。四是加快完善老年人、残疾人、农民工、大学生等群体的金融服务，有效支持相应的重点民生领域。五是提升全民金融素养。

推动面向居民资产配置管理的金融创新。一是依靠数字化和金融科技弥补财富管理短板，将数字金融产品和服务延伸至偏远地区和中低收入群众，兼顾不同收入群体的财富金融需求。二是促进多层次资本市场建设，推动财富金融高质量发展。三是加快居民财富管理创新，优化居民资产配置结构和组合。四是深度把握内外部风险与财富增值保值的逻辑关系，促进居民财富金融稳健运行。

（二）提升财政资金的社会“造血”功能

深化事权和支出责任划分改革，完善国家纵向治理结构。一是合理配置和清晰划分各级政府的财政事权和支出责任，强化省级在统筹协调跨区域事务方面的职责，优化支持区域均衡发展的财政体制。二是探索完善省与市县收入划分体制。提升省级财政统筹资源能力，强化省级财政的均衡作用。探索建立省以下辖区财政均衡的责任机制。三是进一步完善转移支付制度。明晰各类转移支付功能定位，优化转移支付体系和结构，更好地发挥各类转移支付的独特作用。

推进与发展阶段相匹配的基本公共服务均等化。一是进一步健全基本公共服务保障标准体系。探索建立目标明确、步骤清晰、水平合理、保障到位的基本公共服务均等化保障政策框架。二是优先办好义务教育，确保社会的起点公平和机会公平。三是健全多层次、城乡统筹的社会保障兜底政策体系，推进分层分类精准救助。四是推进城乡公共文化服务体系一体建设。

扩大公共消费，加快人力资本的平等积累。一是尽可能满足全体民众的基本需求，保障获取基本能力的机会平等。二是基于公共风险最小化确定公共消费的多少。

促进全民健康，夯实人力资本基础。一是从提供公共产品向防范和化解健康公共风险转变，以健康风险为导向编制预算。二是健全完善整合型医疗卫生服务体系，推动医疗卫生资源布局更加均衡。三是建立健全与高质量发展相适应的城乡一体、医防融合、优质高效的公共医疗卫生服务体系。四是以数字化赋能，加快数字医疗服务的发展。开放场景，鼓励社会力量加入。政府要在医疗服务监管、食品药品监管、职业环境监管等方面的健康监管数字化上下功夫。

公共政策要与人口流动匹配。一是坚持项目规划“跟人走”原则，优化行政区划和区域发展规划。城乡规划和项目布局应充分考虑产业集聚和人口分布的变化，提升资源优化配置能力。二是坚持财政资金“跟人走”原则，优化财政支出结构，提高资金配置绩效。要综合考虑投入的经济、社会和生态效益。三是坚持转移支付“跟人走”原则，进一步推进财政改革与社会改革的衔接融合。转移支付应由农村、中西部等特定地域的静态倾斜转向基于人口流动的动态倾斜。四是坚持公共消费“跟人走”原则，进一步强化人力资本积累和公共服务供给能力。各级政府要不断提升公共服务供给的质和量。

（三）完善税收在二次分配中的调节作用

提高增值税中性程度，强化消费税调节作用。发挥市场在初次分配中的决定性作用。一是进一步减并税率，减少多档税率带来的市场扭曲。二是进一步完善增值税留抵退税试点制度，直至实现完全退税，并形成长期制度安排。在消费税改革领域，一方面，继续把高耗能、高污染产品纳入征收范围，更好地发挥税收引导绿色消费的作用；另一方面，研究强化消费税在收入分配、引导消费等方面的调节作用，并结合中央与地方财政分配关系，改革消费税征税环节，为将消费税收入下移至地方做税制准备。

逐步扩大直接税，增强对收入流量的调节功能。一是个人所得税改革有继续优化的空间。要继续扩大综合计征范围、完善专项附加扣除项目、拓宽个人所得税税基，应该成为个人所得税改革的重点。同时，需要加大对高收入人群的征管力度。二是推进房地产税立法。房地产作为居民财产差距的主要来源，房地产税对调节财富消费具有一定作用。三是合理调节过高收入，规范资本性所得的涉税管理。应积极完善相关配套制度，及时堵住制度和政策漏洞，加大对高收入人群应纳税所得的税收征管。

正确看待税收的调节作用。一是税收调节高收入具有短期效果，但边际效应递减。税收可以改变个人财富积累的速度，但对财富存量的影响有限。二是调节贫富差距不可过度依赖单一税种。三是税收发挥调节作用是有条件的。再分配是强化税收调节功能的主战场，但需要和其他制度相配合，当不具备其他政策条件时，税收的调节作用也会大打折扣。

三、加快转变政府职能

随着社会的不断发展和变化，转变政府职能成为一项紧迫的任务。政府的职能转变意味着将传统的行政管理角色转变为服务型政府，更加注重市场调节和社会参与，以满足民众不断增长的需求。持续推进政府职能转变具有十分重大的意义。一是有助于提高国家治理水平。只有优化政府组织结构，科学设置政府机构，优化政府职能，明晰政府职责，才能促进国家治理体系和治理能力现代化。二是有助于推进法治政府建设。依法行政是依法治国基本方略的重要内容，各级政府必须坚持依法行政，推进法治政府建设。三是有助于激发市场主体活力。加快转变政府职能，最大限度减少政府对市场资源的直接配置，更加尊重市场经济的运行规律。四是有助于提高公共服务效率。转变政府职能，优化政府服务，可以保障和改善民生，促进社会公平正义，让人民群众有更多的获得感、幸福感、安全感。

转变政府职能，就是要解决好政府与市场、政府与社会的关系问题，通过简政放权，进一步发挥市场在资源配置中的基础性作用，激发市场主体的创造活力，增强经济发展的内生动力。另外，就是要把政府工作重点转到创造良好的发展环境、提供优质的公共服务、维护社会公平正义上来。也就是说，既要把该放的权力放开放到位，又要把该管的事务管住管好。

一方面，深化简政放权，激发市场主体的创造活力，增强经济发展内生动力。减少行政审批事项，进一步激发市场、社会的创造活力，增强经济社会发展内生动力，有利于释放改革红利，推动经济升级。

第一，以简政放权促进经济稳定增长。依靠刺激政策、政府直接投资改变当前经济形势的空间已不大，还必须依靠市场机制。我国民间投资还有很大的潜力，近20年来，民间投资在全社会固定资产投资中的比重已从30%上升到60%，外商投资也有潜力。然而民间投资仍存在有钱无处投、想进进不去的现象。因此，要坚持市场化改革取向，做到最大限度减少对生产经营活动和产品物品的许可，最大限度缩小投资项目审批、核准、备案的范围，取消不符合行政许可法规定的资质资格许可。

第二，以简政放权推动经济转型。做好经济工作不仅要立足当前，也要着眼长远，把稳当前和增后劲结合起来。增后劲就必须加快推动经济转型升级。首先要调整产业结构，在优化工业结构、推动现代农业发展的同时，大力发展服务业。当前我国服务业发展仍然相对缓慢，结构调整任务还相当艰巨。而制约服务业发展的最大障碍是体制机制问题，无论是金融、通信、物流，还是养老、医疗、非义务教育行业等，市场准入的门槛均较高，甚至很高，而这些产业恰恰是中等收入阶段发展潜力巨大的产业。加快经济转型升级，必须创新体制机制，转变政府职能、下放权力，使企业和产业在竞争中优化升级，为经济转型提供源头活水。

第三，以简政放权释放就业创业创新活力。稳增长、促发展从根本上讲是为了扩大就业。当前就业压力依然较大，仅靠大企业、国有单位是有限的，必须大力发展中小微企业、多种所有制经济。目前中小微企业就业已占城镇就业80%以上，成为我国吸纳就业的主体。但现在创办中小微企业还有不少限制，既影响发展也不利于就业。有些地方率先试行工商登记改革，取消前置审批，新登记注册企业增幅高达40%～50%，其中多数为中小微企业。因此，要加大力度取消非必要的行政审批事项，清理不必要的资质资格许可和认定，加快企业工商登记制度改革，增加更多就业机会。

第四，以简政放权更好地发挥地方的作用。我国地区之间经济社会发展很不平衡，中央和地方两个积极性都要发挥好，该下放给地方的要坚决下放。各级政府要按照各自的事权分级管理，尤其是涉及改善民生的具体事项，要尽可能实行就近管理。要充分发挥好地方政府贴近基层的优势，把一些确须审批但由地方实施更方便有效的投资审批事项，以及量大面广的生产经营活动审批事项下放给地方。事权调整涉及财权，必须加快推进财政转移支付制度改革，将适合地方管理的专项转移支付项目审批和资金分配工作下放地方，为地方政府更好地履行职能提供财力保障。

另一方面，创新管理方式，优化服务改革，提高政府治理能力。机构职能转变要取消和下放权力，还要改善和加强政府管理，关键是要在搞活微观经济的基础上搞好宏观管理，创新行政管理方式，增强政府治理能力，健全公共服务体系，提高政府效能，建设现代政府。

第一，切实加强市场监管。放权的一个重要目的就是要为各类市场主体营造公平竞争的发展环境。只有建立公平的环境，才能实现公平的竞争。目前，我国市场经济秩序还很不规范，经营不讲诚信、假冒伪劣屡禁不绝、侵犯知识产权时有发生、寻租行为不少。这些现象得不到有效制止，对于诚实守信的经营者就不公平，就会产生“劣币驱逐良币”的扭曲现象，伤害整个经济健康发展。所以，放权的同时必须加强市场监管。比如食品安全、环保等问题，不仅是重大发展问题，也是重大民生问题，容易引发很多社会矛盾。加强监管还有利于产业发展，培育新的经济增长点。

第二，创新公共服务提供方式。加强社会管理和公共服务是政府的重要职责。增加服务供给，满足社会需求，必须把政府的作用与市场和社会的力量结合起来。政府的工作重点是要“补短板”“兜底线”，为人民基本生活提供保障。同时，在非基本的公共服务领域，要更多更好地发挥市场和社会的作用。要加快事业单位的改革步伐，提供更多更有效的服务。大力引入社会资本，增加竞争，满足多样化需求。基本公共服务领域也要深化改革，更多利用市场机制和社会力量。凡适合市场、社会组织承担的，都可以通过委托、承包、采购等方式交给市场和社会组织承担。

第三，要加强和改善宏观管理。转变职能、减少微观事务管理后，政府可以腾出更多的精力管宏观，管好该管的事。宏观部门的主要职责就是搞好宏观调控，要更加重视经济社会发展战略和政策的研究制定，保持经济总量平衡，促进经济结构优化，维护全国市场统一开放，保障国家经济安全。在当前错综复杂的经济环境下，既要处变不惊，按预期的发展目标搞好调控；又要未雨绸缪，充分考虑各种全局性经济问题，超前谋划应变的调控预案。要增强宏观调控的针对性、有效性，把政府掌控的资源集中用在重点领域和关键环节，确保经济持续健康发展。

此外，政府履行职能必须依靠法治。市场经济的本质是法治经济，转变政府职能本身就是建设法治政府的要求。政府要带头维护宪法法律权威，同时依法规范企业、社会组织和个人的行为，维护市场经济运行秩序，保障各类市场主体的合法权益。

本章小结

社会主义市场经济体制是中国特色社会主义的重大理论和实践创新，是社会主义基本经济制度的重要组成部分。我国坚持全面深化改革，不断完善社会主义市场经济体制，极大地调动了广大人民的积极性，极大地促进了生产力发展，极大地增强了党和国家的生机活力。当前，我国正处于全面建设社会主义现代化国家的新征程上，必须进一步解放思想，坚定不移深化市场化改革，扩大高水平开放，不断在经济体制关键性基础性重大改革上突破创新，在更高起点、更高层次、更高目标上推进经济体制改革，加快完善社会主义市场经济体制。

在实现中华民族伟大复兴的进程中，必然会遇到各种可以预见和难以预见的风险挑战，改革发展也必然会面临着许多新情况新问题。我国经济发展获得巨大成功的一个关键因素，就是我们既发挥了市场经济的长处，又发挥了社会主义制度的优越性。高水平社会主义市场经济体制的优越性体现在“产权有效激励、要素自由流动、价格反应灵活、竞争公平有序、企业优胜劣汰”，这就要求我们必须坚定不移地坚持和完善社会主义基本经济制度，充分发挥市场在资源配置中的决定性作用，更好地发挥政府作用，推动有效市场和有为政府更好结合，激发各类市场主体活力，完善宏观经济治理，建立现代财税金融体制，建设高标准市场体系，实施更大范围、更宽领域、更深层次对外开放，加快转变政府职能，持续推动我国经济高质量发展，为实现第二个百年奋斗目标提供更加完善、成熟、坚实的制度保障。

思考题

1. 有人说，构建高水平社会主义市场经济体制是新时代的伟大创举，谈谈你对此是如何认识的。

2. 加快国有经济布局优化和结构调整与促进民营企业发展是否存在矛盾？

3. 联系实际谈谈应当如何构建全国统一大市场。

4. 如何提高政府宏观经济治理水平？

第二章　加快建设现代化产业体系

现代化产业体系是现代化经济体系的基础，也是实现经济现代化的基本力量和重要标志。世界大多数国家在推进工业化的同时，也在致力于谋求产业体系的现代化。改革开放后，我国在启动了人类历史上规模最大的工业化的同时又开始建设现代化产业体系。党的十八大以来，习近平总书记对建设现代化产业体系多次作出重要论述。党的十九大报告指出，“着力加快建设实体经济、科技创新、现代金融、人力资源协同发展的产业体系”。党的二十大报告指出：“从现在起，中国共产党的中心任务就是团结带领全国各族人民全面建成社会主义现代化强国、实现第二个百年奋斗目标，以中国式现代化全面推进中华民族伟大复兴。”全面建设社会主义现代化国家涉及经济社会发展的方方面面，其中，产业体系的现代化是现代化的核心。

第一节　加快建设现代化产业体系的意义及背景

一、习近平总书记关于现代化产业体系的重要论述

习近平总书记关于现代化产业体系的重要论述，是马克思主义与中国产业发展实践紧密结合的产物，是以习近平同志为核心的党中央在探索中国特色社会主义建设道路中的思想淬炼，也是党和人民集体智慧的结晶，更是中国人民在中国共产党的领导下走出的以产业发展实现中华民族伟大复兴之路的现实映照。习近平总书记关于现代化产业体系的重要论述是习近平经济思想的重要组成部分，

主要包括产业结构优化思想、产业绿色化发展思想和产业组织调整思想等重要内容。

2017 年 10 月，党的十九大报告提出，“提高全要素生产率，着力加快建设实体经济、科技创新、现代金融、人力资源协同发展的产业体系，着力构建市场机制有效，微观主体有活力、宏观调控有度的经济体制，不断增强我国经济创新力和竞争力”。这标志着四位协同的现代化产业体系的诞生，明确了产业的承上启下作用，强调对提高全要素生产率的重视，突出集约式发展之路，以增强我国在国际市场中的创新力和竞争力为目标。

2019 年 8 月，习近平总书记在第十九届中央财经委员会第五次会议上指出，“打好产业基础高级化、产业链现代化的攻坚战”①。2019 年 10 月，习近平总书记在中央经济会上进一步提出，“提升产业基础能力和产业链现代化水平”②。习近平分别强调了产业基础能力和产业链现代化水平这二者作为现代化产业体系的核心要件，在有效解决产业领域“卡脖子”问题和提高产业国际竞争力等方面发挥着重要作用。

2020 年 10 月，习近平总书记在党的十九届五中全会上强调，“加快发展现代产业体系，推动经济体系优化升级”，“推进产业基础高级化、产业链现代化，提高经济质量效益和核心竞争力”③，再一次强调了现代化产业体系对经济发展的重要推动力，以及通过提升产业水平有效提高我国经济的质量效益和核心竞争力。党的十九届六中全会通过的《中共中央关于党的百年奋斗重大成就和历史经验的决议》肯定了现代产业体系在经济建设上的作用，进一步强调加快发展现代产业体系，壮大实体经济，发展数字经济。现代化产业体系是实

---

① 习近平：《推动形成优势互补高质量发展的区域经济布局，发挥优势提升产业基础能力和产业链水平》，《人民日报》2019 年 8 月 27 日。

② 《中央经济工作会议在北京举行，习近平李克强作重要讲话》，《人民日报》2019 年 12 月 13 日。

③ 《中共十九届五中全会在京举行》，《人民日报》2020 年 10 月 30 日。

体经济的中观支撑，而数字经济的发展能够为其赋能，将在中国特色社会主义新时代中发挥出主要推动力。产业链发展的实现路径是从产业链现代化、高级化、全球化、数字化、协同化、集聚化发展六个方面实施产业政策，对于提升我国产业链韧性和竞争力、加快构建双循环新发展格局等，均具有重要意义。

党的二十大报告指出，“着力提升产业链供应链韧性和安全水平”，建设现代化产业体系，坚持把发展经济的着力点放在实体经济上，以中国式现代化全面推进中华民族伟大复兴。习近平总书记参加十四届全国人大一次会议江苏代表团审议时强调，“要把实施扩大内需战略同深化供给侧结构性改革有机结合起来，加快建设现代化产业体系”，“大力发展战略性新兴产业，加快发展数字经济”①。产业链供应链作为衔接环节的作用显著，重视发展实体经济，在中观层面表现为建设现代化产业体系，特别要支持战略性新兴产业和数字经济的发展。加快建设现代化产业体系，既是对中国式现代化成功经验的总结，也是对现代化发展的全新判断，超越以往西方对现代化的理论认知。

2023 年 5 月，习近平总书记在二十届中央财经委员会第一次会议上强调：“加快建设以实体经济为支撑的现代化产业体系，关系我们在未来发展和国际竞争中赢得战略主动。要把握人工智能等新科技革命浪潮，适应人与自然和谐共生的要求，保持并增强产业体系完备和配套能力强的优势，高效集聚全球创新要素，推进产业智能化、绿色化、融合化，建设具有完整性、先进性、安全性的现代化产业体系。”② 完善新发展阶段的产业政策，把维护产业安全作为重中之重，强化战略性领域顶层设计，强化产业政策的协同性是当前现代化产业体系建设的关键点。会议明确指出现代化产业体系的重要性和建设重点，突出实体经济的位置和作用，突出产业链供应链的开放合作，突出核心技术和战略性资源的支撑，突出对优秀企业的支持和培育。

① 习近平：《开创我国高质量发展新局面》，《求是》2024 年第 12 期。

② 《加快建设以实体经济为支撑的现代化产业体系，以人口高质量发展支撑中国式现代化》，《人民日报》2023 年 5 月 6 日。

二、加快建设现代化产业体系的意义

1. 是实现经济体系现代化的重要内容

党的十八大以来，以习近平同志为核心的党中央总揽全局，着眼于实现“两个一百年”奋斗目标、顺应中国特色社会主义进入新时代的新要求，提出建设现代化经济体系，并作出重大决策部署。只有形成现代化经济体系，我国才能更好地顺应现代化发展潮流和赢得国际竞争主动，也才能为其他领域现代化提供有力支撑。习近平总书记指出：“现代化经济体系，是由社会经济活动各个环节、各个层面、各个领域的相互关系和内在联系构成的一个有机整体。”①其中，现代化产业体系是现代化经济体系的重要内容。形成高水平现代化经济体系，要建设创新引领、协同发展的产业体系，实现实体经济、科技创新、现代金融、人力资源协同发展，真正使科技创新在实体经济发展中的贡献份额不断提高，现代金融服务实体经济的能力不断增强，人力资源支撑实体经济发展的作用不断优化。发展现代化产业体系为现代化经济体系建设提供强有力动力。

2. 为构建新发展格局提供有力支撑

经过多年发展，目前我国产业基础和体系已经初步具备为内循环的形成提供强有力的产业支撑的条件。我国作为一个发展中大国，经济结构复杂，经济空间广阔，回旋余地较大，有利于更好地发挥规模经济效应和集聚经济效应，有利于打造具有梯次性、互补性、协同性的产业体系。从国民经济运行角度来说，要构建新发展格局，从根本上说就是要实现经济循环流转和产业关联畅通，这种产业关联畅通既包括区域层面的，也包括产业相互之间的，而区域层面的产业关联畅通有赖于形成科学合理的区域产业体系；产业层面的关

① 《深刻认识建设现代化经济体系重要性，推动我国经济发展焕发新活力迈上新台阶》，《人民日报》2018 年 2 月 1 日。

联畅通则是要形成以融合、协同为主要特征的现代化产业体系，这个过程也是产业转型升级的过程。通过这一个过程，从根本上提升我国供给体系的效率和竞争力，解决各类“卡脖子”和瓶颈问题，从而实现国民经济的有效畅通和循环。我国只有加快推进产业转型升级，实现技术自立自强，发展更高水平的现代化产业体系，增强产业乃至整个经济的自主性、柔韧性、抗风险性和可持续性，才能更有效地提升外循环发展水平，更好地参与国际经济竞争，形成以国内大循环为主体、国内国际双循环相互促进的新发展格局。

3．应对科技革命与产业变革的战略选择

伴随着新一轮科技革命与产业变革的不断推进，国际产业分工格局正处于深刻变革与调整之中。一方面，以大数据、云计算、人工智能等新一代信息技术迅速发展和广泛应用为标志的新一轮科技革命正孕育新的重大突破，新一代信息技术与产业发展的各个领域的技术呈现深度融合态势，正在引发现有产业体系的深刻变革，这对我国产业转型升级提供了难得的历史机遇。另一方面，以美国为代表的发达国家大力推进“再工业化”战略，促进“制造业回归”，许多发展中国家也发挥自身优势，竞相加快推进本国工业化进程，我国产业发展面临高端回流和中低端分流的“双向挤压”局面。新的国际产业发展环境和竞争态势，要求我国加快产业转型升级，发展现代化产业体系，塑造产业竞争新优势，提升我国产业国际竞争力。

4．有效应对各种风险、统筹安全与发展的基本支撑

我国发展进入战略机遇和风险挑战并存、不确定难预料因素增多的时期。当前，世界进入动荡变革期，逆全球化思潮上升，世界政治经济格局发生深刻复杂变化，少数西方国家对我国实施了全方位的遏制、围堵、打压，给我国推动科技进步、产业链升级、供应链稳定带来挑战。统筹安全与发展，需要建立现代化产业体系来有效应对和化解各种风险。

5．实现高质量发展和第二个百年奋斗目标的重大举措

进入新发展阶段，我国要素比较优势和资源环境的约束条件等

都发生了重大变化，传统经济结构、产业发展动力难以支撑高质量发展，要通过发展现代产业体系积蓄形成新的产业发展动力和产业竞争优势，实现质量变革、动力变革、效率变革，为经济高质量发展提供坚实的支撑。实现第二个百年奋斗目标，到21世纪中叶把我国建设成为社会主义现代化强国，实现中华民族伟大复兴中国梦，是全国人民共同的向往和追求。我国只有建立现代化产业体系，才能加快新旧动力转换，更充分地释放工业化、信息化、城镇化、农业现代化同步发展蕴含的能量，为实现第二个百年奋斗目标提供强有力的支撑。

三、加快建设现代化产业体系必须具备的坚实基础

党的十八大以来，以习近平同志为核心的党中央准确把握全球产业发展大势，科学判断我国产业发展形势，坚持把发展经济的着力点放在实体经济上，提出一系列产业发展新理念、新思想、新战略，推动我国工业、农业、服务业和基础设施发展迈上新台阶，形成了产业规模优势、体系优势和部分领域领先优势，为建设现代化产业体系奠定了坚实基础。

1. 工业核心竞争力显著增强

我国制造业规模稳定增长，2022年我国制造业增加值占国内生产总值的比重达27.7%，占全球制造业比重近30%，已连续13年位居世界首位。我国是全球唯一拥有联合国全部工业门类的国家，500种主要工业产品中的200多种产品产量位居世界第一，具有强大的制造能力和完善的配套能力。制造业创新能力大幅增强，部分领域已接近或达到世界先进水平，正由“跟跑者”向“并跑者”“领跑者”转变。数字经济和实体经济加速融合，绿色低碳循环发展深入推进，成为推动工业高质量发展的重要引擎。

2. 农业基础地位不断巩固

农业综合生产能力稳步提升，截至2023年，粮食产量连续9年

稳定在 1.3 万亿斤以上，谷物基本自给、口粮绝对安全，确保中国人的饭碗牢牢端在自己手中。深入实施藏粮于地、藏粮于技战略，农田水利基础设施加快建设，建成 10 亿亩高标准农田，农作物耕种收综合机械化率达 73%，农业生产效率大幅提升，粮食安全保障能力显著增强。脱贫攻坚战取得全面胜利，农村改革纵深推进，现代乡村产业体系基本建立，农民生活条件明显改善，农业基础性作用发挥更加充分。服务业质量效益持续提升。

3. 服务业发展规模日益壮大

即使遭受疫情严重冲击，2022 年服务业增加值占国内生产总值比重仍达到 52.8%，对经济增长的贡献率为 41.8%，撑起国民经济“半边天”。服务业就业人员规模稳步攀升，新兴产业领域吸纳大量新增就业人口，服务业就业“蓄水池”功能明显。服务贸易快速增长，2022 年服务进出口总额近 6 万亿元，连续多年位居世界第二位。服务业企业不断优化传统生产和消费方式，生产性服务业向专业化迈进，生活性服务业向高端化延伸，三次产业融合持续加深，新业态新模式加快培育，为经济发展注入新动能。

4. 基础设施建设快速发展

基础设施形成超大规模网络，供给水平和服务能力明显提升。截至 2022 年末，我国综合交通网总里程超过 600 万千米，220 千伏及以上输电线路突破 80 万千米，光缆线路总长度近 6000 万千米，高铁、高速公路、电网、5G 网络规模等均居世界第一。特大型水利工程、三代核电、工业互联网等实现跨越式发展，离岸深水港、枢纽机场工程建造技术迈入世界先进或领先行列。重大物流基础设施建设稳步推进。创新基础设施加快优化，建成体系较为完备的国家重大科技基础设施。

第二节　加快建设现代化产业体系面临的挑战

现代化产业体系是高质量发展的重要基础，决定现代化产业体系的主要因素是科技创新、资本投入、人力资本，以及融合于内部的体制机制。结合现实考察，从外部环境来看，当前世界百年未有之大变局加速演进，世界经济和政治格局正发生深刻变化。以美国为首的发达经济体步入长期衰退阶段，为巩固其在国际经济体系中的主导地位，通过利用金融、军事和科技领域的霸权地位来控制和瓜分全球财富，加剧了全球经济的不确定性。与此同时，全球产业分工体系正面临深度调整，并出现内向化收缩、本土化转移和区域化集聚等一系列新的发展动向，各国对于产业链供应链的主导权争夺日益激烈，从过去追求效率优先转向更为强调安全、可控和韧性，一些国家甚至动用各种政治经济手段推动产业链回岸、近岸和友岸布局，进而对中国产业链的稳定性造成巨大冲击。除了复杂的地缘政治、中美冲突等外部因素外，从内部因素来看，我国产业体系还存在根基不牢、创新力不足、安全性不高等问题。

一、实体经济大而不强，产业体系的根基不牢

实体经济是建设现代化产业体系的根基和支柱。没有强大的实体经济，就不可能真正建立现代化产业体系；而没有现代化产业体系，就不可能建成社会主义现代化强国。虽然中国是实体经济大国，但中国实体经济大而不强，现代化产业体系的根基并不牢固。

1. 制造业比重下降，呈现过早去工业化的特征

制造业是实体经济的基础，制造业最能体现一个国家的科技实力和经济实力，是一个国家的经济命脉所系。改革开放 40 多年来，中国制造业发展取得很大成就，成为世界制造业第一大国，被公认

为“世界工厂”，但中国还不是制造业强国。不仅如此，中国制造业比重呈下降趋势，呈现过早去工业化的趋势。

2. 实体经济部分呈脱实向虚趋势

近年来，金融业出现背离实体经济发展的趋势，经济结构金融化、实体经济脱实向虚的问题日渐凸显，具体表现为：在宏观经济层面，资金不断流入虚拟经济，影子银行体系膨胀，实体经济利润率下降，且实体经济有效投资不足；在微观经济层面，企业呈现金融化的发展趋势，非金融企业增加金融资产投资而减少生产性的投资现象引起广泛关注。

3. 实体经济发展局部结构失衡

在制造业中，传统资源加工和资金密集型产业占比较高，比如在钢铁、铜、水泥、化纤等领域，有数百种制造业产品的产量居世界第一位，但高新技术制造业的占比还较低，特别是高端芯片、工业软件、高端数控机床等领域的自给率不足。

二、创新能力较为薄弱，产业体系的创新力不足

现代化产业体系是致力于建设社会主义现代化强国的产业体系，科技创新为现代化产业体系建设提供战略支撑。没有科技创新的重大突破，实现不了科技的自立自强，就难以建立以实体经济为支撑的现代化产业体系。党的十八大以来，中国高度重视科技创新，制定了创新驱动发展战略，科技创新水平不断加速迈向国际第一方阵，已成为具有全球影响力的大国，初步迈入创新型国家行列。但也要认识到，目前中国科技创新基础还不牢固，自主创新特别是原始创新能力还不强，关键领域核心技术受制于人的局面并没有得到根本改善，现代化产业体系的创新力还不足。

1. 基础研究能力不足

基础研究是现代化产业体系创新力的源泉，是实现科技自立自强的根基。真正的原始创新来自基础研究，没有扎实的基础研究，

就没有关键核心技术的突破，现代化产业体系的建立也就没有支撑。改革开放以来，中国基础研究发展迅速，取得了一些有影响力的成果，但整体上与国际先进水平还有一定的差距，基础研究能力还有待提升，重大原创性成果缺乏。从研发投入来看，2022 年中国基础研究经费支出为 1951 亿元，占全部研发经费的比重为 6.32％，远低于主要发达国家 15％～25％的平均水平。整体而言，目前中国基础研究投入不足，投入结构也不合理，基础研究投入的来源主要是中央财政，企业、公益基金、慈善捐助等社会力量对基础研究的投入有限。

2. 关键核心技术存在“卡脖子”难题

关键核心技术是国之重器，对中国经济社会发展和国家安全具有重要战略意义；有没有掌握关键核心技术，是判断有没有建成现代化产业体系的关键指标。由于发展起步较晚，以及世界主要发达经济体在关键核心技术方面的禁运，中国关键核心技术还存在着一些短板，在高端芯片、工业母机、基本算法、基础元器件、基础材料等关键领域的自给率还比较低。

3. 产业基础能力较弱

产业基础能力是现代化产业体系的根本支撑，是衡量产业体系现代化发展水平的关键指标，决定着产业发展的自主可控水平、长远竞争能力和整体发展高度。当今世界，主要制造强国都是产业基础能力强大的国家，特别是在全球价值链时代，产业基础能力会直接影响到一国或地区在全球分工体系中的治理能力和控制力。改革开放以来，中国积极融入全球分工体系，有效承接国际产业转移，逐步加大研发能力，推动产业基础能力实现较大发展，产业体系已逐渐形成自身的独特优势。然而，对照现代化产业体系的要求，并与世界主要发达国家相比，中国产业基础能力依然较弱，导致在全球价值链时代中国产业整体处于全球价值链中低端，现代化产业体系的控制力不强，主要表现为以下两个方面。

一方面，产业基础共性技术不扎实。产业基础共性技术具有基础性、战略性、前沿性等特点，是产业基础能力的关键体现。虽然中国专利申请量常年居全球第一，但多是应用型和改进型技术，鲜见原创性、引领性的通用类基础技术。这主要是因为，目前中国缺乏产业基础共性技术研发和服务平台，特别是跨学科、大协作、高强度、开放式的协同创新基础平台鲜见，导致中国“基础研究—共性技术—产品开发—产业化”构成的技术创新体系存在重大断链环节；在研发组织上，面向产业基础共性技术的研发项目力量分散、组织碎片化，难以形成合力，导致中国始终没有突破一些产业基础共性技术。

另一方面，工业基础产品市场竞争力不强。有研究指出，产业基础的概念来源于工业“四基”（工业领域的关键基础材料、核心基础零部件和元器件、先进基础工艺、产业基础技术），从政府制定政策与企业具体实践角度来看，将工业“四基”理解为产业基础或者产业基础能力，具有针对性和可操作性，已经被广泛接受和传播。然而，改革开放以来，中国经济发展依靠的是巨大的市场规模、后发模仿技术、低成本要素供给等比较优势，导致以工业“四基”为代表的产业基础还比较薄弱，表现在产品上就是低端产品供给过剩、高端工业基础产品短缺且市场竞争力不强。

三、产业链供应链现代化水平较低，产业体系的安全性不高

产业链供应链现代化水平直接影响实体经济和现代化产业体系的稳定与安全。当前，建设以实体经济为支撑的现代化产业体系，要按照自主可控、安全可靠、竞争力强的要求，加快实现科技自立自强，突破产业链供应链的堵点卡点，提高产业链供应链现代化水平，统筹好发展与安全。产业链供应链现代化的核心是实现产业链供应链自主可控，维护产业链供应链安全稳定。此外，在数字时代，产业链供应链核心环节的数字化水平也是衡量产业链供应链现代化水平的重要指标。在世界百年未有之大变局加速演进的背景下，建设现代化产业体系，维护产业体系的安全性就显得尤为重要。

1. 产业链供应链自主可控能力较弱

自主可控的产业链供应链是我国产业安全和经济稳定的重要保障。“自主”指的是我国能够在关键供应链上起主导作用，“可控”指的是在某些产业链供应链上，我国即使不能掌握主导权，也能够有较大的控制力和影响力。

在逆全球化趋势的背景下，我国产业链供应链“堵链”“卡链”“断链”“掉链”风险加剧，亟待提升自主可控能力以保证经济稳定发展。我国产业链供应链核心技术创新能力、关键零部件制造能力不足。我国的出口竞争优势偏向于加工组装等低附加值环节，对核心技术、材料和关键零部件的进口依赖较为严重，在高端芯片、机器人、人工智能、高端数控机床等诸多关键领域，存在研发能力、技术能力和制造能力短板。技术上的封锁或使得我国本土企业在全球产业链上丧失议价能力和价值分配的主动权。当前，我国在基础研究和底层技术环节上的掌握能力尚且不足，在短期内或难以扭转核心技术和关键零部件依赖国外供应商的被动局面。

2. 产业链供应链数字化转型和发展水平不足

在新一轮科技革命和产业变革下，全球制造业数字化、智能化、绿色化产业加速升级，全球产业链供应链竞争日趋激烈。由于我国产业链供应链核心环节和关键零部件受制于人，产业基础能力不足，我国产业链供应链现代化水平与国际先进水平相比仍然存在较大差距。

纺织服装业、家具制造业等传统产业虽然具有出口规模和配套优势，但普遍存在生产设备和技术工艺落后、产品结构和产能结构不合理、能源和资源消耗大等问题。高铁、电力装备等高技术产业虽然在较短时间内实现了从逆向工程能力到正向设计能力的跃升，但仍未充分发挥产业优势，尚未锻造出一些“杀手锏”技术，拉长产业链长板，也未形成对发达国家的战略反制。我国新能源、新材料、生物技术等战略性新兴产业自主创新基础能力有待提升，由于5G、人工智能、物联网等数字基础设施薄弱，高端制造、运输仓储等产业链供应链环节数字化、智能化程度不高，战略性资源能源的供应保障问题还有待破解。产业链供应链数字化、智能化、绿色化转型程度和发展水平的不足将限制我国产业核心竞争能力的重塑和产业体系的可持续发展。

第三节　加快建设现代化产业体系的总体思路及主攻方向

建设现代化产业体系是一项系统工程，必须坚持系统观念，注重系统集成、协同发展，推动创新链、产业链、资金链、人才链深度融合。

一、总体思路

加快推进产业集群发展。产业集群是现代产业发展的重要组织形式。推动产业集群集聚发展，既是区域竞争的需要，也是产业竞争的必然。只有形成集群和集聚，才能持续提升产业竞争力，为高质量发展注入不竭动力。近年来，很多地方通过将重点产业集中于产业园区、功能示范区和城市新城等，区域经济发展取得了显著成效。面向建设现代化产业体系的重大任务，要继续发挥产业集聚的战略优势，进一步优化产业布局。

把产业发展的重点放在建立健全深度融合机制上。党的二十大对产业融合发展提出了要求，包括“推动战略性新兴产业融合集群发展”“推动现代服务业同先进制造业、现代农业深度融合”“促进数字经济和实体经济深度融合”等。这些要求是习近平总书记强调的系统观念在产业发展中的体现，必须深刻领会、创造性运用。

二、战略目标

加快建设现代化产业体系的战略目标可分为国家、产业、企业等三个层面。

国家层面。以推动工业、制造业、农业、新兴产业、现代物流和基础设施等六大产业或产业体系高质量发展为战略重点，以在21世纪中叶把我国建成富强民主文明和谐美丽的社会主义现代化强国为目标引领，加快建设制造强国、质量强国、交通强国、网络强国、数字中国、贸易强国、农业强国。

产业层面。加快关键核心技术攻关，全面推动产业基础高级化和产业链现代化，在各行业形成自立自强、具有国际竞争力的产业发展模式。产业现代化的核心目标是打赢关键核心技术攻坚战，实现高水平科技自立自强。考虑到我国科技创新能力不强，科技整体水平同世界先进水平相比仍有较大差距的现状，这一重大战略目标，不可能在短期内实现。一方面，应健全新型举国体制，加大科技、人才和资金的集中投入，建立企业主导的产学研深度融合机制，对事关国家迫切战略需求的领域（如芯片、人工智能、航空航天、深海装备、碳中和技术等）进行战略攻关，力争使50%以上的重点产业领域摆脱核心技术受制于人的局面，实现大多数重点产业领域科技自立自强；另一方面，争取80%以上重点产业领域要实现科技自立自强，绝大部分重点产业关键核心技术都要掌握在自己手中。

企业层面。建设现代化产业体系的重大任务落实到企业层面，就是要在现代制造业、现代服务业、现代农业等重点领域，打造一批具有行业领先优势的世界一流企业。鼓励制造业企业集中优势资源和技术力量，打造以企业为主体、产业化为导向、产业公共技术开发平台为支撑的先进制造业技术创新体系。培育壮大服务业新模式新业态，支持有实力的现代服务业企业实施跨行业、跨区域、跨所有制兼并重组，鼓励开展国际化经营，打造一批在国际资源配置中占主导地位的世界级现代服务业企业。现代农业企业则是要依托市场，创新企业管理机制，大力推进产业体系现代化、生产体系现代化、经营体系现代化，同时要敢于冒险和探索，广泛应用现代农业科学技术，让农业发展搭上数字化的列车。

三、总体要求

创新引领、协同发展。党的十九大报告提出，“我国经济已由高速增长阶段转向高质量发展阶段”，“必须坚持质量第一、效益优先，以供给侧结构性改革为主线，推动经济发展质量变革、效率变革、动力变革，提高全要素生产率，着力加快建设实体经济、科技创新、现代金融、人力资源协同发展的产业体系”。这从要素协同的角度，赋予了产业体系新的内涵，明确了高质量发展阶段产业体系的发展方向。其中，实体经济是一国经济的立身之本，加快建设现代化产业体系必须坚持以实体经济为支撑；科技创新是推动高质量发展的重要引擎，无论是传统产业改造升级，还是新兴产业培育壮大，都离不开先进技术迭代更新；现代金融是经济持续健康发展的血液系统，要使现代金融服务实体经济的能力不断增强；创新驱动本质上是人才驱动，人力资源是最积极最活跃的生产要素，是加快建设现代化产业体系的必要条件。2018 年 1 月，习近平总书记在中共中央政治局第三次集体学习时强调，“现代化经济体系，是由社会经济活动各个环节、各个层面、各个领域的相互关系和内在联系构成的一个有机整体。要建设创新引领、协同发展的产业体系”①。强调创新引领，是因为通过科技创新可实现产业发展动能转换。要在国际竞争中掌握主动权，须着力推动科技创新和产业发展深度融合，更好发挥创新的引领作用。强调协同发展，是因为通过提高要素配置效

① 《深刻认识建设现代化经济体系重要性，推动我国经济发展焕发新活力迈上新台阶》，《人民日报》2018 年 2 月 1 日。

率，可提升产业发展质量。具体来说，就是不断提高科技创新在实体经济发展中的贡献份额，不断增强现代金融服务实体经济的能力，不断发挥人力资源支撑实体经济发展的作用，让各类优质要素更好地促进实体经济发展。

自主可控、安全可靠、竞争力强。习近平总书记强调，“优化生产力布局，推动重点产业在国内外有序转移，支持企业深度参与全球产业分工和合作，促进内外产业深度融合，打造自主可控、安全可靠、竞争力强的现代化产业体系”①。这是从维护产业安全、促进产业发展的需要出发，对建设现代化产业体系提出的更高要求。自主可控和安全可靠主要是针对产业链供应链安全而言的，竞争力强则主要是针对产业发展而言的。自主可控主要强调对产业链供应链的各个环节、各经营主体和各类生产要素具备把控能力，尤其是关键领域的技术和产品不受制于人，牢牢掌握发展的主动权；安全可靠主要强调产业链供应链的安全稳定、高效畅通，在关键时刻不掉链子，为国家经济安全提供有力支撑；竞争力强主要是指产业必须具备市场份额大、科技含量高、盈利能力强和产品质量优等特征，从而在国际竞争中处于优势地位。

以实体经济为支撑。2023 年 4 月，习近平总书记在广东考察时强调：“中国式现代化不能走脱实向虚的路子，必须加快建设以实体经济为支撑的现代化产业体系。”② 实体经济是我国经济发展的基石，现代化产业体系是我国构筑未来发展战略优势的重要支撑。我国经济已由高速增长阶段转向高质量发展阶段，在此过程中要吸取一些西方国家经济脱实向虚的教训，不断壮大实体经济。在全球经济增长放缓的背景下，实体经济发展面临出口市场低迷、资源环境约束趋紧、生产成本刚性上涨、内生发展动力不足等问题。当今世界制造业竞争激烈，我国制造业发展面临新的挑战，必须把做实做强做

---

① 习近平：《加快构建新发展格局，把握未来发展主动权》，《求是》2023 年第 8 期。

② 《坚定不移全面深化改革扩大高水平对外开放，在推进中国式现代化建设中走在前列》，《人民日报》2023 年 4 月 14 日。

优实体经济作为主攻方向，加快建设以实体经济为支撑的现代化产业体系，推动产业体系不断完善、优化、壮大。

具有完整性、先进性、安全性。2023年5月，习近平在二十届中央财经委员会第一次会议强调："要把握人工智能等新科技革命浪潮，适应人与自然和谐共生的要求，保持并增强产业体系完备和配套能力强的优势，高效集聚全球创新要素，推进产业智能化、绿色化、融合化，建设具有完整性、先进性、安全性的现代化产业体系。完整性、先进性、安全性三者之间是相辅相成、辩证统一的关系。完整性和先进性可以促进和提升产业体系的安全性，安全性又是建设具有完整性和先进性产业体系的重要保障。"① 强调完整性，主要是为了巩固并提升我国产业门类齐全和体系完备优势，围绕制造业重点产业链，找准关键核心技术和零部件薄弱环节，集中优质资源合力攻关，提升国产化替代水平。强调先进性，主要是为了加快形成我国在产业技术、规模、效益和布局等领域的领先的优势，进而在全球产业链中占据重要地位。加快建设具有先进性的现代化产业体系必须以科技创新为引领，坚持科技是第一生产力、人才是第一资源、创新是第一动力，不断提高自主创新能力，加强前沿技术研发和应用，促进科技成果向生产力转化，实现从技术领先到产业领先的跨越。强调安全性，主要是为了确保产业体系在受到外部冲击时能够有效抵御或迅速恢复。随着世界经济不稳定性不确定性增强，维护产业安全的重要性日益凸显。加快建设具有安全性的现代化产业体系，关键要着力提升产业链供应链韧性和安全水平，将维护产业安全作为重中之重，强化顶层设计，引导资源向科技创新领域集聚，推动产业健康可持续发展。

---

① 《加快建设以实体经济为支撑的现代化产业体系，以人口高质量发展支撑中国式现代化》，《人民日报》2023年5月6日。

四、主攻方向

加快建设现代化产业体系是一项庞大而复杂的系统工程。现代化产业体系的构建要和坚持高质量发展的方向保持一致，突出高质量发展这一首要任务。同时，针对当前经济发展特点，把加快建设现代化产业体系作为促进经济恢复发展的主要着力点，以提升产业层次、补齐产业链短板、抢抓产业新机遇、完善结构体系等作为主攻方向。

（一）发挥科技创新的支撑引领作用

现代化产业体系就是以科技创新为核心，推动形成基础设施、金融资本、人力资源等各类生产要素和创新要素有效配置、协同联动的有机系统。科技创新能力的高低决定了现代化产业发展水平的强弱，现代化产业体系实现智能化、绿色化、融合化，关键依靠科技创新。我们要把现代化产业体系建立在高水平科技自立自强的牢固根基之上，保持并增强产业体系完备和配套能力强的优势，不断增强应对外部重大风险挑战的能力，为增强产业链韧性和产业安全提供根本保障。

一是加快构建完整的技术创新体系，支撑现代化产业体系建设。充分发挥企业需求牵引的引擎作用，打造匹配市场需要的技术创新体系，保障现代化产业体系健康蓬勃发展。强化企业牵头的产学研协同创新机制，逐步形成以企业为主导、各类创新主体协同推进的新局面，支持科技领军企业发挥产业链引领带动作用，鼓励新型研发机构探索颠覆性技术研发创新，在产业链细分领域形成科技型中小企业梯队，构建优势互补的创新联合体。构建有利于企业创新的技术转移转化体系，营造良好的创新生态，提高科技成果转化和产业化水平。瞄准新兴前沿领域，建设一批未来产业科技园和孵化高地，打造科技特色鲜明的现代化产业集群。

二是加强关键核心技术攻坚突破，保障产业链供应链安全稳定。瞄准事关国家发展和安全的战略性产业领域，健全新型举国体制，发挥好政府在关键核心技术攻关中的组织者作用，加强战略谋划和系统布局，强化各类科技计划的统筹协调，形成关键核心技术攻关强大合力。围绕重点产业链，着力突破关键基础材料、元器件、零部件核心技术，补齐重大技术装备短板，成体系突破“卡脖子”技术难题，保障重点产业的创新链供应链自主可控。

三是布局开辟新领域新赛道的引领性技术，培育未来产业竞争新优势。面向国家重大战略和未来产业发展需求，围绕科技前沿领域超前部署，加快产出原创性、突破性、引领性重大科技成果，夯实支撑未来产业发展的技术基础。聚焦人工智能、量子信息、前沿生物、低碳能源、未来交通等前沿技术方向，以重大应用场景为牵引，着力加强基础研究、应用基础研究和颠覆性技术研发，促进自动驾驶、智能机器人、新药研制等未来产业发展。搭建多层次的未来产业技术创新网络，促进产业链垂直领域、不同产业链跨领域的融合创新，构建支撑未来产业发展的创新生态。

四是加快完善科技金融政策体系，推动实现科技—产业—金融良性循环。坚持支撑科技攻关和服务实体经济同步推进，以科技创新全链条、科技型企业全生命周期融资两大需求为系统牵引，促进科技与金融深度融合。强化科技与金融部门工作的协同联动，加强科技、金融、产业等领域政策协同、资源对接、信息共享；加强科技信贷服务能力建设，引导支持金融机构建立企业科技创新能力评价体系；强化成果转化引导基金等政府投资基金管理，引导社会资本更多投早投小；推动分类施策和精准施策有机结合，支持有关方面丰富科技金融支持工具、开发保险产品等，建立多层次的科技金融服务体系。

（二）坚持把发展经济的着力点放在实体经济上

2023 年 5 月 5 日，习近平总书记主持召开二十届中央财经委员会第一次会议时强调："现代化产业体系是现代化国家的物质技术基础，必须把发展经济的着力点放在实体经济上，为实现第二个百年奋斗目标提供坚强物质支撑。"① 习近平总书记在广东考察期间指出："中国式现代化不能走脱实向虚的路子，必须加快建设以实体经济为支撑的现代化产业体系。"② 学习贯彻习近平总书记重要讲话精神，要深刻认识发展实体经济的重要性，瞄准世界科技革命和产业变革方向，立足我国国情，把发展经济的着力点放在实体经济上，为构筑我国未来发展战略优势提供重要支撑。

把发展经济的着力点放在实体经济上，重点是抓好制造业。制造业高质量发展是我国经济高质量发展的重中之重，建设社会主义现代化强国、发展壮大实体经济，都离不开制造业。2017 年 12 月，习近平总书记在江苏徐州市考察时强调："抓实体经济一定要抓好制造业。装备制造业是制造业的脊梁，要加大投入、加强研发、加快发展，努力占领世界制高点、掌控技术话语权，使我国成为现代装备制造业大国。"③ 制造业产品更有市场扩大效应，市场扩大有助于社会分工的扩大和深化，这不仅有利于工业部门本身的分工扩大和深化，还会有利于经济其他部门，包括对服务业需求的扩大和服务业内部分工的扩大和深化。制造业的发展是服务业效率和质量提升的物质技术基础。服务业效率和质量的提升很大程度上依赖于投入的资本、产品的技术水平，如金融服务的效率和质量的提高依赖于通信技术、通信工具和数据处理技术工具的发展。要重视抓好传统产业转型升级、战略性新兴产业发展壮大和未来产业的前瞻谋划。要深刻把握发展的阶段性新特征新要求，坚持把做实做强做优实体

① 《加快建设以实体经济为支撑的现代化产业体系，以人口高质量发展支撑中国式现代化》，《人民日报》2023 年 5 月 6 日。

② 《坚定不移全面深化改革扩大高水平对外开放，在推进中国式现代化建设中走在前列》，《人民日报》2023 年 4 月 14 日。

③ 《深入学习贯彻党的十九大精神，紧扣新时代要求推动改革发展》，《人民日报》2017 年 12 月 14 日。

经济作为主攻方向，一手抓传统产业转型升级，一手抓战略性新兴产业发展壮大。传统制造业是现代化产业体系的根基，战略性新兴产业是引领未来发展的新支柱、新赛道，未来产业是实现产业竞争优势的保证，为传统产业注入新动能。

（三）推动现代服务业与先进制造业、现代农业深度融合

服务业是国民经济的“稳定器”、吸纳就业的“蓄水池”，现代服务业还是促进传统产业改造升级的“助推器”、孕育新经济新动能成长的“孵化器”。发展优质高效现代服务业是建设现代化经济体系应有之义，也是推进中国式现代化的必然要求。党的二十大报告强调：“构建优质高效的服务业新体系，推动现代服务业同先进制造业、现代农业深度融合。”推动现代服务业的发展与先进制造业、现代农业深度融合，聚焦产业转型升级和居民消费升级需要，扩大服务业有效供给，提高服务效率和服务品质，构建优质高效、结构优化、竞争力强的服务产业新体系。要以服务制造业高质量发展为导向，推动生产性服务业向专业化和价值链高端延伸。现代服务业与现代农业融合发展涉及全产业链的有效整合，以先进的科技服务、农村物流、营销平台、普惠金融等现代服务业推动传统农业延伸农业产业链，实现“小生产”与“大市场”有效对接。

聚焦确保国家安全，确保基本民生，确保基础设施、基础产业总体正常运转。2020 年 4 月 10 日，习近平总书记在中央财经委员会第七次会议上指出，“实体经济是基础，各种制造业不能丢，作为 14 亿人口的大国，粮食和实体产业要以自己为主，这一条绝对不能丢”①。加快构建以实体经济为支撑的现代化产业体系要大力提升粮食、能源资源安全保障能力，特别是要把粮食饭碗牢牢端在自己手上；要加强重要能源、矿产资源国内勘探开发和增储上产，加快规

① 习近平：《国家中长期经济社会发展战略若干重大问题》，《求是》2020 年第 21 期。

划建设新型能源体系，支持企业“组团出海”，加快进口多元化；要提升国家战略物资储备保障能力；要统筹推进传统基础设施和新型基础设施建设，打造系统完备、高效实用、智能绿色、安全可靠的现代化基础设施体系，适度超前部署新型基础设施建设。

（四）全面提升产业链现代化水平

产业链现代化主要是指利用先进科学技术和现代经营管理模式组织生产和提供服务，使产业链总体实现资源全球优化配置和竞争力国际领先。产业基础、产业链、供应链、价值链可以看作是研究产业、评价产业发展水平的重要方面，必须加强这四者之间的高效协同发展，全面提升产业链现代化水平，加快建设现代化产业体系。坚持以产业基础、产业链、供应链、价值链高效协同推进产业链现代化，实现四个转变。

一是产业基础从传统粗放向先进高级转变。一方面，围绕工业“四基”，加大技术攻关力度，提升自主可控能力，为提升产业链现代化水平提供坚实的基础保障。另一方面，主动适应信息技术发展要求，加大工业基础软件开发力度，提升产业链的数字化、信息化、智能化发展水平。

二是产业链从体系完整向优化升级转变。一是通过强链延链补链等举措优化布局产业上中下游，提升产业链结构的完整性和空间布局的合理性；二是有效应对逆全球化，防止产业链大规模外迁，确保产业链体系不受冲击、产业竞争力不下降；三是围绕战略性新兴产业加快前瞻性布局，力求率先将科技成果转化为现实生产力，在产业链构建、产品市场化等方面走在世界前列。

三是供应链从对外依赖向自主可控转变。一方面，推动产业技术创新能力达到国际先进水平，关键环节核心技术实现自主可控，降低对外技术依赖度，不断提升供应链韧性和安全水平。另一方面，加强供应链管理，防止恶意打压、地缘政治等因素冲击我国产业的国际供应链。

四是价值链从代工贴牌向高端增值转变。一方面，把技术、品牌、标准、服务等作为价值创造的重要力量，提升其在价值分配中的分量，彻底改变以代工、贴牌为主的价值实现模式。另一方面，积极推动本国企业迈向全球价值链高端，增强对要素市场和产品市场的价值创造和分配的控制能力，实现在全球范围内自主地配置资源、要素和市场网络，获取更高的附加值。

（五）以制造强国建设为重心加快推进新型工业化

“新时代新征程，以中国式现代化全面推进强国建设、民族复兴伟业，实现新型工业化是关键任务。”① 在2023年9月22日全国新型工业化推进大会上，习近平总书记就推进新型工业化作出重要指示，深刻阐述了新时代新征程推进新型工业化的重大意义、重要原则、重点任务，为扎实推进新型工业化、加快建设制造强国、构筑中国式现代化的坚实物质技术基础指明了前进方向，提供了行动指南。中国是世界第一制造业大国，是全世界唯一拥有联合国产业分类中全部工业门类的国家，但与世界工业强国相比，我国科技创新能力和制造业基础能力还不强，一些核心技术仍然受制于人，整体技术水平先进性和产业安全性有待提高。我国要实现新型工业化，关键是推进制造业高质量发展，实现我国从制造大国向制造强国转变。

一是以产业链供应链为制造强国建设的基本单元，全面打造自主可控、安全可靠的产业链供应链。当今全球经济竞争，不仅仅是企业之间、产业之间的竞争，而且是产业链供应链的竞争，威胁一个国家的产业安全的主要是全球产业链供应链的“断链”或“卡链”。在世界百年未有之大变局加速演化的背景下，新一轮科技革命和产业变革深入发展，推进新型工业化，加快建设制造强国，需要

---

① 《把高质量发展的要求贯穿新型工业化全过程，为中国式现代化构筑强大物质技术基础》，《人民日报》2023年9月24日。

着力提升产业链供应链韧性和安全水平。这要求提高产业基础高级化和产业链现代化水平，围绕重点产业链供应链，找准关键核心技术和零部件“卡脖子”环节，深入实施产业基础再造工程和重大技术装备攻关工程，着重推进新一代信息技术、生物技术、人工智能等领域的关键核心技术攻关，实现高端芯片、操作系统、新材料、重大装备的率先突破。

二是着力提升制造业创新能力，持续推动产业结构优化升级。强化企业科技创新主体地位，大力弘扬优秀企业家精神，激励企业加大创新投入，培育更多产品卓越、品牌卓著、创新领先、治理现代的世界一流企业，不断壮大专精特新企业群体。强化国家科技力量，加强基础研究，更好发挥新型举国体制优势，加大应用基础研究力度，推进创新链、产业链、资金链、人才链深度融合，强化需求和场景牵引，高质量建设一批国家制造业创新中心和中试、应用验证平台，构建开放、协同、高效的共性技术研发平台。加快发展先进制造业和战略性新兴产业，大力发展现代生产性服务业，推进现代服务业与先进制造业、现代农业深度融合，推进战略性新兴产业融合集群发展，打造一批具有国际竞争力的先进制造业集群。加快改造升级传统产业，推进传统制造业的智能化改造和数字化转型，巩固提升优势产业，持续提升中国制造品质，培育世界著名品牌。

三是加快发展方式绿色转型，以产业绿色化助推经济高质量发展。以智能制造和绿色制造为主攻方向，推进工业数字化和绿色化转型。在数字化方面，大力推动数字技术与实体经济深度融合，通过数字技术赋能传统产业转型升级，以智能制造为主攻方向，推进产业经济数字化；通过数字技术催生新产业、新业态、新模式，促进平台经济和共享经济健康发展，推进数字经济产业化。深入实施智能制造工程和中小企业数字化赋能专项行动，推动人工智能创新应用。加快建设现代化基础设施体系，以有效投资促进新型基础设施建设，继续适度超前推进网络、算力等新型信息基础设施建设，加快工业互联网规模化应用，提升网络安全保障能力。在绿色化方面，全面推动工业绿色发展，建设以开发绿色产品、建设绿色工厂、发展绿色园区、打造绿色供应链为核心内容的绿色制造体系，强化绿色监管。深入实施绿色制造工程，加快制造业绿色改造升级，将绿色设计、绿色技术和工艺、绿色生产、绿色管理、绿色供应链、绿色就业贯穿于产品全生命周期中。统筹推进重点行业碳达峰，加快节能降碳技术的研发和推广，推动绿色低碳能源消费，推进资源高效循环利用，大力发展资源再利用产业和再制造产业，做好新能源汽车废旧电池等废旧资源回收利用。

四是畅通经济大循环，推进制造业发展的质量变革、效率变革、动力变革。一方面，要以国内大循环为主体，培育完整内需体系，打通全国统一大市场建设的堵点、难点和卡点，强化制造业要素资源的自由流通，着力解决制约高水平技术供给、制度供给的关键问题，以培育完整内需体系创造引领新的需求，通过增加高质量产品和服务供给提高制造业要素配置效率。全面推进城乡、区域协调发展，提高国内大循环的覆盖面，以主体功能区战略、新型城镇化战略引导产业合理布局，更好发挥高新区、工业园区等各类园区作用，推动形成优势互补、高质量发展的区域制造业布局。另一方面，要推进国内国际双循环相互促进，用好国内国际两个市场两种资源，以高水平对外开放拓展制造业发展空间，大力支持企业拓展国际市场，更大力度引导外资投向先进制造业和高新技术产业，持续做好外资企业服务保障，逐步打造一个开放的技术创新生态。注重发挥自贸试验区在促进制造业高质量发展中的关键作用，使自贸试验区成为高水平自主创新高地、高素质生产要素汇集高地、高标准规则测试高地。

（六）促进数字经济和实体经济深度融合

习近平总书记2023年1月31日在中共中央政治局第二次集体学习时强调："我们要继续把发展经济的着力点放在实体经济上，扎实推进新型工业化，加快建设制造强国、质量强国、网络强国、数字中国，打造具有国际竞争力的数字产业集群。”① 促进数字经济和实体经济深度融合是建设现代化产业体系的核心内容之一，是推动高质量发展、加快形成新发展格局的重要任务。把握好新一轮科技革命和产业变革的方向，推动新一代数字技术创新和传统产业数字化改造，促进数字经济和实体经济深度融合，应重点抓好以下四个方面的工作。

一是大力提升自主创新能力。推进新一代数字技术特别是核心技术自主创新，是引领数字产业化和产业数字化的关键环节。应充分发挥我国社会主义制度优势、新型举国体制优势、超大规模市场优势，深化科技体制机制改革，营造良好创新环境，激发自主创新活力和动力。完善技术创新市场导向机制，强化企业创新主体地位，建立健全各类创新主体协同机制，实施多领域、多部门、多形式联合攻关。整合优化科技资源配置，适当向数字核心技术领域倾斜，强化原始数字技术创新，加强知识产权保护。大力推进重点基础领域研究，加大对基础研究的财政金融支持，提高数字技术基础研发能力。

二是加快培育数字化人才。加快培养造就大批高水平数字化人才，激励各类人才在实践中发挥更大作用。数字化人才的培育，既要从国家层面加强统筹规划，又要发挥用人主体的主导作用；既要注重建立产学研用协同培育机制，又要发挥第三方的认定、咨询和培训作用；既要走好本土人才自主培育之路，又要创造条件吸引国外优秀人才；既要为人才松绑，做到人才为本，信任、善待、包容人才，又要落实好主体责任。

三是深化重点领域和关键环节改革。以深化供给侧结构性改革推进现代化产业体系建设，优化数字产业化和产业数字化的体制机制环境。以充分发挥市场在资源配置中的决定性作用和更好发挥政

---

① 习近平：《加快构建新发展格局，增强发展的安全性主动权》，《求是》2023 年第 8 期。

府作用为导向，加快构建全国统一大市场，深化要素市场化改革，建设高标准市场体系；完善产权保护、市场准入、公平竞争、社会信用等市场经济基础制度，优化营商环境。围绕促进数字经济和实体经济深度融合，深化数据要素领域改革和开放，建立合理有效的市场规则，健全数据产权交易制度；完善数据分类分级保护制度，规范和促进数据市场发展；深化数字经济治理体系改革，采取积极的、包容审慎的监管制度。

四是加强产业政策导向作用。数字经济是世界各国尤其是大国竞争的重要领域，新一代数字技术的发展应用更是各国必争的高地。为此，各国均在实施相关产业政策并不断加大力度，产业政策范围既包括推动数字产业化发展，也包括支持产业数字化改造。我国从2015年以来实施了推动不同类型企业数字化改造的产业政策，目前需要总结实践经验，加强理论研究，评估政策力度，并根据促进数字经济和实体经济深度融合的要求，调整优化产业政策的范围、内容和重点，更加注重采用适度而有效的产业政策，加强产业政策的功能性和普惠性。

五、做好五方面统筹

（一）统筹好政府和市场关系

市场决定资源配置是市场经济的一般规律，市场经济本质上就市场决定资源配置的经济，要坚持社会主义市场经济改革方向，推动有效市场和有为政府更好地结合并发挥作用。优化产业发展环境，加强反垄断和反不正当竞争，不断完善市场准入制度，构建全国统一大市场，加快建设高标准市场体系，强化标准引领产业体系升级的重要作用。优化产业发展生态，推动金融提升服务实体经济效率和水平，大力培养创新型、应用型、技能型人才，把产业发展建立在科技支撑之上，推动要素资源配置实现效益最大化和效率最优化。

坚持企业主导地位，激发各类企业发展动力和活力，大力建设世界一流企业和专精特新企业，促进大中小企业融通发展。

（二）统筹好一二三产业发展

现代化产业体系是一个完整的有机体，农业、工业、服务业和基础设施各居其位、各有其用，并将按照产业演进的规律朝着融合化方向发展。要完善新发展阶段的产业政策，从战略高度加强农业基础地位，增强工业核心竞争力和抵御风险能力，强化服务业和基础设施支撑保障作用，筑牢现代化产业体系的"四梁八柱"。坚持三次产业和上下游之间融合发展，补齐阻碍协同耦合的短板弱项，提升产业体系整体效能，避免割裂对立，防止经济出现空心化、泡沫化，推动形成一二三产业协同发展、融合互动的良好格局。

1. 让农业"压舱石"更稳

现代化的农业是现代化产业体系的重要根基。推动三次产业高质量协同发展，离不开做大做强农业。农业不仅是国民经济中的一个重要组成部分，而且对于构建现代化产业体系起到十分关键的作用。在世界百年未有之大变局加速演变的大背景下，在国际政治经济动荡不定、风险因素不断增多的形势面前，我们必须把粮食安全问题紧紧地抓在自己手中，确保农产品供应链安全可靠。推动农业现代化，不仅事关粮食供应安全，还涉及用现代科学技术和工业化生产方式来改造和提升农业，实施一产"两强一增"行动计划（即科技强农、机械强农、促进农民增收行动），推进乡村全面振兴，加快农业农村现代化步伐，让经济社会的"压舱石"更加稳固。

2. 推动制造业高质量发展

现代化的工业是现代化产业体系最重要的基础和核心。工业特别是制造业是科技创新的主战场，是提升质量效率的主阵地，是大国参与全球产业分工、争夺产业链价值链控制力和话语权的角力场。尽管服务业的比重已经超过制造业，但是制造业仍然是我国推动经济增长、保障物质文明供给、带动其他产业升级、应对系统冲击、促进科技创新的关键力量，肩负现代化国家建设主引擎的历史重任。在世界百年未有之大变局下，制造业还是保障国防安全、经济安全，提升全球治理能力的基础。为了维持中国经济社会的稳定，发展道路和发展方向必须牢牢把握在自己手中，这离不开产值规模大、发展水平高的制造业。

目前，我国高铁、航天、电力、工程机械、海洋装备、新能源汽车、新一代信息技术应用等产业已经具备国际领先的技术研发能力、产品制造能力、创新应用开发能力和完善产业配套体系，在国内市场已经几乎没有外来竞争者。这些产业的高质量发展和全球化发展有助于改变国际市场对“中国制造”廉价低端的传统认识，开启“中国制造”向全球价值链高端攀升的新局面。在党的坚强领导下，充分发挥我国社会主义制度集中力量办大事的巨大优越性，汇聚人才、技术、品牌高端要素资源，一方面，继续完善这些优势产业的产业链，扩大优势产业对上下游技术升级的溢出效应；另一方面，要推动优势产品和优势产能“走出去”，将国内市场优势转化为全球市场优势。

3. 构建优质高效的服务业新体系

党的二十大报告提出，“构建优质高效的服务业新体系”。在全面建设社会主义现代化国家的新征程上，需要从全面、辩证、联系的视角出发，充分认识构建优质高效服务业新体系的艰巨性和复杂性，坚持系统观念，将树立全局观念同实现重点突破结合起来，将短期和长期目标统筹起来，着力构建供需适配、内外联通、智慧绿色、包容共享的优质高效服务业新体系。当前，我国服务业仍然面临发展质量不高、创新能力不强的问题。新时代新征程，应着力推动服务业增长动力转换，依靠科技创新驱动和引领服务业发展，促进服务业全要素生产率显著提升。提升重点服务领域的技术创新能力，切实提升科技对服务业增长的贡献率，要聚焦产业转型升级和居民消费升级需要，引导生产性服务业向专业化和价值链高端延伸，促进生活性服务业向高品质和多样化升级，构建优质高效的服务业新体系。

此外，现代化的基础设施是现代化产业体系的重要保障，三次产业高质量协同发展离不开现代化的基础设施。无论是农业社会的防洪灌溉、水运河道，工业社会的公路铁轨、煤炭电力，还是数字社会的宽带网络、5G 基站，离开了基础设施就难以正常运转。要进一步优化基础设施布局、结构、功能和系统集成，更好发挥基础设施体系整体效能，更好支撑产业体系的高效稳健运行。

（三）统筹好传统产业转型升级和新兴产业培育壮大

传统产业是我国制造业的主体，具有较强的国际竞争力，是建设现代化产业体系的基底，不能简单贴上“低端落后”的标签，当成“低端产业”简单退出。要引导和支持量大面广的传统行业企业与时俱进，积极采用先进适用技术加快改造升级，不断提升市场竞争力。

对于升级困难但又具备转型条件的，要因地制宜、因势利导及时推动其转型发展，通过转型与升级共同发力形成新的发展动力、打造竞争新优势。新兴产业是引领未来发展的新支柱，但不能贪大求洋、盲目发展，要坚持稳中求进，在谋划发展战略、集聚高端要素、优化市场环境、培育产业生态等方面持续发力，借助技术突破、模式创新催生新产业新业态。对重大战略产业、未来产业要抓紧谋篇布局，推动形成新的增长点。

（四）统筹好国内国际两个市场两种资源

市场是最稀缺的资源，市场资源是我国的巨大优势，建设现代化产业体系必须充分利用和发挥这个优势，不断巩固和增强这个优势。要坚定实施扩大内需战略，全面促进消费，加快消费提质升级，优化投资结构，拓展投资空间，支持新产品新技术迭代应用，促进形成强大的国内市场。

推进高水平对外开放，优化国际市场布局、商品结构、贸易方式，提升出口质量，增加优质产品进口，加大力度吸引和利用外资，高效集聚全球创新要素，支持企业提高跨国经营能力和水平，同时深度参与国际经贸规则制定，提出更多中国倡议、中国方案。

（五）统筹好发展和安全

安全是发展的前提，发展是安全的保障，缺少安全保障的产业体系，势必受到各类风险挑战的冲击，安全和发展要同步推进。

当前，我国建设现代化产业体系面临的国际环境错综复杂，不稳定性不确定性因素上升。产业体系的安全性主要体现为产业链供应链在关系国计民生、国民经济命脉、国家安全等重点产业领域充分布局，实现保障有力，能够在国家安全面临挑战时确保国民经济安全稳定运行。在这方面，既要考量产业体系的完整性，尤其是在重点产业领域要有合理规模的布局，又要考量产业体系的先进性，主要是看各产业门类内部企业的生产技术和生产组织方式的先进程度，特别是重点产业领域要能够提供稳定可靠的产品或服务。在“两个大局”加速演进并深度互动的时代背景下，必须进一步强化底线思维，统筹发展和安全，把维护产业安全作为重中之重，发挥新型举国体制优势，瞄准“卡脖子”难题，加强核心技术攻关，加强国家战略物资储备制度建设，加大对未来产业人才的培养力度，建设安全有韧性的现代化产业体系，防范化解重大风险和极端冲击，在产业现代化发展过程中增强产业韧度。打造有利于现代化产业体系可持续发展的安全“防火墙”。同时，要强化底线思维，增强忧患意识，科学预研预判工业经济运行、产业发展形势的变化趋势，警惕“黑天鹅”、防范“灰犀牛”，积极应对、稳妥处理，避免发生重大风险或危机。

第四节　加快建设现代化产业体系的重大任务举措

站在新的历史起点上，我们必须坚持以习近平新时代中国特色社会主义思想为指导，深入贯彻落实党中央决策部署，坚持系统观念，坚持辩证思维，把发展经济的着力点放在实体经济上，让创新深深扎根于产业发展的土壤中，统筹建设现代化的工业、农业、服务业和基础设施，把制造业的饭碗牢牢端在自己手上，为全面建设社会主义现代化国家、全面推进中华民族伟大复兴夯实更加坚实的物质技术基础。

一、巩固优势产业领先地位

按照建设中国式现代化国家的总体要求，针对当前工业发展存在的突出问题，构建现代化产业体系必须夯实基础、形成引领和面向未来，推动我国产业结构整体上台阶，提升我国产业链的韧性和国际竞争力水平。因此，要构建现代化产业体系，基础产业的夯基补短、优势产业领先水平的巩固、未来产业的超前布局都非常重要。

1. 加强技术研发投入和人才培养，掌握关键核心技术

高技术是高端产业的首要属性，科技创新是优势产业的发展之道。在技术研发的选择上，优先选择关键技术、核心技术、未来技术，以及国家急需、国际前沿的研究课题。实现技术突破，最重要的依靠是人才的培养和储备。要充分发挥国家战略科技力量的巨大作用，以国家实验室、科研机构、大学、科技领军企业为主体，将人才培养与技术研发和高端制造的需求紧密衔接，完善创新人才奖励激励机制。鼓励行业内领军企业牵头，联合产业链各个环节中有创新优势的企业、科研机构、高校，组建产业创新联合体，推动全产业链协同创新和产学研协同创新。加强对未来技术的超前布局，在多个技术路线上同时投入配套基础设施和研发团队，确保在未来竞争中立于有利地位。

2. 强调系统思维，完善高端制造业产业链，优化产业布局

与发达国家相比，我国工业发展历史较短，基础学科薄弱，虽然近年来有所突破，但各行业的发展不平衡，短板环节和短板行业对优势产业进一步发展造成阻碍。要解决这一问题，一方面，须把

握系统观念，发挥我国新型举国体制的制度优势和超大规模市场优势，融合国企、民企、中小型企业等多种力量，针对优势产业链上的薄弱环节进行攻关，打通产业链上的堵点、断点，构建产业链协同发展机制，优化高端制造业产业布局。另一方面，须通过不断改善营商环境，减轻企业经营负担，激发市场主体活力，不断为优势产业升级发展注入动力。

3. 支持“专精特新”中小企业“破局”

领先产业需要龙头企业在要素组织、重大技术攻关、产业体系培育上起到引领作用，但也离不开众多具有核心竞争力的中小企业。“专精特新”中小企业专业性强，创新动力足，机动灵活，能够扮演“拳头”角色，在产业链和产业体系中发挥大企业不可替代的作用。支持“专精特新”中小企业发展，可以通过鼓励和引导中小企业打造细分领域的技术优势，为中小企业提供资金支持，将中小企业的人才发展需求纳入国家各类人才计划和创新平台，支持科技服务机构和行业头部企业为中小企业提供技术创新服务，促成中小企业与大型企业的融通合作等手段，助力中小企业创新成果尽快向产品和市场应用转化，全方位支持高端制造领域的“专精特新”中小企业发展。

二、将战略性新兴产业打造成新引擎

党的二十大报告明确指出：“推动战略性新兴产业融合集群发展，构建新一代信息技术、人工智能、生物技术、新能源、新材料、高端装备、绿色环保等一批新的增长引擎。”这为新时代新征程推动战略性新兴产业发展提出了明确要求和重要指引。我们必须充分认识推动战略性新兴产业发展的重大意义，准确把握战略性新兴产业发展的阶段特征和任务要求，加快打造经济增长新引擎。

1. 营造良好产业生态

发展战略性新兴产业是新技术、新产品、新业态、新模式不断孕育成长壮大的过程。推动战略性新兴产业发展，关键在于营造良好的产业生态，这需要完善体制机制和配套政策体系，优化要素资源配置，深入实施国家战略性新兴产业集群发展工程，推动重点产业链协同发展，激发市场主体活力，构筑具有国际竞争力的产业生态。

2. 完善包容审慎监管机制

战略性新兴产业创新多、变化快的特点决定了原有的管理方式和体制机制难以适应高质量发展需要，必须持续推进政府管理体制改革，创新管理方式，优化政府服务，及时修订和完善有利于战略性新兴产业高质量发展的相关制度，充分激发企业主体活力。要强化标准和质量导向，持续打造市场化、法治化、国际化的一流营商环境，全面实施统一的市场准入负面清单管理制度，最大限度减少新产品上市、新企业准入等事前审批限制。完善招投标程序监督与信息公开制度，营造公平竞争的市场环境。推动在政府采购需求标准中嵌入支持创新、绿色发展等政策要求，为前沿技术转化提供早期市场并加快产业化应用迭代。

3. 促进要素资源优化配置

战略性新兴产业的健康发展，离不开科技、金融、人才、数据等各类要素的持续支撑。要加快发展技术要素市场，完善科技成果转化机制，促进新技术产业化规模化应用；大力推动创业投资，完善资本市场，有效激励民间投资；加快培育数据要素市场，推进政府数据开放共享，加强数据资源整合和安全保护；健全战略性新兴产业人才保障机制，构建充分体现知识、技术技能等创新要素的收益分配机制。

4. 推动产业融合化集群化发展

一方面，随着信息技术的快速发展，战略性新兴产业和现代服务业融合发展的态势日益明显，各类科技研发服务、创新创业孵化服务、检验检测与认证认可服务、智慧供应链服务、数字创意服务等日益成为战略性新兴产业发展的重要内容。需要加快发展智能化解决方案、众包等制造服务融合的新业态新模式，大力发展研发设计、金融科技、供应链管理等生产性服务业，推动新兴技术创新和融合渗透，支持科技创新突破转化，赋能生产制造转型创新，促进战略性新兴产业和现代服务业深度融合发展。另一方面，推动战略性新兴产业集群发展，有利于推动高端要素、高端企业集聚，形成上下游企业协同发展的良好态势，推动创新链、产业链、资金链、人才链深度融合，构建完善的产业发展生态，打造区域经济增长极。在此过程中，要探索建立更加有效的跨部门、跨区域协调机制和产业集群垂直管理机构，优化新兴产业重大生产力布局，构建产业集群梯次发展体系，推动培育打造一批具有全球影响力的战略性新兴产业集群，构建优势互补、分工明确、相互衔接的产业发展布局。

三、扎实推进农业现代化

加快农业农村现代化对全面建设社会主义现代化国家具有重要意义。一方面，加快农业农村现代化有助于在我国国情农情和世界百年未有之大变局的外部环境下，实现小农户与现代农业有机衔接，构建富有国际竞争力的现代乡村产业体系，充分发挥“三农”的压舱石作用。另一方面，加快农业农村现代化有助于缓解城乡发展不平衡的现实困境，推动城乡基础设施和公共服务一体化，为实现城乡协调发展和共同富裕提供强有力的支撑。

1. 提高农业质量效益与竞争力

提升农业质量效益与竞争力是农业农村现代化的核心任务。提高农业质量效益与竞争力，主要从四个方面着手。一是在保障国家粮食安全和食物供给的前提下，优化生产力布局，不断提升产品质量和产业水平，提高农业全要素生产率和技术进步贡献率，使农业供需关系在更高水平上实现新的平衡。二是以农业绿色发展作为重点抓手，继续加大农业面源污染治理力度，推行化肥农药减量增效等绿色生产方式，促进农业可持续发展。三是突出抓好家庭农场和农民合作社两类经营主体，鼓励发展多种形式适度规模经营，推进现代农业经营体系建设。四是提升产业链供应链现代化水平，构建紧密型利益联结机制，激发融合市场活力，有效增加农民收入。

2. 实施乡村建设行动

乡村建设是实现农业农村现代化的具体抓手，在农业农村现代化建设进程中具有重要意义。坚持规划引领是乡村建设的前提，要在充分尊重农民意愿的基础上，做到因地制宜、有序推进、统筹安排，实现城镇和农村的均衡发展。提升乡村宜居水平是乡村建设行动的核心；缩小乡村与城镇在基础设施建设上的差距，推进厕所革命和污染治理，提升农房建设质量是三项主要抓手。加强乡村人才队伍建设是乡村建设的支撑；提高农民教育培训质量，健全人才返乡的政策支持体系，推动城乡劳动力双向流动是实现乡村人才振兴的主要手段。

3. 深化农村制度改革

深化农村制度改革是推进农业农村现代化的重要保障。土地和金融是现阶段农业农村现代化建设的两大主要约束。土地制度改革是农村制度改革的主线，起着牵一发而动全身的重要作用。健全城乡统一的建设用地市场、规范农村宅基地的使用、保障农地三权分置的有效实现是农地制度改革的三大主题。金融资源配置不足是制约农业农村发展的重要障碍，农村金融制度改革的本质在于回归本源，改善农村金融服务质量，提高广大农村居民的金融服务可得性，进而推动农业规模化经营和农民增收。

4. 持续巩固拓展脱贫攻坚成果

将巩固拓展脱贫攻坚成果同乡村振兴有效衔接是农业农村现代化的必然要求，建立常态化的返贫监测和帮扶机制是巩固拓展脱贫攻坚成果的前提。保持财政投入力度总体稳定，提高脱贫摘帽地区的内生发展动力，健全农村社会保障和救助制度，坚持和完善东西部协作和对口支援是实现脱贫攻坚与乡村振兴有效衔接的四大关键措施。上述举措的落实有助于脱贫群众更好地分享农业农村现代化的发展成果。

5. 推进城乡融合发展

城乡融合发展是农业农村现代化的关键举措。城乡融合发展的关键在于两个方面，一是突破以劳动力为代表的城乡要素市场制度障碍，提高城乡要素双向配置效率，减缓和改善农村要素单方向流出的趋势，增强农业农村的发展动能。二是落实乡村建设行动，完善农村的基础设施建设，推进城乡公共服务一体化，实现教育、医疗等公共服务资源在区域内的优化配置。

四、构建优质高效的服务业新体系

党的二十大报告强调："构建优质高效的服务业新体系，推动现代服务业同先进制造业、现代农业深度融合。"现代化的服务业是现代化产业体系的重要支撑。发展优质高效、现代化的服务业，既是产业延链增值的迫切需要，也是满足人民不断升级的高品质、多样化需求的必然要求。为此，要推动服务业供需更好适配，围绕产业的全生命周期谋划发展各类生产性服务业，围绕人的全生命周期谋划发展各类生活性服务业。

1. 构建优质高效的科技性服务业，更好适应产业转型升级的需要

聚焦发挥科技创新和优质高效服务的关键作用，以智能化、绿色化、融合化为方向，全面优化提升现代化服务业体系的技术水平、生产效率、质量效益。一是发展研发设计服务业，提高创新设计能力，加快发展面向设计开发、生产制造、售后服务全过程的观测、分析、测试、检验、标准、认证等服务。引导科技资源密集区域，将研发设计作为战略性新兴产业重点领域，积极鼓励研发服务外包、合同研发组织等研发服务新业态的发展，培育集聚一批社会化投资、专业化服务的第三方研发机构，形成研发服务集群。二是发展成果转移转化服务业，加速科技成果商业化，提升技术转移机构的市场化运作能力，支持服务机构和企业之间探索新兴技术转移合作模式，解

决技术转移过程中技术定价、知识产权共享与保护等问题。三是发展创新创业服务业，优化创新创业环境，培育和支持创新创业服务业新业态的发展，推动投资主体多元化、运行机制多样化的孵化器建设。四是发展科技金融服务业，提高投融资服务能力，进一步推动设立科技金融专营机构，集中力量聚焦战略性新兴产业领域和高成长企业群体，为轻资产的科技型企业提供金融支持。五是发展科技咨询服务业，提升科技咨询服务水平，加强产业研究和竞争情报服务，深入研究我国战略性新兴产业发展的技术路线图，把握产业主导权。

2. 构建优质高效的生产性服务业，推动现代服务业同先进制造业和现代农业深度融合

生产性服务业是与制造业、农业直接相关的配套服务业，贯穿于价值链的诸多增值环节，是三次产业加速融合的引擎和介质。为此，要加快发展研发、设计、咨询、专利、品牌、物流、法律、金融等现代服务业，促进科技、产业、金融良性循环，促进生产性服务业向专业化和价值链高端延伸，从而在实现制造业和农业中间投入成本有效降低的同时增加产品附加值。围绕制造业高质量发展需求，以专业化、协同化、智能化为方向，完善研发设计、产业技术基础、协同制造、定制化服务、供应链管理、全生命周期管理、信息增值服务和融资租赁等领域的公共服务，促进制造业企业从单纯的制造端向产业链前端延伸、向产业链后端拓展。着力推动现代服务业与现代农业深度融合，重点解决农业劳动力减少、老龄化问题，以及服务组织规模小实力弱、对普通农户带动力不强等问题，在服务观念、服务技术、服务流程、服务产品、服务方式、专业化程度、服务市场等方面进行农业服务业变革创新，引领农业生产经营的专业化、标准化、集约化和绿色化，探索建立农业社会化服务综合平台。同时，加强服务业自身融合创新，聚焦提高产业创新力，加快发展研发设计、工业设计、商务咨询、检验检测认证等服务；聚焦提高要素配置效率，推动供应链金融、信息数据、人力资源等服务创新发展；聚焦增强全产业链优势，提高现代物流、采购分销、生

产控制、运营管理、售后服务等发展水平。

3. 构建优质高效的生活性服务业，推动高品质多样化现代服务业高质量发展

服务业生产的是服务产品，具有非实物性、不可储存性、生产与消费同时性等特征。优质高效的生活性服务业是以提升便利度和改善服务体验为导向，大力发展生活性服务业，丰富服务供给，完善服务标准，提高服务质量，不断满足广大人民群众日益增长的物质文化生活需要，推动生活性服务业向高品质和多样化升级。要适应居民消费升级需要，加快发展健康、养老、托育、文化、旅游、体育、物业等服务业，加强公益性、基础性服务业供给，扩大覆盖全生命周期的各类服务供给。提升行业数字化营销、管理和供应链水平，促进生产、销售、消费、服务数字化融合，打造数字生活消费新场景，丰富线上生活服务新供给，催生线下生活服务新需求。要加快完善养老、家政等服务标准，健全生活性服务业认证认可制度，推动生活性服务业诚信化职业化发展。构建落实优质高效的质量标准，加强质量法治建设，健全质量政策制度，优化质量监管效能，推动质量社会共治，加强质量国际合作，增强产业质量竞争力，加快产品质量提档升级，提升建设工程品质，增加优质服务供给，提高企业质量和品牌发展能力，构建高水平质量基础设施，全面推进服务业新体系治理。

4. 构建优质高效的教育性服务业，推动现代服务业人才队伍建设

习近平总书记指出："把教育强国建设作为人口高质量发展的战略工程，全面提高人口科学文化素质、健康素质、思想道德素质。"①高素质人才是服务业发展的根本，对人才的挖掘和培养是所有服务活动中的关键。教育是服务业竞争中的关键一环，知识密集型服务业的发展主要归结于服务人员受教育程度和经验水平。其中，优质

① 《加快建设以实体经济为支撑的现代化产业体系，以人口高质量发展支撑中国式现代化》，《人民日报》2023 年 5 月 6 日。

高效的高等教育在服务经济中扮演着决定性角色。服务经济增长主要取决于人口数量和教育水平。一个国家的服务业具有比较优势的基础是该国所拥有的熟练劳动力和具有相当教育程度的劳动者数量。我国拥有丰富的人力资源，但服务业劳动者的服务知识和服务技能仍存在较大提升空间，需采取有力措施为现代服务业的快速发展营造人才优势。一方面，要以育人为本为宗旨，以提高质量为核心，以实现公平为关键，全面实施智慧教育、技能教育、素质教育，推进国民教育体系现代化建设，加快从教育大国向教育强国转变。另一方面，要构建保障优质高效的人才体系，重点完善人才管理、法制、政策、培养、发现、选拔、流动、激励、保障等一系列的制度体系，形成人尽其才、各展其能的发展环境，围绕建设数量充足、结构合理、本领高强的人才队伍，坚持自主培养和对外引进相结合，用好全球创新资源，扩大人才发展规模，全面推进现代服务业人才队伍建设。

五、构建现代化基础设施体系

党的二十大报告提出："优化基础设施布局、结构、功能和系统集成，构建现代化基础设施体系。"农田水利、交通运输、宽带网络等基础设施是支撑经济社会发展的重要条件，全面建设社会主义现代化国家，必须把建设现代化基础设施体系放在重要地位。中华人民共和国成立以来，党中央一直高度重视推动基础设施建设，传统基础设施建设取得举世瞩目成就。进入新时代，党中央顺应时代潮流，积极推动数字基础设施等新型基础设施建设，为适应和引领经济社会发展提供了有力支撑。现代化基础设施体系包含两方面内容，一是以交通、能源、水利、电力为代表的传统基础设施；二是以5G、数据中心、人工智能等为代表的新型基础设施。现代化基础设施建设要统筹处理"新""老"基础设施，协调基础设施建设的短期和长期目标等问题。

1. 立足长远，防止以基建投资刺激经济增长的短期化倾向降低

现代化基础设施体系效能

基础设施投资是政府逆周期调节经济的重要手段，各国都有通过基础设施投资刺激经济的传统。在当前经济下行压力增大的背景下，各地政府在基础设施建设项目投资明显增多，通过基建投资刺激短期经济增长的政策动机明显增强。在现代化基础设施体系中，传统基础设施具有投资模式成熟、短期内对经济拉动作用明显的特征，能够满足地方政府通过基础设施投资带动经济增长的动机，但传统基础设施较为完善、边际投资收益不断下降；新型基础设施投资模式不够清晰、投资规模相对较小，投资对经济增长的直接拉动作用相对较小，但新型基础设施对于数字经济做强做优做大具有重要的战略支撑作用，长期经济社会价值巨大。现代化基础设施体系建设不能只关注基础设施建设的短期价值，更要注重基础设施建设长期价值，统筹推动传统基础设施和新型基础设施建设，防止刺激经济增长的短期目标妨碍现代化基础设施体系建设的长期战略。

2. 更高质量地推进城乡、区域协同建设，防止出现质量型数字鸿沟

基础设施投资的经验表明，前瞻性防范潜在的基础设施鸿沟是提升建设效率、促进包容性发展的重要前提。数字鸿沟是信息化、数字化时代影响包容发展和民生福祉提升的最重要因素。在党中央、国务院“宽带中国”等战略牵引下，我国通信普遍服务基本实现全覆盖，由信息通信网络接入机会差异造成的接入型数字鸿沟基本消除。但随着数字经济的深度发展，网络基础设施的质量以及对新型业务的支撑能力，成为影响地区经济发展和民生福祉提升的重要因素，成为需要着力防范的新型数字鸿沟：一方面，高质量的数字基础设施直接决定了不同区域数字化转型水平，进而影响不同区域抓住数字化机遇、享受数字化红利的能力和水平；另一方面，远程教育、远程医疗等新型数字应用是数字经济背景下解决区域教育、医疗等公共服务差距的重要抓手，而这些应用需要大带宽、低时延等高质量网络基础设施的支撑，如果不同区域质量型数字鸿沟无法弥

合，就很难通过新业态、新模式解决区域差距问题。因此，现代化基础设施体系建设要着力保障农村、边远、贫困、民族地区的5G、千兆光网等基础设施的质量，打造城乡一体、区域协同、标准一致的一体化基础设施体系，防范潜在的质量型数字鸿沟。

3. 强化基础设施对新技术、新产业孵化以及关键核心技术攻关的支撑作用

历次产业革命的经验表明，产业革命竞争是支撑新产业、新技术的基础设施竞争。当前，全球正处于新一轮产业革命加速拓展的关键期，现代化产业体系建设不仅要通过提升5G、人工智能、数据中心等新型基础设施的覆盖范围、覆盖质量，全面夯实数字经济发展土壤，为数字经济领先奠定基础，还要强化现代化基础设施体系对关键核心技术孵化的牵引作用，通过大规模新基建投资牵引数字经济底层“根技术”孵化和培育，构筑数字经济时代核心技术的领先优势。当前，我国基础设施建设的战略规划多着眼于破解国内新基建覆盖问题，在通过新基建培育我国具有独特技术优势的关键技术、有规划有步骤地抢占国际新基建市场两个方面战略部署不足，存在战略缺位风险，长期来看必然会削弱新基建支撑我国数字经济领先的战略作用。

4. 强化各类基础设施之间的互联互通标准建设

与传统基础设施“管道式”的特征不同，新型基础设施是一个多层次的基础设施体系，不同基础设施之间实现互联互通才能充分发挥网络效率，提升新型基础设施使用效率。但当前不同基础设施之间的互联互通水平较低，降低了新型基础设施的使用效率。造成这种现象的原因，一是各类基础设施之间缺乏统一的接口标准，不同技术路线、不同产业部门、不同类型的基础设施彼此割裂，无法实现资源的高效共享；二是因为部门之间的数据流通体制机制、数据资源分级分类管理和应用的政策保障尚未建立，数据流动和共享受到制约；三是各级地方政府对各类基础设施须进行统一部署的认识不够、能力不足，更主要的是，由于通信网络基础设施（5G、物

联网、工业互联网、卫星互联网）、新技术基础设施（人工智能、云计算、区块链）、算力基础设施（数据中心、智能计算中心）的规划和部署通常分属不同的部门，部门间容易因为协调不及时、不到位造成各类新型基础设施的互联互通和统一规划部署落实效果不佳。

本章小结

党的二十大报告专门提出建设现代化产业体系的要求，明确了产业发展的重点战略和基本方向，并强调指出，坚持把发展经济的着力点放在实体经济上，推进新型工业化，加快建设制造强国、质量强国、航天强国、交通强国、网络强国、数字中国。在现代化产业体系中，制造业具有重要地位，其价值链长、关联性强、带动力大，在很大程度上决定着现代农业、现代服务业的发展水平，对建设现代化经济体系具有引领和支撑作用。建设现代化经济体系，首先要推进新型工业化，特别是制造业高质量发展，依靠创新推动实体经济供给质量提升；其次统筹做好三次产业发展、传统产业转型升级和新兴产业培育壮大，在坚持产业、经济安全的前提下，更好地发挥政府的作用，做好实体经济、科技创新、现代金融、人力资源协同发展，建设现代化产业体系。

思考题

1. 如何理解建设现代化产业体系的含义及其重要性？

2. 整体来看，目前我国的现代化产业体系的短板领域有哪些，如何加快突破？现代化产业体系的优势领域有哪些？如何顺势而为、做大做强？

3. 在全球产业链加速重构的大背景下，我国提出要建设具有完整性、先进性、安全性的现代化产业体系，如何做到三点兼顾，进一步提升产业链供应链现代化水平？

4. 习近平总书记主持二十届中央财经委员会第一次会议时提出“坚持推动传统产业转型升级，不能当成‘低端产业’简单退出”①，这对相关部门和地方政府有何指导意义？加快推动传统产业转型升级有哪些突破口？

① 《加快建设以实体经济为支撑的现代化产业体系，以人口高质量发展支撑中国式现代化》，《人民日报》2023 年 5 月 6 日。

第三章　全面推进乡村振兴

党的二十大擘画了全面建设社会主义现代化国家的宏伟蓝图，并首次提出“加快建设农业强国”。在2022年底召开的中央农村工作会议上，习近平总书记着眼全面建成社会主义现代化强国战略全局，对建设农业强国、加快推进农业农村现代化、全面推进乡村振兴等一系列重大理论和实践问题作出深刻阐述，为做好新时代新征程“三农”工作提供了根本遵循和行动指南。

第一节　乡村振兴战略的目标和任务

一、乡村振兴战略的提出

党的十九大报告首次提出“实施乡村振兴战略”。实施乡村振兴战略，是党的十九大作出的重大决策部署，是决胜全面建成小康社会、全面建设社会主义现代化强国的重大历史任务，是新时代“三农”工作的总抓手。①

党的十八大之后的五年，面对世界经济复苏乏力、局部冲突和动荡频发、全球性问题加剧的外部环境，面对我国经济发展进入新常态等一系列深刻变化，我国坚持稳中求进的工作总基调，迎难而上，开拓进取，取得了改革开放和社会主义现代化建设的历史性成

① 中华人民共和国中央人民政府：《中共中央、国务院关于实施乡村振兴战略的意见》，新华社2018年2月4日。

就。农业现代化稳步推进，粮食生产能力达到 1.2 万亿斤。城镇化率年均提高 1.2 个百分点，8000 多万农业转移人口成为城镇居民。但发展不平衡不充分的一些突出问题尚未解决，脱贫攻坚任务艰巨，城乡区域发展和收入分配差距依然较大。中国特色社会主义进入新时代，这个新时代是决胜全面建成小康社会、进而全面建设社会主义现代化强国的时代，是全国各族人民团结奋斗、不断创造美好生活、逐步实现全体人民共同富裕的时代。中国特色社会主义进入新时代，我国社会主要矛盾已经转化为人民日益增长的美好生活需要和不平衡不充分的发展之间的矛盾，我们要在持续推动发展的基础上，着力解决好发展不平衡不充分问题。现阶段，我国发展最大的不平衡是城乡发展不平衡，最大的不充分是农村发展不充分。

习近平总书记指出“农业农村农民问题是关系国计民生的根本性问题，必须始终把解决好“三农”问题作为全党工作的重中之重。”① 实施乡村振兴战略。

（一）乡村振兴战略的总体要求

乡村振兴战略坚持农业农村优先发展，目标是按照产业兴旺、生态宜居、乡风文明、治理有效、生活富裕的总要求，建立健全城乡融合发展体制机制和政策体系，加快推进农业农村现代化。

第一，产业兴旺。产业兴旺是基石，发展现代农业属于产业兴旺最重要的内容，重点是通过产品、技术、制度、组织与管理创新，提升良种化、机械化、科技化、信息化、标准化、制度化、组织化水平，推进农业、林业、牧业、渔业和农产品加工业转型升级。一方面，大力发展以新型职业农民、适度经营规模、作业外包服务与绿色农业为主要内容的现代农业；另一方面，推动农村三大产业融合发展，推动农业产业链延伸，给农民创造更多就业与增收机会。

第二，生态宜居。生态宜居是提升乡村发展质量的保证。其内

① 习近平：《习近平著作选读》（第二卷），人民出版社 2023 年版，第 26 页。

容包括村容整洁，村内水、电、路等基础设施完善，以保护自然、顺应自然、敬畏自然的生态文明理念纠正单纯以人工生态系统替代自然生态系统的错误做法，等等。它提倡保留乡土气息、保存乡村风貌、保护乡村生态系统、治理乡村环境污染，实现人与自然和谐共生，让乡村的环境变得更加美丽。

第三，乡风文明。乡风文明是灵魂，乡风文明建设既包含推动农村文化教育、医疗卫生等事业发展，改进农村基本公共服务；又包含大力弘扬社会主义核心价值观，传承遵规守约、尊老爱幼、邻里互助、诚实守信等乡村优良习俗，努力实现乡村传统文化与现代文明的结合；还包含充分参考国内国外乡村文明的优秀成果，实现乡风文明与时俱进。

第四，治理有效。治理有效是核心，治理越有效，乡村振兴战略的实施效果就越好。因此，应建立完善党委领导、政府负责、社会协同、公众参与、法治保障的当代乡村社会治理体制，健全自治、法治、德治相结合的乡村治理体系，增强农村基层基础工作，增强农村基层党组织建设，推进村民自治实践，建设平安乡村。进一步密切党群、干群关系，有效协调农户利益与集体利益、短期利益与长期性利益，保证乡村社会充满活力、和谐有序。

第五，生活富裕。生活富裕是目标，乡村振兴战略的实施效果要用农民生活富裕水平来评价。因此，要努力保持农民收入较快增长，持续降低农村居民的恩格尔系数，持续缩小城乡居民贫富差距，让广大农民群众进入全面小康社会，朝着共同富裕的目标稳步前进。

（二）乡村振兴战略的目标任务

党的二十大擘画了以中国式现代化全面推进中华民族伟大复兴的宏伟蓝图。全面建设社会主义现代化国家，最艰巨最繁重的任务仍然在农村。推进中国式现代化，实现乡村全面振兴战略目标：2035 年，乡村振兴取得决定性进展，农业农村现代化基本实现；2050 年，乡村全面振兴，农业强、农村美、农民富全面实现。要以习近平新时代中国特色社会主义思想为指导，全面贯彻落实党的二十大和二十届三中全会精神，深入贯彻落实习近平总书记关于“三农”工作的重要论述，坚持和加强党对“三农”工作的全面领导，锚定建设农业强国目标，运用“千万工程”经验，健全推动乡村全面振兴长效机制。以确保国家粮食安全、确保不发生规模性返贫为底线，以提升乡村产业发展水平、提升乡村建设水平、提升乡村治理水平为重点，强化科技和改革双轮驱动，强化农民增收举措，打好乡村全面振兴漂亮仗，绘就宜居宜业和美乡村新画卷，以加快农业农村现代化更好推进中国式现代化建设。

（三）乡村振兴战略的基本内容

2022年中央农村会议上，习近平总书记指出，“要全面推进产业、人才、文化、生态、组织‘五个振兴’”[①]。全面推进乡村振兴是“五位一体”总体布局、“四个全面”战略布局在“三农”工作的体现。

第一，产业振兴。加快构建现代农业产业体系、生产体系、经营体系，推进农业由增产导向转向提质导向。乡村要振兴，产业振兴是源头、是核心，是乡村形成自我造血能力的关键所在。乡村产业振兴应着力构建现代农业体系。

第二，人才振兴。乡村振兴关键在人、在人才，有了人才就会有更多新思想、新方法，就能驱动乡村发展。乡村人才振兴要着力增强内生发展动力。

第三，文化振兴。加强农村思想道德建设和公共文化建设，培育文明乡风、良好家风、淳朴民风。乡村文化是乡村振兴的灵魂，是乡村社会得以延伸的基础。乡村文化振兴要着力传承中华优秀传统文化。

---

① 《锚定建设农业强国目标，切实抓好农业农村工作》，《人民日报》2022年12月25日。

第四，生态振兴。坚持绿色发展，加强农村突出环境问题综合治理，让良好的生态成为乡村振兴支撑点。乡村生态振兴是乡村的本底，主要是完善农村生活基础设施，打造农民安居乐业的美丽家园，提高乡村生态田园颜值，提高对消费者的吸引力。乡村生态振兴要着力建设宜业宜居的美丽生态家园。

第五，组织振兴。组织振兴并不只是基层组织的振兴，需要以经济管理为主、行政管理为辅振兴乡村经济和基础组织。乡村组织振兴要加强以党组织为核心的农村基层组织建设。

实施乡村振兴战略，坚持农业农村农民优先发展，需要加快补齐农业农村发展短板，不断缩小城乡差距，让农业成为有奔头的产业，让农民成为有吸引力的职业，让农村成为安居乐业的家园。

二、全面推进乡村振兴的重大意义

党的二十大报告强调“加快建设农业强国”。这是党中央立足全面建设社会主义现代化国家、着眼统筹“两个大局”作出的重大决策部署，明确了新时代新征程农业农村现代化的主攻方向，提出了全面推进乡村振兴的重大任务。党的十八大以来，我国农业现代化建设取得了长足发展，具备了由农业大国向农业强国迈进的基本条件，加快建设农业强国正当其时、意义重大。

强国必先强农，农强方能国强。农业强国是社会主义现代化强国的根基，全面建设社会主义现代化国家，最艰巨最繁重的任务仍然在农村。农业不仅是现代化的基础支撑，更关系到现代化的质量成色。推进“四化同步”①，必须加快补上农业这条短腿。要从政治、全局、战略高度，把握好全面推进乡村振兴、加快建设农业强国的理论逻辑、实践逻辑和历史逻辑。

---

① 四化同步，是指坚持走中国特色新型工业化、信息化、城镇化、农业现代化道路，推动信息化和工业化深度融合、工业化和城镇化良性互动、城镇化和农业现代化相互协调，促进工业化、信息化、城镇化、农业现代化同步发展。

1. 满足人民美好生活需要的必然要求

搞现代化建设，首先要让大家吃好穿好，柴米油盐酱醋茶，一样不能少，这对农产品供给的数量、质量和多样性都提出了更高要求。随着人民生活水平的提高，农业除了保障食物供给外，还有生态涵养、休闲观光、文化传承等重要功能。随着现代化不断推进，这些功能变得越来越重要，中华农耕文明的独特价值和时代魅力愈发彰显，越来越多的城里人向往农村的田园风光和乡韵乡愁。还要看到，不管城镇化如何发展，仍将有数亿农民居住在农村，主要从事农业，现代化进程不能也不应该把他们落下。扎实推进共同富裕，实现人民对美好生活的向往，必须让农业强起来、农村美起来、农民富起来，让广大农民群众过上更加富裕美好的生活。

2. 实现高质量发展的重要支撑

现代化发展过程中，农业在增加值在国内生产总值中的占比不断下降，但与农业关联的二、三产业不断拓展、体量不断扩大，农业基础性战略性作用更加凸显。2022 年第一产业增加值占国内生产总值的比重为 7.3％，而按农业全产业链口径统计，2021 年我国农业及相关产业增加值占国内生产总值的比重为 16.05％。“三农”涉及行业多、领域广、群体大，对稳增长、稳就业、稳物价都具有重要支撑作用，在扩大国内需求方面有着巨大潜力。加快构建新发展格局，推动高质量发展，迫切需要通过加快建设农业强国，畅通城乡要素流动和经济循环，激活农业农村潜在的投资需求和消费动能，为拉动经济增长助力，进一步拓展我国发展的战略空间和纵深。

3. 筑牢国家安全根基的迫切需要

纵观世界强国发展史，一个国家要真正强大，必须有强大的农业作支撑。作为一个人口大国和农业大国，中国要成为现代化强国，重要农产品供给、农业关键核心技术和产业链供应链等方面不能有明显短板。现代化强国的安全根基牢不牢，很重要的一个方面是看我们的农业强不强。因此，必须统筹发展和安全，以农业之强筑牢强国之基，夯实“三农”这个“压舱石”，真正把发展的自主权牢牢掌握在我们自己手上，为稳大局、应变局、开新局赢得战略主动。

三、党中央对全面推进乡村振兴的战略部署

2017 年，党的十九大首次提出实施乡村振兴战略。2020 年，我国全面建成小康社会。2021 年，党的十九届五中全会提出全面推进乡村振兴。2022 年，党的二十大首次提出加快建设农业强国。2014 年，党的二十届三中全会指出要“巩固和完善农村基本经营制度，完善强农惠农富农支持制度”。中共中央、国务院连续多年发布中央一号文件，对实施乡村振兴战略、全面推进乡村振兴、加快建设农业强国作出总体部署，为新时代做好“三农”工作指明了方向。

2023 年中央一号文件指出，全面建设社会主义现代化国家，最艰巨最繁重的任务仍然在农村。世界百年未有之大变局加速演进，我国发展进入战略机遇和风险挑战并存、不确定难预料因素增多的时期，守好“三农”基本盘至关重要、不容有失。文件锚定加快建设农业强国目标，聚焦乡村振兴主题，紧紧围绕全面推进乡村振兴必须守劳的底线、迫切需要解决的问题，明确重点任务和政策举措。① 2024 年中央一号文件是党的十八大以来第 12 个指导“三农”工作的中央一号文件，提出有力有效推进乡村全面振兴“路线图”。推进中国式现代化，必须坚持不懈夯实农业基础，推进乡村全面振兴。要学习运用“千万工程”蕴含的发展理念、工作方法和推进机制，把推进乡村全面振兴作为新时代新征程“三农”工作的总抓手，坚持以人民为中心的发展思想，完整、准确、全面贯彻新发展理念，因地制宜、分类施策，循序渐进、久久为功，集中力量抓好办成一批群众可感可及的实事，不断取得实质性进展、阶段性成果。

---

① 中华人民共和国中央人民政府：《中共中央、国务院关于做好 2023 年全面推进乡村振兴重点工作的意见》，2023 年 1 月 2 日。

表1　2018—2024年中央一号文件

年份	文件名称
2018	《中共中央、国务院关于实施乡村振兴战略的意见》
2019	《中共中央、国务院关于坚持农业农村优先发展做好“三农”工作的若干意见》
2020	《中共中央、国务院关于抓好“三农”领域重点工作确保如期实现全面小康的意见》
2021	《中共中央、国务院关于全面推进乡村振兴加快农业农村现代化的意见》
2022	《中共中央、国务院关于做好2022年全面推进乡村振兴重点工作的意见》
2023	《中共中央、国务院关于做好2023年全面推进乡村振兴重点工作的意见》
2024	《中共中央、国务院关于学习运用“千村示范、万村整治”工程经验有力有效推进乡村全面振兴的意见》

第二节　全面推进乡村振兴面临的挑战

我国谷物总产量稳居世界首位，14亿多人口的粮食安全得到有效保障，城镇化率突破65%。2022年，全国粮食播种面积为17.75亿亩，比上年增加1052万亩，产量为1.37万亿斤，增产74亿斤，连续8年保持在1.3万亿斤以上。大豆种植面积1.54亿亩，比上年增加2743万亩，产量2028万吨，同比增加389万吨。油菜种植面积达到1.09亿亩，增加近400万亩，油料作物总产量3653万吨，比上年增长1.1%。面对新冠疫情和严重自然灾害的双重压力，“三农”工作者全力以赴保供给，攻坚克难守底线，凝心聚力促振兴，为经济社会大局稳定提供了坚实基础和有力支撑。粮丰农稳，农稳国安，到2023年，我国粮食生产已实现“十九连丰”。同时，脱贫攻坚成果持续巩固，我国坚持把增加脱贫人口收入作为巩固拓展脱贫攻坚成果的根本措施，2022年脱贫人口人均纯收入达14342元，收入增速高于全国农民平均水平。其中，来自就业和产业的收入占比超过 80%，成为带动脱贫人口增收的主要来源。广大农民群众的生活条件持续得到改善。

虽然打赢了脱贫攻坚战，确保了国家粮食安全，农民收入和生活水平大幅提升，生态环境显著改善，但在全面推进乡村振兴进程中，我们还面临不少困难和问题。主要有：发展不平衡不充分问题仍然突出；确保粮食、能源、产业链供应链可靠安全和防范金融风险还须解决许多重大问题；城乡区域发展和收入分配差距仍然较大；群众在就业、教育、医疗、托育、养老、住房等方面面临不少难题；生态环境保护任务依然艰巨等。党的十八大以来，党中央先后实施一系列硬措施，守住了耕地红线，初步遏制了耕地总量持续下滑趋势。同时要清醒认识到，我国人多地少的国情没有变，耕地“非农化”“非粮化”问题依然突出，守住耕地红线的基础尚不托底，农田水利方面欠账还很多。新时代新征程，耕地保护任务没有减轻，而是更加艰巨。

一、粮食安全尚存隐忧

1. 全球粮食供求的不确定性

从外部环境看，国际局势风云变幻，世界百年未有之大变局加速演进，不稳定性、不确定性明显增加，依靠进口解决粮食安全问题的风险日益增大。在过去 30 多年里，我国主要农产品的进口一直在结构性地增长。自 2000 年以来，粮食进口量每 10 年增长近 30%，海关总署公布的最新数据显示，2023 年我国累计进口粮食 16196.4 吨，同比增长 11.7%。适度进口能有效弥补我国粮食供需结构性短缺，但大量进口粮食可能给国内粮食产业带来不利影响，一是国内外粮价联动性强，国际粮价下跌引发国内粮价波动；二是在国内粮食增产、有效需求不足的情况下，粮食大量进口会进一步挤压国内空间。

2. 新科技革命对农业发展的挑战

当前新一轮科技革命和产业变革深入发展，应力争掌握竞争和发展主动权、抢占农业科技制高点。在大数据、信息技术和现代生物技术深度融合，全球科技竞争加剧的大环境下，谁拥有了突破性的农业创新技术和创新品种，谁就拥有了竞争和发展主动权。加快科技攻关、强化创新能力比过去任何时候都更加紧迫。目前，农业科技创新能力和水平与农业现代化要求存在较大差距，特别是在良种研发、先进适用的生产设备和技术研发等方面还有较大差距。

此外，我国粮食供应的长期挑战是土地有限和效率低下。我国实施严格的耕地保护政策，始终坚守18亿亩耕地红线，2020年完成的第三次国土调查数据显示，我国耕地面积为19.179亿亩，守住了耕地红线，尽管如此，耕地有限、人均耕地少的状况没有改变。从粮食生产效率来看，我国种粮成本持续上升，而粮价涨幅有限，种粮边际收益递减，化肥、农药的施用量已经达到上限，通过继续增加物化投入提升产量已不可持续，扩大规模经营进入瓶颈期，我国现实国情是中小农户仍占主体地位，尚未实现规模经济，缺少产供储销互联互通的经营体系，生产效率和效益都较低。

3. 气候变化对粮食生产造成的影响

气候变化对我国的农业资源产生了深远影响。根据农业农村部数据，我国的平均降雨量每年都在增加，降雨带向北移动，影响了冬小麦种植，甚至出现了更难以预测的极端天气，我国每年12%的耕地受到极端天气的影响。

此外，随着我国粮食产量的增加和供需形势的变化，粮食收储仓容能力不足、物流通道不畅、应急供应能力薄弱、质量安全隐患较大、粮情监测预警滞后、产后损失浪费严重等矛盾日益突出，国家粮食供应安全仍面临挑战。在耕地、水等资源要素约束日渐趋紧的情况下，应加快推进农业科技创新、提高单产水平，提高我国粮食供应自给自足的潜在效率，确保中国人的饭碗主要装中国粮。

二、乡村产业发展面临瓶颈

1. 农村产业结构单一

农村产业结构的单一性问题是乡村振兴中急需解决的核心难题之一。当前，中国农村经济的主要支柱仍然是传统农业，主要粮食作物如稻谷、小麦、玉米等仍占据了绝大多数的耕地面积，而且大多数农村地区还过度依赖单一农产品。这种农业产业结构的单一性存在许多问题：农村经济对气候和市场波动敏感，在自然灾害如旱涝、病虫害等发生时，过于依赖单一农产品的农村地区更容易遭受经济损失；市场波动也可能导致农产品价格的大幅波动，增加了农民收入的不稳定性。农村产业结构的单一性限制了农村经济的增长潜力。

2. 农村基础设施建设滞后

农村地区的基础设施问题是严重制约农村产业发展的问题之一。农村地区的道路、电力、通信等基础设施建设相对滞后，限制了农村地区的产业发展。不少农村地区道路质量差，交通不便，增加了农产品的运输成本，降低了农产品的竞争力。电力供应不稳定，影响了农村企业的生产和发展。许多农村地区常年面临电力短缺问题，对农村企业的正常运营构成威胁。

3. 农村劳动力流失严重

农村劳动力流失问题严重制约了农村产业的发展。随着城市化进程的推进，许多年轻人选择离开农村，到城市去寻找更好的就业机会，导致农村地区劳动力短缺，影响了农村产业的发展，加大了农村企业的用工成本，有些企业甚至难以维持正常生产。劳动力短缺还限制了农村地区的产业多元化和现代化。许多农村地区的劳动年龄人口减少，人口老龄化问题突出，社会养老压力加大。

4. 土地要素保障不足

由于土地要素的制约，很多地区难以实现农业规模化和现代化，影响了农村产业的竞争力。土地承包期较短，经营者在土地上长期投资的积极性不高，也限制了农村产业的发展。

5. 融资难题难以破解

融资难是农村产业发展的一大障碍。由于信贷市场不发达，很多农村产业难以获得融资。一些农村企业往往缺乏抵押品，难以获得银行贷款。银行对于给农村企业提供融资持谨慎态度，农村经济发展的滞后性导致农村金融基础薄弱，农村金融基础薄弱又使商业银行与其他金融机构忽视甚至放弃农村金融领地。许多农村企业缺乏融资的知识和技能，不知道如何准备融资申请，也不了解融资渠道，致使农村企业往往难以达到融资要求。

6. 农村产业创新能力欠缺

许多农村企业缺乏创新精神，只是简单地模仿已有的产品和业务模式，缺乏竞争力，也没有足够的研发投入，技术创新能力不足，导致产品陈旧，难以适应市场需求。

三、农村改革亟待深化

2023 年 7 月 11 日，中央全面深化改革委员会第二次会议审议通过了《深化农村改革实施方案》，文件指出解决“三农”面临的各种深层次问题，根本要靠深化改革。党的二十大报告提出，加快建设农业强国。建设农业强国面临的任务艰巨，必须用创新思维寻求破解“三农”难题的有效办法，用改革法宝清除制约生产力发展的体制机制障碍，推动乡村振兴体制机制更成熟更定型，确保中国式农业现代化行稳致远。

1. 农村改革路径缺乏“在地化”创新

我国幅员辽阔，民族众多，各地资源禀赋、生产力发展水平差异较大，各地农村改革虽取得了不少成绩和经验，但也存在不少问题和困难，应始终坚持从实际出发，因地制宜，分类施策，做到对症下药、量体裁衣，立足资源条件、经济社会发展阶段和区域发展战略定位，在中央的决策部署下，开展符合实际的实践探索和制度创新，不搞一刀切，不搞齐步走。要坚持底线，农村改革无论怎么改，都不能把农村土地集体所有制改垮了，不能把耕地改少了，不能把粮食生产能力改弱了，不能把农民利益损害了。一些发展中国家在这方面有过惨痛教训，要引以为戒。要把顶层设计同基层探索有机结合起来，鼓励不同地区因地制宜探索，善于总结基层的实践创造，对探索创新中遇到困难的要及时给予支持。

2. 农村土地要素尚未全面激活

农民和土地的关系，是一个国家最重要的生产关系之一，是农村改革的核心与焦点。党的十八大以来，农村土地制度改革进一步深化，建立农村承包地和宅基地“三权分置”制度，发展多种形式适度规模经营，统筹推进农村土地制度改革三项试点，这些都是就处理好农民和土地关系进行的制度创新。但目前我国城乡统一的生产要素市场尚未完全形成，城乡要素资源双向流动的格局尚未呈现，无法实现土地资源的合理配置。党的二十大报告指出：“深化农村土地制度改革，赋予农民更加充分的财产权益。”在第二轮土地集体所有、家庭经营基础性地位、现有土地承包关系不动不变的基础上，通过“三权分置”改革和社会化服务体系建设，探索土地经营权流转、农业经营方式的多样多变，促进农村土地资源进一步合理优化配置，全面激活土地要素。

四、农民收入提升有待加速

全球历史数据表明，城乡收入差距在工业化快速推进阶段呈逐渐扩大趋势，在工业化后期逐渐缩小。在美国，随着经济从制造业向知识经济和服务业转移，城乡收入差距的变化趋势得到根本性扭转，农村与城市之间的收入差距缩小到 20 个百分点以内。在欧洲，1820 年以前的城乡收入差距很小，但伴随工业化加速，差距持续扩大，自 20 世纪中叶以来，随着实施乡村发展计划，差距才逐渐缩小。

近年来，我国进入工业化中后期，随着工农城乡关系重塑，农民收入持续较快增长。2019 年，我国提前实现收入较 2010 年翻一番的目标，2022 年农民人均可支配收入首次突破 2 万元。2013 年至 2021 年，农村居民年均收入增速比城镇居民快 1.7 个百分点。城乡居民收入比从 2012 年的 2.88 下降到 2022 年的 2.45，城乡收入差距在逐步缩小。

虽然城乡居民收入相对差距呈缩小态势，但从绝对值看，收入差距依然较大且趋于增加。更值得注意的是，农民增收动能有所减弱。经济稳增长仍面临内外严峻考验，农民务工就业的环境尚未完全恢复，影响工资性收入增长。农资价格高位运行，农业生产成本增加，影响经营性收入增长。受现实财力限制，转移性收入面临天花板。农村资源资产大量沉睡，财产性收入增长滞缓。

五、乡村建设任务繁重

全面建设社会主义现代化国家，最艰巨最繁重的任务依然在农村，应统筹乡村基础设施和公共服务布局，建设宜居宜业和美乡村。同时，坚持农业农村优先发展，坚持城乡融合发展，畅通城乡要素流动。这表明既要建设现代化繁华城市也要建设现代化繁荣乡村，促进城乡发展差距不断缩小。

和美乡村是农业农村现代化的重要标识。农业农村现代化既要实现乡村治理体系和治理能力的现代化，也要积极探索乡村文化振兴之路，从而实现乡村由表及里、软硬实力兼具的现代化。新时代新征程，和美乡村建设既要求实现乡村物质文明和精神文明协调发展，也要求实现人与自然的和谐共生。从实现农业农村现代化的角度而言，目前的乡村建设离和美乡村建设的目标仍存在差距，乡村建设任务繁重，乡村规划建设水平亟待提高，乡村公共服务效能仍须提升，乡村文明风尚有待形成。

第三节　全面推进乡村振兴的实施路径

全面推进乡村振兴是新时代建设农业强国的重要任务，人力投入、物力配置、财力保障都要转移到乡村振兴上来。要切实抓好以乡村振兴为重心的“三农”各项工作，统筹部署、协同推进乡村产业、人才、文化、生态、组织“五个振兴”，坚决守牢确保粮食安全、防止规模性返贫等底线，扎实推进乡村发展、乡村建设、乡村治理等重点工作，建设宜居宜业和美乡村。

一、夯实粮食安全根基是首要任务

保障粮食和重要农产品稳定安全供给始终是建设农业强国的头等大事。粮食安全是“国之大者”，保障国家粮食安全是确保经济发展、社会稳定、国家安全的重要基础。党的二十大报告明确提出“全方位夯实粮食安全根基”“确保中国人的饭碗牢牢端在自己手中”。这是对世情、国情、农情的深彻洞察，是对外部风险挑战的未雨绸缪，是对大局全局的深远谋划。新时代新征程，夯实粮食安全根基，要紧密结合中国国情和世界粮情，紧密结合当前我国经济发展所处历史方位和关系发展全局的重大战略任务，全面准确把握全方位夯实粮食安全根基的战略意义与关键举措。

1. 准确把握粮食安全战略意义

从全方位夯实粮食安全根基的内涵范畴看，全方位应包含粮食稳产保供涉及的各方面、各环节、各领域，需要以系统观念来审视和解决粮食安全面临的问题。全方位夯实粮食安全根基是维护国家安全的重要基础。农业保的是生命安全、生存安全，是极其重要的国家安全。只有农业强起来，粮食安全有完全保障，我们稳大局、应变局、开新局才有充足的底气和战略主动。

当前，国际形势发生深刻复杂变化，极端天气频发、地缘冲突不断，各种“黑天鹅”“灰犀牛”事件随时可能发生。同时，随着我国粮食等重要农产品融入国际市场程度加深，国内国际市场联动性增强，国际粮食市场波动也会对国内市场产生一定影响。这些年，我国粮食连年丰收、供给充裕，特别是2022年我国粮食生产克服新冠疫情多点散发、罕见北方秋汛和南方极端高温干旱、国际粮食市场剧烈波动和农资价格高位运行等困难，产量再创历史新高，达到1.37万亿斤，大豆油料扩种成效超出预期，为稳预期、稳物价、稳经济大盘提供了有力支撑。当前国际形势复杂严峻，全球农产品贸易不确定性、不稳定性明显加大，国内庞大的人口基数叠加消费持续升级，粮食需求仍在刚性增长，端牢饭碗压力越来越大。对此，我们要坚持底线思维，统筹好发展和安全，下好先手棋、打好主动仗，全方位夯实粮食安全根基，确保中国人的饭碗始终牢牢端在自己手中，以国内稳产保供的确定性来应对外部环境的不确定性，以粮食安全的确定性来维护国家安全。

夯实粮食安全根基，需要坚持问题导向和目标导向相统一，加快锻长板、补短板、强弱项，提高防范和抵御粮食安全风险的能力，坚持以我为主、立足国内、确保产能、适度进口、科技支撑的国家粮食安全战略，确保谷物基本自给、口粮绝对安全。在保数量的同时，也要保质量、保多样，确保粮食安全和重要农产品有效供给。基于世情、国情、粮情的现实情况，需要从国内国际两方面涉及的重点难点问题出发，采取夯实粮食安全根基的关键举措。从国内看，须全方位审视供给侧与需求侧的短板弱项，明确全方位夯实国内稳产增产、保供稳价根基的关键举措；从国际看，需用系统观念审视国内国际两个市场、两种资源统筹利用的薄弱环节和突出问题，明确全方位提升外部供给的韧性和稳定性的关键举措。

2. 把握好抓住耕地和种子两个关键要素

在新发展格局下聚焦国内供给侧的生产端，要抓住耕地和种子这两个要害。抓住耕地和种子这两个要害，强化“藏粮于地、藏粮于技”战略。“藏粮于地”的着力点在于保数量、提质量、拓边界。保数量，在于牢牢守住18亿亩耕地红线，强化耕地用途管制；提质量，在于提升现有耕地质量，逐步把永久基本农田全部建成高标准农田，稳定提高耕地基础地力，深挖耕地产能；拓边界，在于全方位拓展农业生产资源的可能性边界，树立大食物观，统筹陆海资源，既要高效集约节约利用现有耕地，也要向草原、森林、海洋等整个国土资源拓展，多途径开发食物资源，构建多元化食物供给体系。

耕地是粮食生产的命根子。耕地既要较真碰硬管住数量，也要下定决心管控用途、提升质量。落实“长牙齿”的硬措施，坚决守住18亿亩耕地红线。坚持良田粮用大原则，把良田沃土优先用于粮食生产，稳定粮食播种面积，果树苗木尽量上山上坡，蔬菜园艺更多依靠设施农业和工厂化种植。加强高标准农田建设，逐步把15.46亿亩永久基本农田全部建成高标准农田，确保建一块成一块。“藏粮于技”的着力点在于加快实现高水平农业科技自立自强，在良种选育培育、重要农机装备、设施农业、绿色农业等相关领域实现技术新突破，抢占农业科技创新制高点，将最新最适宜的技术推广应用到现代农业、粮食生产中。端牢饭碗，越往后越要靠科技、靠种子。要抓好农业关键核心技术攻关和种业振兴，加快急需适用农机具研发推广，着力提升农业科技创新体系整体效能，加快实现高水平农业科技自立自强。聚焦提高单产，逐个品种拿出良田、良种、良法、良机、良制集成组装的综合性方案，向科技要产量、要产能。

3. 切实保护和调动农民种粮的积极性

保护和调动农民种粮和地方抓粮积极性，健全种粮农民收益保障机制，既靠政策扶持，也靠经营增效，两手要同时用力。稳定稻谷最低收购价和稻谷补贴，加大大豆生产者补贴力度，扩大政策性收储，做好市场化收购，加快建立长效支持政策，逐步扩大稻谷、小麦、玉米完全成本保险和种植收入保险实施范围，完善农资保供稳价应对机制。创新粮食生产经营方式，延伸产业链条，实现节本增效、提质增效。全面落实粮食安全党政同责，进一步压实地方重农抓粮责任，督促主产区、主销区、产销平衡区饭碗一起端、责任一起扛。健全主产区利益补偿机制，在产销区多渠道利益补偿上出实招、硬招。从种粮主体看，要健全种粮农民收益保障机制，培育新型农业经营主体，既要形成以农户家庭经营为基础、合作与联合为纽带、社会化服务为支撑的立体式复合型现代农业经营体系，还要因地制宜发展规模适度的家庭农场、规模大户和专业合作社，完善价格、补贴、保险“三位一体”的政策体系，完善农资保供稳价应对机制，稳定种植预期、降低生产风险，让种粮主体获得更多经济收益。从地方抓粮看，要健全主产区利益补偿机制，探索产销区多渠道利益补偿办法，强化对主产省、产粮大县的财政支持和奖补力度，保障产粮大县重农抓粮得实惠、有发展，探索激励约束机制，让主产区、主销区、产销平衡区都有抓粮动力。

在我国的粮食版图中，有 13 个主产区、7 个主销区和 11 个产销平衡区。2022 年，13 个主产区的粮食产量占全国粮食总产量的 78% 以上，稳稳地扛起了国家粮食安全重任。全方位夯实粮食安全根基，必须健全主产区利益补偿机制，正视粮食主产区内部结构化和差异化发展态势，基于公平与效率原则，探究“粮食安全贡献度”视域下制定粮食主产区差异化发展的利益补偿政策，为“中国人的饭碗应该主要装中国粮”① 提供坚实的理论依据，让中国碗装满中国粮。

4. 努力提高农业综合生产能力

抓紧启动实施新一轮千亿斤粮食产能提升行动，努力推动粮食产能早日迈上新台阶。加快提升粮食产能，产能提一分，粮食安全就稳一分。同时，树立大食物观，加快构建粮经饲统筹、农林牧渔结合、植物动物微生物并举的多元化食物供给体系，多渠道开发食物来源。保障粮食安全既要开源也要节流，要持之以恒抓好节粮减

① 《把提高农业综合生产能力放在更加突出的位置，在推动社会保障事业高质量发展上持续用力》，《人民日报》2022 年 3 月 7 日。

损，深入开展粮食节约行动，推进全链条节约减损，提倡健康饮食。在供给侧的加工、流通、储备方面，要着力确保粮食流通高效顺畅持续，做到稳供给、稳市场、稳预期。粮食加工和流通是连接粮食生产和消费的重要环节，而流通与储备是实现粮食供求平衡的重要抓手。对于粮食加工，在保障口粮绝对安全的基础上，要促进粮食产业链拓展延伸、提质增效，以“粮头食尾”“农头工尾”为抓手，积极发展现代粮食流通产业；对于粮食流通和储备，需提升粮食储备调控能力，精准把握政策性粮食投放时度效，优化粮食品种和粮食库存结构，强化区域协同保供能力，确保全国粮食供求总量基本平衡和市场基本稳定。在需求侧方面，须树立节约减损就是增产的理念，推进全链条节约减损。要提倡健康饮食，倡导简约适度、绿色低碳的生活方式，形成科学健康营养节约的膳食消费结构，通过供需两侧协同发力保障粮食安全。

总之，必须多措并举、综合发力，抓住耕地和种子两个要害，强化藏粮于地、藏粮于技的物质基础，健全农民种粮挣钱得利、地方抓粮担责尽义的机制保障，从“地、技、利、义”四个方面全方位夯实粮食安全根基，确保全国粮食产量保持在1.3万亿斤以上、尽可能多增产，大豆和油料自给率持续提升。聚焦国际，还需统筹利用国内国际两个市场、两种资源，发展农产品国际贸易，深入实施农产品进口多元化战略，加快农业“走出去”步伐。在国内粮食生产确保谷物基本自给、口粮绝对安全的前提下，通过适度进口来减轻国内农业资源环境压力、弥补部分国内农产品产需缺口，稳定国外重要农产品进口来源、进口渠道，提高进口供应链的稳定性和韧性。

二、巩固脱贫攻坚成果是底线任务

我国打赢了人类历史上规模最大、力度最强的脱贫攻坚战，2020年，9899万农村贫困人口全部脱贫，832个贫困县全部摘帽，

12.8 万个贫困村全部出列，完成了脱贫攻坚、全面建成小康社会的历史任务，实现了第一个百年奋斗目标。脱贫攻坚成果来之不易，为全面开启乡村振兴提供了前提条件，为实现共同富裕奠定了坚实的物质基础。脱贫攻坚胜利以后，尤其要注意守住不发生规模性返贫的底线。脱贫攻坚胜利把困难群众“扶上马”后，在过渡期内主要帮扶政策保持稳定并不断完善，把群众向致富路上“送一程”。从脱贫攻坚到乡村振兴，实现“输血式”扶贫向“造血式”帮扶转变，增强脱贫地区和脱贫群众内生发展动力。脱贫攻坚是乡村振兴的基础，乡村振兴是脱贫攻坚的延伸。脱贫不是终点，而是新生活、新奋斗的起点，逐步由集中资源支持脱贫攻坚向全面推进乡村振兴平稳过渡，实现脱贫攻坚与乡村振兴的有机衔接。

巩固拓展脱贫攻坚成果是全面推进乡村振兴的底线任务，要继续巩固脱贫攻坚成果，扎实推进乡村振兴，让群众生活更上一层楼，在推进农业农村现代化中越走越有奔头。各地区各部门应压紧压实责任，落实落细各项工作，扎实巩固拓展脱贫攻坚成果，全面推进乡村振兴，带领广大脱贫群众奔向富裕美好的幸福生活。

1. 持续帮扶防止返贫

帮扶不断档，牢牢守住不发生规模性返贫的底线。要持续推动同乡村振兴战略有机衔接，确保不发生规模性返贫，切实维护和巩固脱贫攻坚战的成就。各地区各部门应乘势而上，接续奋斗，下大力气稳固脱贫基础，牢牢守住不发生规模性返贫的底线。帮扶不断档，投入不减力。从贫困村到乡村振兴示范点，坚持精准施策，用发展的办法巩固拓展脱贫攻坚成果。对摆脱贫困的县，从脱贫之日起我国设立了 5 年过渡期，过渡期内保持主要帮扶政策总体稳定，对现有帮扶政策逐项分类优化调整，逐步由集中资源支持脱贫攻坚向全面推进乡村振兴平稳过渡。2023 年，中央财政安排脱贫攻坚成果衔接推进乡村振兴补助资金 1750 亿元，比 2022 年增加 100 亿元。驻村帮扶继续尽锐出战，全国 20.96 万名第一书记、56.3 万名驻村工作队员接过脱贫接力棒，巩固成果加油干。筑牢“防贫坝”，精准防返贫。防返贫监测帮扶全覆盖，对返贫风险户应纳尽纳、应扶尽扶，全国约65%的监测对象消除了返贫风险，其余也都落实了相应帮扶措施。为进一步筑牢防返贫底线，国家医疗保障局等5部门印发通知，健全完善防范化解因病返贫致贫长效机制，确保农村低收入人口和脱贫人口医保参保率稳定在99%以上。各地精准施策，对有劳动能力的监测户，至少落实一项开发式帮扶措施；对没有劳动能力的监测户，做好兜底保障，并逐步提高保障水平；对短时性陷入贫困状态的监测户，第一时间解决基本生活和“两不愁三保障”[①]问题，坚决防止出现整村整乡返贫现象。

2023年，抓牢国家乡村振兴重点帮扶县和易地扶贫搬迁集中安置点两个重点，牢牢守住不发生规模性返贫的底线。抓好3.5万个易地扶贫搬迁集中安置点，持续跟踪监测搬迁群众生产生活情况，深入开展搬迁群众就业帮扶专项行动，加大安置区产业培育力度。落实国家乡村振兴重点帮扶县巩固拓展脱贫攻坚成果同乡村振兴有效衔接的实施方案，深入实施教育、医疗干部人才组团式帮扶，更好地发挥科技特派团的作用。对国家乡村振兴重点帮扶县的发展成效进行监测评价，及时掌握帮扶的进展情况和取得的成效。

2. 产业发展与扩大就业同步推进

脱贫人口持续增收是脱贫攻坚成果巩固的重要标志。各地区各部门把增加脱贫群众收入作为主攻方向，推动各类资源、帮扶措施向促进产业发展和扩大就业聚焦聚力，促进脱贫成效更可持续。培育提升产业，有力带动脱贫群众增收致富。发展产业是巩固拓展脱贫攻坚成果的治本之策。到2023年，全国每个脱贫县都形成了2～3个特色主导产业，近3/4的脱贫人口与新型经营主体建立紧密的利益联结关系，为脱贫人口持续稳定增收打下坚实基础。2022年脱贫人口人均经营净收入2098元，同比增长22.5%。2023年中央财政

① “两不愁”就是稳定实现农村贫困人口不愁吃、不愁穿；“三保障”就是保障其义务教育、基本医疗和住房安全，是农村贫困人口脱贫的基本要求和核心指标。

衔接推进乡村振兴补助资金60%以上将用于支持产业发展，实施一批整体性区域性产业项目，健全联农带农益农机制，让脱贫群众更多分享产业增值收益。大力稳岗就业，让脱贫群众干活有劲头、生活有奔头。

积极扩大就业是增强脱贫群众内生发展动力的重要途径，技能培训成为提升脱贫群众就业能力的重要举措，根据脱贫群众意愿，围绕养老护理、营养餐制作等课程开展订单式培训，确保培训后即可上岗。2022年全国脱贫劳动力务工规模达到3277.9万人，超过年度目标任务258.7万人。2023年脱贫劳动力务工总规模达到3396.9万，超过年度目标377.7万人。[①] 下一步要发展比较优势明显、带动能力强、就业容量大的县域富民产业，在农村工程项目建设中推行以工代赈，拓展公益性岗位，吸纳农民在家门口就业增收。加大对脱贫劳动力的就业服务和技能培训力度，积极引导脱贫劳动力务工就业。

3. 努力培育和增强脱贫的内生动力

脱贫地区发展底子薄、基础差，巩固拓展脱贫攻坚成果、接续推进乡村振兴，需要各地区各部门着力增强脱贫地区和脱贫群众内生发展动力，用脱贫攻坚的“金钥匙”，开启乡村振兴的“致富门”。政策衔接好、措施落到位，汇聚全面推进乡村振兴的磅礴动能。在脱贫地区，巩固拓展脱贫攻坚成果同乡村振兴有效衔接深入推进。加大人才支持力度，向160个国家乡村振兴重点帮扶县选派科技特派团，开展教育、医疗干部人才组团式帮扶，为其他672个脱贫县选派产业顾问组。项目帮扶加力，9799家民营企业帮扶160个重点县，实施产业帮扶项目7725个，惠及脱贫人口325.56万人。各地区各部门继续强化支撑保障。中央财政衔接推进乡村振兴补助资金优先保障到人到户项目需求，支持联农带农富农产业发展。实施乡村振兴人才支持专项计划，全面启动乡村产业振兴带头人“头雁”

---

① 秦迎、范培坤：《图表：2023年脱贫劳动力务工总规模达到3396.9万人》，新华社2024年1月24日。

培育工作。学会致富技能、补上发展短板，增强脱贫地区和脱贫群众内生发展动力。兴产业、促就业，各地区各部门千方百计让脱贫群众在辛勤劳动中增强自力更生的能力，激发依靠自身力量发展的志气心气底气。补齐短板，让脱贫地区发展后劲更足。广大脱贫地区发展环境越来越好，人才、资金等要素加速汇聚，生态旅游、农村电商等新业态风生水起，一大批企业、大学毕业生、返乡农民工创新创业，发展活力日益增强。

三、产业振兴是重中之重

产业兴则乡村兴。产业振兴是乡村振兴的重中之重，也是农村实际工作的切入点。要把“土特产”这三个字琢磨透，依托农业农村特色资源，推动乡村产业全链条升级，增强市场竞争力和可持续发展能力。

1. 推动农村一二三产业高效融合

促进乡村一二三产业融合，是人多地少的国家延长农业产业链、促进乡村产业高质量发展的必经之路。从产业业态的视角切入，应按照“延长产业链，提升价值链，完善利益链”的思路，打破产业层次与价值利益链中的藩篱，从而推动农村产业融合发展。首先，应注重促进农业与农产品加工业的融合发展，提高农产品加工转化率。其次，应注重促进农业与第三产业的融合发展，提高农业的价值创造和就业吸纳能力。第三，应着力推进一二三产业融合的社会化生态农业发展，这是实现乡村产业兴旺的重要方式。一方面，推动种植业与养殖业的结合，并与工业、物流业、休闲旅游业、服务业等进一步融合，形成“农业+”多元化业态发展态势。另一方面，注重农业多功能性的开发与利用，结合本地资源环境条件推动农业多功能开发和多元价值实现。立足资源禀赋优势，差异化发展特色产业，使农业拥有更强竞争力。基于一方水土，开发乡土资源，突出地域特点，体现当地风情，这样的产业才能从差异化中提升竞争力，拥有持续吸引力。这样的特色产业，可避免同质化带来的滞销风险，更好满足市场多样化需求，还可以与文化、体育、旅游、康养等服务业深度融合，培育乡村产业发展新动力。

2. 健全乡村产业振兴的长效机制

实现乡村产业振兴，既要加快市场机制改革，也要推进政府职能转换。政府引导作用主要体现在政策规划、示范引导和投入撬动三个方面，而市场引领作用则体现在投资引领、产业融合引领、带动致富引领三个方面。进一步发挥政府与市场分工协同效应，是构建乡村产业振兴长效机制的重要保障。首先，转变政府职能，将相关职能赋予市场和市场组织。政府提供公共物品和制度保障，市场主体来进行具体实践。其次，完善产权制度，向市场主体赋权赋责，实现要素市场化。政府主导构建与市场制度相匹配的产权制度，充分发挥市场在要素配置、主体激活、产业竞争、效率提升等方面的作用。最后，充分发挥企业的引领作用，注重培育和凸显龙头企业等新型农业主体先进典型，发挥示范引领作用。

3. 提升乡村产业的科技创新能力

建设农业强国，利器在科技。必须推进科技创新和制度创新，开辟新领域新赛道，塑造新动能新优势，加快实现量的突破和质的跃升。要紧盯世界农业科技前沿，加快实现高水平农业科技自立自强。农业科技创新要着力提升创新体系整体效能，农业科技工作要突出应用导向，把论文写在大地上。加快农业科技创新步伐，强化农业科技支撑作用，是提升乡村产业创新能力的当务之急。应发挥现代农业技术对乡村产业振兴的支撑作用。完善现代农业技术体系，不仅要依靠科学技术本身应用效率的提高，还要依靠科技应用主体对技术进步的适应能力及相关体制机制的变革。发挥信息技术对农业农村发展的支撑作用。发展“互联网＋”等信息技术，结合地方农产品特色，大力发展特色农产品电商等产业模式。加强金融支持对科技成果转化的支撑作用。鼓励探索财政、金融协同支持乡村产业发展的路径，鼓励地方财政支持政策和金融、保险、担保等部门协同发力，帮助农业主体增强抵御风险的韧性。以涉农高校科研院所为依托，加强企业与高校间的科技成果转化与实践联结，带动地方农业企业及农户的产业发展。

4. 加快培育新型农业经营主体

新型农业经营主体对市场变化反应灵敏，采用现代农业生产技术的意愿强烈，具有发展现代农业产业的优势，加快培育新型农业经营主体是实现小农户与现代农业有机衔接的有效路径。以农业农村资源为依托，以农民为主体，通过完善利益联结机制，让农民更多参与并分享乡村产业振兴的收益。要培育新型农业组织，从传统的农业生产组织和主体中跳脱出来，如培养一批有“一懂两爱”（懂农业，爱农村、爱农民）情怀的人才，创新“三位一体”的组织制度等。要创新出台创业融资支持政策，创新体制机制为新型农业经营主体融资提供更为便利的信用担保，加大政策性银行对新型农业经营主体发展的支持力度。

5. 有效提升小农户对接大市场的能力

尽管资本经营现代大农场的方式已经在浙江、福建等地出现，但“大国小农”仍是我国的基本国情农情。我国小农户数量占农业经营主体98%以上，小农户经营耕地面积约占耕地总面积的70%，不少地方在农业经营上存在生产规模小而散、土地零散破碎、机械化水平不高、进入市场组织化程度低等问题。全面推进乡村振兴，必须用好改革这一法宝。农村改革让乡村面貌焕然一新，新型农业经营主体组织优势凸显、服务能力持续增强。截至2022年底，全国累计培育农民合作社222万家、家庭农场391万个、各类服务组织总数104万个，在提高农业质量效益和竞争力方面发挥了重要作用。

通过构建紧密型利益联结机制，让小农户参与农业全产业链并获得稳定的收益，进而促进小农户与大市场的有效结合。在全面推进乡村振兴、小农户对接大市场的过程中，确立利益共享、风险共担的机制，以参与经营合作的各方利益为纽带，以追求最低成本实现利益最大化为目标，以各方投入为基础搞好利益分配，增加小农户的收入分配比重。结合当地实际，创新利益分享的具体形式。积极依托农业龙头企业、农民专业合作社、家庭农场的辐射带动作用，建立和完善多元利益联结机制，通过股份合作、订单合同、服务协作、“小田并大田”土地流转等利益联结模式充分实现小农户与其他农业主体的利益共享。不断完善利益联结机制，才能确保产业发展的红利更好地惠及广大农民群众。这就需要在发展乡村产业中始终坚持以人民为中心的发展思想，尊重农民的主体地位，不断创新机制、模式，调动广大农民的积极性、主动性、创造性。比如，除了为农民提供就业岗位，还可以通过专业培训等让农民掌握一技之长；在产业项目收益分配过程中，鼓励采取租金、股金、薪金、酬金等多种收益分配方式，真正让广大农民共享产业发展成果。

四、持续深化农村改革是动力源泉

全面深化农村改革是加快农业强国建设的根本动力，赋予农民更加充分的财产权益是促进农民增收的有效途径。深入推进农村改革，要完善农村产权制度和要素市场化配置机制，充分激发农村发展内生动力。坚持农村土地农民集体所有制不动摇，坚持家庭承包经营基础性地位不动摇，有序开展第二轮土地承包到期后再延长30年试点，保持农村土地承包关系稳定并长久不变，健全土地经营权流转服务体系。积极探索实施农村集体经营性建设用地入市制度。完善盘活农村存量建设用地政策，实行负面清单管理，优先保障乡村产业发展、乡村建设用地。根据乡村休闲观光等产业分散布局的实际需要，探索灵活多样的供地新方式。加强宅基地管理，稳慎推进农村宅基地制度改革试点，探索宅基地所有权、资格权、使用权分置有效实现形式。规范开展房地一体宅基地日常登记颁证工作。规范开展城乡建设用地增减挂钩，完善审批实施程序、节余指标调剂及收益分配机制。完成农村集体产权制度改革阶段性任务，发展壮大新型农村集体经济。保障进城落户农民土地承包权、宅基地使用权、集体收益分配权，研究制定依法自愿有偿转让的具体办法。加强农村产权流转交易和管理信息网络平台建设，提供综合性交易服务。加快农业综合行政执法信息化建设。深入推进农业水价综合改革。继续深化农村集体林权制度改革。

1. 稳步推进第二轮土地延包试点扩围

深化农村改革，必须继续把住处理好农民和土地关系这条主线，让广大农民在改革中分享更多成果。扎实做好第二期土地承包期到期后再延长 30 年的各项工作，稳步推进第二轮土地延包试点扩围，原则上要做到总体顺延，确保绝大多数农户承包地保持稳定、顺利延包。

保持农村土地承包关系稳定并长久不变，是充分保障农民土地承包权益、巩固完善农村基本经营制度的坚实基础。2008 年党的十七届三中全会通过的《中共中央关于推进农村改革发展若干重大问题的决定》首次提出"现有土地承包关系要保持稳定并长久不变"。党的十八大以来，党中央、国务院出台多个文件对完善土地承包制度、稳定土地承包关系提出了明确的任务和要求。2017 年，党的十九大进一步明确了"保持土地承包关系稳定并长久不变，第二轮土地承包到期后再延长 30 年"。2018 年中央一号文件提出，"落实农村土地承包关系稳定并长久不变的政策，衔接落实好第二轮土地承包到期后再延长 30 年的政策，让农民吃上长效'定心丸'"。2019 年中共中央、国务院印发的《关于保持土地承包关系稳定并长久不变的意见》明确了"长久不变"的政策内涵和第二轮土地承包到期后延包的基本原则。2020 年中央一号文件"提出开展第二轮土地承包到期后再延长 30 年试点，在试点基础上研究制定延包的具体办法"，按照中央要求，有关部门选择 16 个省 20 个县的 61 个村（组）开展延包先行试点。2020 年 4 月，中共中央、国务院发布《关于构建更加完善的要素市场化配置体制机制的意见》，明确提出构建土地要素、劳动力要素、资本要素、技术要素、数据要素等五大要素市场，土地要素市场被列为五大要素市场之首，提出建立健全城乡统一的建设用地市场，农村土地制度改革势必进一步深化。2020 年 11 月，由中央农办、农业农村部等 7 个部门和单位建立了第二轮土地承包到期后再延长30年试点部际联席会议制度，为稳妥推进试点工作提供顶层设计和制度保障。2021年中央一号文件提出有序开展延期试点，2022年中央一号文件将试点单位由村组扩展到整县。

2. 稳慎推进农村宅基地制度改革

农村宅基地制度改革事关农民切身利益，事关农村社会稳定和发展大局，是深化农村改革的重要内容。从当前全国农村宅基地试点工作开展情况来看，宅基地改革影响因素错综复杂，深化改革仍然要稳慎推进，不能急躁冒进。一是继续抓好新一轮宅基地改革试点，总结形成一批确权、赋权、活权的制度成果。妥善化解宅基地历史遗留问题，探索宅基地“三权分置”有效实现形式。二是切实摸清宅基地底数，扎实做好房地一体的宅基地确权登记颁证等基础工作，为稳慎推进改革奠定坚实基础。三是提升宅基地管理水平，制定农村宅基地管理办法，指导各地制修订宅基地管理规章制度。加快推进农村宅基地基础信息调查，建设全国农村宅基地管理信息平台。四是完善农村闲置宅基地和闲置住宅盘活利用政策。五是保障农民住宅建设用地合理需求，充分保障农民群众合法权益。

3. 深化农村集体经营性建设用地入市试点

农村集体经营性建设用地入市是加快城乡融合发展、全面推进乡村振兴的必然要求。继续深化推进农村集体经营性建设用地入市改革，一是要深化农村集体经营性建设用地入市试点，深入探索实施农村集体经营性建设用地入市制度；允许农村集体在农民自愿前提下，依法把有偿收回的闲置宅基地、废弃的集体公益性建设用地转变为集体经营性建设用地入市。二要规范农村集体经营性建设用地入市的收益管理，探索兼顾国家、农村集体经济组织和农民利益的土地增值收益调节机制，建立公平合理的集体经营性建设用地入市增值收益分配制度，保障进城落户农民合法土地权益，鼓励依法自愿有偿转让。三要完善农村集体经营性建设用地入市的服务体系，完善促进盘活存量建设用地的税费制度，依法合规开展农村集体经营性建设用地使用权抵押融资，实现已入市集体土地与国有土地在资本市场同地同权。

4. 巩固提升农村集体产权制度改革成果

农村集体产权制度改革是我国全面深化农村改革的重要内容，是赋予农民更加充分的财产权益的重要途径。党的十八大以来，农村集体产权制度改革进程不断加快，取得了阶段性成就。2021 年底，全国核实集体资产 7.7 万亿元，集体土地等资源 65.5 亿亩，各村有了一本“明白账”；确认农村集体经济组织成员约 9 亿人，全国建立乡村、组级集体经济组织 96 万个（其中村级 57 万个），全部完成注册登记，领到农村集体经济组织登记证书，初步构建起归属清晰、权能完善、流转顺畅、保护严格的农村集体产权制度，为集体经济组织参与市场经营活动提供了保障。当前，农村集体产权制度改革还存在改革不平衡不充分、改革工作不规范、集体资产经营管理水平不高、政策支持力度有待加强、法律制度不健全等问题，巩固提升农村集体产权制度改革要重点抓好以下五个方面的工作。

一是持续深化农村集体产权制度改革。在完成经营性资产股份合作制改革工作的基础上，探索完善集体经济运行机制，扩大集体收益分配权抵押担保、有偿退出等试点，完善集体资产股份权能，激发农村资源发展活力。

二是积极探索新型农村集体经济发展路径。鼓励各地因地制宜探索资源发包、物业出租、居间服务、资产使用权入股等新型农村集体经济发展模式。鼓励农村集体经济组织与工商资本合作，整合集体土地等资源性资产和闲置农房等，发展新型商业模式，积极探索盘活农村资产资源的方式方法。开展扶持村级集体经济发展试点，推动集体经济薄弱村发展提升。

三是不断提升农村集体资产经营管理效能。用好全国农村集体资产监督管理平台，健全农村集体资产监管体系。扩大发展壮大集体经济试点示范，推动贫困地区集体经济薄弱村发展提升，推广资源变资产、资金变股金、农民变股东经验。

四是深入推进建立农村产权流转交易平台。开展全国农村产权流转交易市场规范化建设试点，促进农村各类产权依法流转。

五是扎实推进农村集体经济组织立法工作。深入开展农村集体经济组织立法理论研究，指导有条件的地方先行开展相关立法探索。制定出台农村集体经济组织示范章程，修订出台农村集体经济组织会计制度，为农村集体经济组织规范有序运行提供制度保障。

5. 深入推进农村综合改革试点示范

农村改革试验区是农村改革的“国家实验室”。党的十八大以来，农村改革试验区继续发挥改革先行军作用，积极探索创新，为农村改革顶层设计提供有力支撑。比如创新农村土地优化配置体制机制、探索农村“三变”改革（即资源变资产、资金变股金、农民变股东），创新完善农业经营模式，探索农村集体资产明晰产权和运营管理的规范路径，创新改进涉农财政资金使用方式，完善农村金融服务体系，探索健全自治、法治、德治相结合的乡村治理体系，探索推进城乡发展一体化等，维护了农民土地权益，盘活了农村资源资产，促进了各类经营主体共同发展，赋予了农民更多财产权利，提高了财政支农效力，推动了农村长治久安，促进了城乡融合发展。

为加快推动农村改革扩面、提速、集成，探索创新推动乡村全面振兴的机制，破除束缚农业农村发展的体制机制障碍，要进一步加强改革试验工作，加快推进农村综合改革试点试验。一是深化拓展改革试验内容，强化改革政策集成，推动试验区从开展单项试验向实施综合改革试验转变；二是强化试验成果的提炼和转化，加强农村改革成果利用，推介农村改革典型案例，发挥农村改革试验区示范带动作用；三是完善改革试验区工作，探索将试验任务由批准制改为备案制，鼓励试验区根据各地实际提出改革试验方案，适度扩大改革试验范围，加大政策支持力度。

五、提高农民收入是最终目标

从经济社会发展来看，促进农民增收对于保民生、稳就业、促进经济高质量发展具有“稳定器”作用；从城乡融合发展来看，促进农民增收可以缩小城乡收入差距，对促进共同富裕发挥提低作用；从农民收入提升来看，收入持续增加，在提升农民自身生活水平的同时对扩大内需、促进经济增长也会发挥重要作用。2023年中央一号文件把农民增收放在了一个很重要的位置，提出拓宽农民增收致富渠道，并辟出了专门的部分进行部署，且在往年“增收”的基础上，进一步提出了“致富”新要求。党的十八大以来，我国农民收入持续较快增长，2019年实现了收入较2010年翻一番的目标，2022年农民人均可支配收入首次突破2万元大关，城乡居民收入比从2012年的2.88下降到2022年的2.45，但城乡之间、区域之间、群体之间收入差距还不小，农民增收动能有所减弱，增收形势不容乐观。必须广辟农民增收门路，着力健全促进农民持续较快增收的长效机制，让农民的“钱袋子”越来越鼓、生活越过越好。要挖掘产业经营增收潜力。发展乡村产业是带动农民增收致富的根本途径。在乡村“五大振兴”中，产业振兴是第一位的，是乡村振兴的重中之重。着力增强产业带动能力，坚持富裕农民的发展取向，资本下乡投资要投到点上，不能南辕北辙。引导企业与农民建立紧密型利益联结机制，把产业链延伸环节更多留在乡村，把产业发展的增值收益更多留给农民。要稳定外出务工收入。促进农民转移就业是带动农民持续增收的主渠道。工资性收入是农民增收贡献的大头。要强化各项稳岗纾困政策落实，加强劳务协作和劳务品牌培育，提升农民工职业技能，多措并举促进农民工稳岗就业。目前，超过3/4的农民工在省域内就业，超过一半在县域内就业，农民的就业半径发生了深刻变化。要顺应这种趋势，立足县域全域空间，发展比较优势明显、带动能力强、就业容量大的县域富民产业，把县域经济打造成为带动农民增收的重要增长极。

一般而言，农民人均可支配收入主要由工资性收入、家庭经营性收入、转移性收入、财产性收入构成。其中，工资性收入和家庭经营性收入占农民收入的77%。促进农民增收，主要还是要在促进农民的工资性收入和经营性收入上下功夫。针对农民收入的主要构成，要多举措提升农民的工资性收入、经营性收入和财产性收入。

1. 确保农民工资性收入的持续增长

通过分类施策来促进农民稳就业要通过稳定现有农民工岗位来稳就业，在此基础上提升农民工技能，进而提升农民工工资收入水平；通过保障超龄农民工的权益，来保障农民工收入；通过提供创业平台、完善优惠创业条件，吸引农民创业；通过以工代赈来提高劳务报酬比例，提高收入水平。

2. 努力提升农业经营性收入水平

针对具有一定规模的农户，开展新型农业经营主体能力提升行动；针对小规模农户，采取社会化服务促其增收；针对土地碎片化，鼓励发展适度规模经营；针对经营风险防范，要完善和规范社会资本投资农业农村制度，多措并举，在保障农民利益中实现农业节本、提质、增效。

3. 不断拓宽农民财产性收入渠道

通过确权、赋权、活权，赋予农民更加充分的财产权益，进一步深化农村“三块地”改革，让农民更多分享改革红利。针对承包地，研究制定第二轮土地承包到期后再延长 30 年试点工作指导意见；针对宅基地，稳慎推进农村宅基地制度改革试点，探索宅基地“三权分置”有效实现形式；针对农村集体经营性建设用地，探索入市试点，探索建立兼顾国家、农村集体经济组织和农民利益的土地增值收益有效调节机制。同时，巩固提升农村集体产权制度改革成果，探索多样化途径发展新型农村集体经济。

4. 稳步提高农村社会保障水平

通过稳步增加农民的补助补贴，发挥社会政策作用为农民收入保障兜底，加大特惠保障政策、加大强农惠农富农政策力度，逐步提高农村社会保障水平，筑牢社会安全底网。

5. 以信息技术拓宽农民增收渠道

智慧农业、直播电商、数商兴农等，都离不开数字技术，越来越多的农民通过直播带货等增收致富。促进农民增收，要充分发挥数字技术的“普惠性”价值和“赋能”作用，提升农业生产、流通、销售全环节数字化水平，同时，要坚持农业生产“数字化”、流通“高效化”、农产品“品牌化”、销售“电商化”等“四化并举”的策略，持续拓宽农民增收致富渠道。

六、建设和美乡村是基础保障

建设宜居宜业和美乡村是农业强国的应有之义。从美丽乡村到和美乡村，是对乡村建设内涵和目标的进一步丰富和拓展，更加突出强调乡村既要见物也要见人，既要塑形也要铸魂，既要抓物质文明也要抓精神文明，内蕴着人与人和睦相处、人与自然和谐共生、城与乡和合共美的价值理念，实现乡村由表及里、形神兼备的全面提升。

党的十九大报告将生态宜居作为乡村振兴战略的重要内容，明确要开展乡村人居环境整治行动，《农村人居环境整治三年行动方案》《农村人居环境整治村庄清洁行动方案》《关于推进农村“厕所革命”专项行动的指导意见》等政策相继出台。2022 年，中共中央办公厅、国务院办公厅印发了《乡村建设行动实施方案》，强调以普惠性、基础性、兜底性民生建设为重点，加强农村基础设施和公共服务体系建设，努力让农村具备更好的生活条件，建设宜居宜业美丽乡村。

在国家政策文件的引导下，全国各地进一步有效落实，把公共基础设施建设重点放在农村，持续改善农村生产生活条件，使得农村垃圾、污水、面源污染等问题得到一定程度的解决，改变了村容村貌，农村人居环境得到了极大改善，乡村综合治理体系有效提升，乡村建设取得了显著的成就。一是公共设施提档升级。乡村要振兴，公共基础设施建设是关键。近年来，我国以提升农村人居环境为目标，加强农村道路、供水、用电、网络、住房安全等重点领域基础设施建设，保障基本功能，解决突出问题，逐步使农村基本具备现代生活条件。二是人居环境明显改善。乡村人居环境改善是乡村建设的重点和难点。在全国不懈努力之下，当前我国乡村人居环境基本实现干净整洁有序。截至 2021 年底，全国农村卫生厕所普及率超过 70%，其中，东部地区、中西部城市近郊区等有基础、有条件的地区农村卫生厕所普及率超过 90%。2018 年以来，累计改造农村户厕 4000 多万户；全国范围内农村生活垃圾进行收运处理的自然村比例稳定保持在 90%以上。乡村基本实现农民院里院外更加美丽，农民生活习惯更加整洁卫生，生活方式更加绿色环保。三是精神文明扎实推进。乡村文化建设是乡村振兴的硬骨头。在国家政策引导和各级政府的推动下，农村思想道德建设持续提升，文明乡风、良好家风、淳朴民风广泛培育，邻里守望、诚信重礼、勤俭节约的文明乡村不断涌现。截至 2021 年底，全国县级以上文明村、文明乡镇占比分别超过 65%、80%。2018 年，在国家层面专门为农民设立法定节目——中国农民丰收节，截至 2024 年 9 月，已连续举办 7 年，乡村文化生活丰富多彩，村级综合性文化服务中心覆盖率达到 96%。社会主义核心价值观深入践行，中华优秀传统文化传承弘扬，累计认定 6819 个中国传统村落，农民精气神得到有效提振。四是治理体系稳步实施。近年来，党组织领导下的自治、法治、德治相结合的乡村治理体系逐步健全，农村基层党组织战斗堡垒作用进一步加强，推进乡村治理体系和治理能力现代化建设是实现乡村全面振兴、巩固党在农村执政基础、满足农民群众美好生活需要的必然要求。多年来，党委领导、政府负责、社会协同、公众参与、法治保障的现代乡村社会治理体制逐步建立健全，充满活力、和谐有序的善治乡村加快形成。农村基层党组织战斗堡垒作用进一步加强，村党组织书记兼任村委会主任比例达到 95.6%。农村移风易俗进一步深化，村规民约实现全覆盖。农村精神文明建设扎实开展，乡村治理效能不断提升。

随着乡村振兴战略的实施，国家对乡村建设的重视与关注达到了新的高度。乡村建设在快速发展的同时取得了前所未有的成就，但今后仍须从公共基础设施、人居环境改善、综合服务体系完善等领域进行加强建设与监督。

进一步完善乡村基础设施建设。道路、水电等基础公共服务设施完善是乡村现代化的基础，从村村通到户户通，我国乡村道路、生活用水建设还有一段距离。乡村基础设施建设发展的重点应根据各地特色分类实施，加强农村资源路、产业路、旅游路和村内主干道建设，保障村民能够喝到干净的饮用水，推进更多农村公路、自来水建设项目更多进村入户。

进一步提升公共服务水平。乡村绿化、美化、亮化工程任重道远，垃圾清运、厕所改革是改善人居环境的第一步，而全面实施清洁化、资源化处理还需各方协调统筹、全面系统地规划与建设。乡村绿化美化工程建设除了植树种草、保护环境外，还应加强对村民文明行为引导，改变生活陋习，共同维护美好生活环境。

建设与提升乡村综合服务系统，目的是解决农民办事难、跑路多、信息不通畅等问题。根据各地农民生产生活需求进行一定地域范围内、适度规模、便于服务的系统设置，结合农民的迫切需要解决问题，建设包含农资销售配送、农副产品购销、日用消费品销售、电子商务、物流节点、金融保险、农机咨询、技术培训、代种代养、文体娱乐、康养休闲、乡村旅游等综合性的综合服务中心。

进一步弘扬乡村精神文明。从中国“和”文化到乡村“和”文明，乡村既要美丽宜居又要和谐、融洽。乡风文明建设、乡村文化弘扬均以保障和改善农民生产生活为核心，构建自治、法治、德治融合的乡村治理体系，确保农民的主体地位，提升农民的参与感、获得感和幸福感，促进农民生产生活方式现代化发展。同时要加强基层党组织建设，引导农民积极参与，凝心聚力带动乡村振兴，构建和美乡村。

本章小结

全面推进乡村振兴、加快建设农业强国，是满足人民美好生活需要的必然要求，是实现高质量发展的重要支撑，也是筑牢国家安全根基的迫切需要。在全面推进乡村振兴进程中，我国面临粮食安全隐忧、乡村产业发展受限，以及深化农村改革、提高农民收入、加强乡村建设等方面的挑战，应夯实粮食安全根基，巩固拓展脱贫攻坚成果，促进乡村产业振兴，持续深化农村改革，不断拓宽农民增收致富渠道，扎实推进宜居宜业和美乡村建设。

强国必先强农，农强方能国强。全面推进乡村振兴、加快建设农业强国，是党中央着眼全面建成社会主义现代化强国作出的战略部署。要深入理解农业强国的中国特色和目标要求，抓好以乡村振兴为重心的“三农”各项工作，大力推进农业农村现代化，加快建设农业强国。

思考题

1. 如何理解“强国必先强农”？

2. 乡村振兴战略的“二十字总要求”“三步走”“五个振兴”分别是指什么？

3. 如何夯实粮食安全根基？

4. 如何持续推动巩固拓展脱贫攻坚成果同乡村振兴有效衔接？

5. 如何理解“实施乡村振兴战略是实现全体人民共同富裕的必然选择”？

6. 如何加速城乡融合？

7. 为什么说“产业兴旺是关键”？如何促进乡村产业振兴？

8. 如何持续深化农村改革？

9. 如何扎实推进宜居宜业和美乡村建设？

第四章　促进区域协调发展

区域协调发展是贯彻新发展理念，推动高质量发展的关键支撑，是实现共同富裕的内在要求，是推进中国式现代化的重要内容。

我国幅员辽阔、人口众多，各地区基础条件差别之大在世界上少有，统筹区域协调发展任务十分艰巨。党的十八大以来，以习近平同志为核心的党中央高瞻远瞩、统揽全局，坚持实施区域协调发展战略，促进区域协调发展。推进实施京津冀协同发展、长江经济带发展、粤港澳大湾区建设、长三角一体化发展、黄河流域生态保护和高质量发展等区域重大战略，进一步完善支持西部大开发、东北振兴、中部崛起、东部率先发展的政策体系，坚决打赢脱贫攻坚战。推动形成优势互补、高质量发展的区域经济布局，区域发展的协调性不断增强，区域协调发展呈现新格局。党的二十大提出了新征程进一步推进区域协调发展的战略部署，强调深入实施区域协调发展战略、区域重大战略、主体功能区战略、新型城镇化战略，优化重大生产力布局，构建优势互补、高质量发展的区域经济布局和国土空间体系。推动西部大开发形成新格局，推动东北全面振兴取得新突破，促进中部地区加快崛起，鼓励东部地区加快推进现代化。支持革命老区、民族地区加快发展，加强边疆地区建设，推进兴边富民、稳边固边。推进京津冀协同发展、长江经济带发展、长三角一体化发展，推动黄河流域生态保护和高质量发展。高标准、高质量建设雄安新区，推动成渝地区双城经济圈建设。健全主体功能区制度，优化国土空间发展格局。推进以人为核心的新型城镇化，加快农业转移人口市民化。以城市群、都市圈为依托构建大中小城市协调发展格局，推进以县城为重要载体的城镇化建设。坚持人民城市人民建、人民城市为人民，提高城市规划、建设、治理水平，加快转变超大特大城市发展方式，实施城市更新行动，加强城市基础设施建设，打造宜居、韧性、智慧城市。发展海洋经济，保护海洋生态环境，加快建设海洋强国。

习近平总书记关于区域协调发展的重要论述，明确了新时代促进区域协调发展的总体思路和目标任务，为做好区域协调发展工作提供了根本遵循和行动指南。

第一节 我国区域协调发展的历程、特点和重大成就

一、我国区域协调的发展历程

（一）重大项目投资推动区域均衡发展阶段（1949—1977年）

中华人民共和国成立初期，国内轻重工业70%分布在沿海地区，大部分内陆地区还是传统的农业社会，生产力分布极不平衡；在国际上，我国面临严峻的经济封锁和来自超级大国的战争威胁。在这种情况下开展社会主义经济建设之艰巨可想而知。

毛泽东在《论十大关系》中指出："新的工业大部分应当摆在内地，使工业布局逐步平衡，并且利于备战，这是毫无疑义的。"[①] "一五"期间，156项苏联援建工程（见图1）、694个大中建设项目悉数布局在东北与内地，其中35%和31%部署在东北，原因是东北地区毗邻苏联，又具有相对完备的工业基础。1964年，中苏关系进一步恶化让我国漫长的北方边境承受着巨大的战争压力，美国在台海和越南的军事行动则让我国东南沿海陷入紧张局势。因此，我国开始了以战备为主要目标的跨度近20年的"三线建设"，将原先集中于东北、

① 毛泽东：《毛泽东著作选读（下册）》，人民出版社1986年版，第724页。

华北的军重工业转移至西北、西南更具纵深的战略后方。“三线建设”期间，我国在涉及中西部13个省、自治区、直辖市的“三线”地区投资2052.68亿元，占到同期全国总投资的40%，建成千余所工矿企业和科研院所、45个重大工业产品科研、生产基地，以及襄渝铁路、青藏铁路一期、成昆铁路、川黔铁路等交通干线。在项目布局和选址过程中，工业区位理论和联系效应理论起到了一定的指导作用，工业布局呈现“大分散、小集中”的特点。

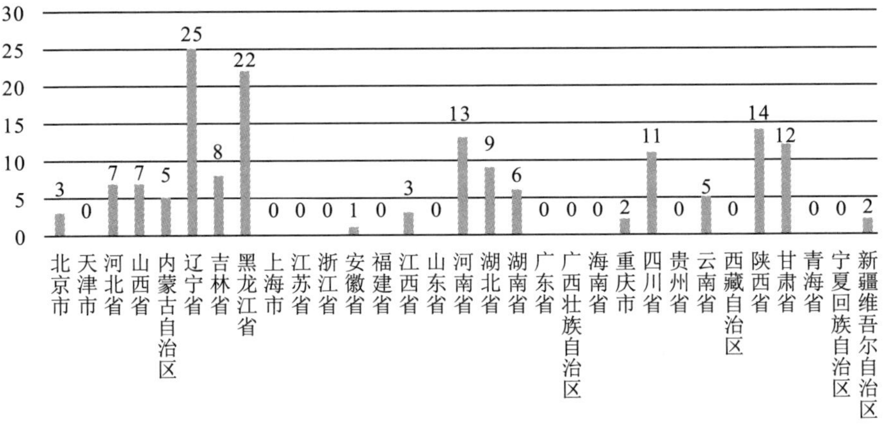

图1　“一五”156个工业项目分布

这段时期，生产力分布极不平衡的现象得到很大改善。内陆地区出现攀枝花、德阳、六盘水、十堰等一批新兴的重工业城市，成都、重庆、兰州、西安等内陆城市实现了工业化水平的飞跃，内地交通、水利、电力等基础设施水平也明显提高，我国初步建立起横贯东西、纵跨南北的交通主干线，商品和生产要素国内大循环的成本显著降低。虽然这些投资在市场经济的视角下是缺乏效率的，但却让内陆地区实现了工业化从0到1的突破，为之后的发展奠定了基础，是后续区域协调发展政策的现实和逻辑起点，具有特殊的历史意义。

（二）逐级开放引导东部地区优先发展阶段（1978—1998年）

20世纪70年代末，国际国内环境发生了深刻变化，一方面，和平与发展逐渐成为世界发展的主题，另一方面，经济建设成为党的中心工作，我国迎来了改革开放的契机。在区域发展战略上，邓小平同志敏锐地意识到区域均衡与区域增长的矛盾短期内是不可调和的，于是构想了“两个大局”的区域发展方案：中央优先支持东部地区发展，待时机成熟则由东部地区反过来支持中西部地区发展。

1979年，我国在深圳、珠海、汕头、厦门试办出口特区，次年改称为经济特区，以外向型经济为导向率先进行经济管理体制改革，实施一系列政策倾斜主动引进国外先进技术和现代企业管理体制，打造我国对外交流的窗口。在经济特区的实践取得显著成效之后，国务院于1984年设大连、秦皇岛、烟台等14个港口城市为沿海开放城市，允许这些城市在对外经济活动中实施部分经济特区政策。1985年，长三角、珠三角和闽南三角地区被设为沿海经济开放区，以对外贸易为目标发展农产品和工业原材料生产。1988年，国务院增设海南为经济特区，并进一步扩大了沿海经济开放区的范围。20世纪90年代，我国宣布在浦东实行部分经济特区政策，正式开发开放浦东，并进一步推动沿江沿边开放，逐步形成了宽领域、多层次、有重点的对外开放格局，掀起了引进外资、开放发展的热潮。

在当年改革开放的背景下，东部地区紧紧抓住改革开放带来的发展机遇，利用全球产业向东亚—太平洋地区进行大尺度集中转移的趋势，充分发挥劳动力成本优势，顺应向沿海倾斜的区域发展战略，造成了经济的迅速发展，并在沿海地区形成了我国的制造业基地，进而形成了京津冀、长三角和珠三角这三大都市圈。同时，中西部地区由于区位上的劣势，远离海洋的不利条件，加上对外开放程度较低，经济发展滞后，逐步拉大了与东部地区的经济发展水平差距。在改革开放初期沿海与内地发展水平大体均衡的基础上，到1995年，东部地区与西部地区的人均生产总值之比扩大到2.3∶1。为了改变区域差距日益扩大的趋势，自“九五”计划起，中央就提出要缓解区域发展差距的扩大，主要途径是区域协调发展。因此，1995年到1999年这五年是区域协调发展的提出阶段，这五年中，学术界对于区域协调发展的内涵、主要内容等进行了探讨，特别是对中国区域发展的差距进行了研究，重点分析区域差距产生的原因，找出解决方案。

（三）多种政策手段推动内陆地区加速发展阶段（1999—2011年）

20世纪末，亚洲金融危机重创我国外向型经济，东部地区生产能力出现过剩，国内通货紧缩，亟待扩大内需；同时，改革开放使我国经济总量实现了快速增长，但区域发展不平衡的问题愈发凸显，2002年西部地区的人均地区生产总值不足东部地区的40%。世纪之交，中央开始沿着邓小平同志“两个大局”的构想，着手推动内陆地区发展。

1999年底，中央决定实施西部大开发，我国的区域经济发展进入东部支援西部的新时期。据统计，从2000年至2009年，西部地区的地区生产总值年均增长11.9%，高于全国同期增速。这一时期最显著的特征是基础设施建设取得突破性进展：青藏铁路、西气东输、西电东送、国道主干线西部路段和大型水利枢纽等一批重点工程相继建成，完成了送电到乡、油路到县等建设任务。特别是大规模的交通基础设施建设，改变了西部闭塞的状况，使物流更为通畅，人员出行更为便捷。据不完全统计，2000年至2008年，中央对西部地区累计转移支付近1.5万亿元，东部地区企业在西部投资总额达1.5万多亿元，西部地区保持了11%的地区生产总值增速。2002年，中央提出振兴东北等老工业基地，战略核心是对东北等老工业基地进行技术改造，提升发展能力。以国有企业的改组改制的体制机制创新也取得了很大的进展。2004年，中央开始实施中部崛起战略，中部地区以承接产业转移为核心，发展现代制造业。因此，国家在安徽皖江城市带、重庆沿江、湖南湘南、湖北荆州等地建设国家级承接产业转移示范区，取得了明显的成效。在社会主义市场机制下，中央综合使用财政、产业、土地、投资、税收、金融等政策，积极推进中西部基础设施建设，引导资本、技术、人才不断向中西部流动。铁路、公路、机场、电力、通信、广播电视、天然气管道、水利工程等一大批基础设施的建设，为中西部经济发展创造了起飞的条件，同时进一步完善了贯通全国的运输体系。中西部地区借此机会，主动发挥比较优势，优化投资环境，调整产业结构，打造优势产业，发展科技教育，改善生态环境，提升人民生活水平，中西部与东部的发展差距呈现出逐渐缩小的态势。

在西部大开发、东北振兴、中部崛起等区域发展战略实施之后，一个覆盖全部国土的区域发展战略开始形成，这就是区域发展总体战略。2004年政府工作报告提出“要坚持推进西部大开发，振兴东北地区等老工业基地，促进中部地区崛起，鼓励东部地区加快发展，形成东中西互动、优势互补、相互促进、共同发展的新格局”，标志着全国进入区域协调发展的新阶段。2007年党的十七大报告，在区域发展总体战略上，加上了生态文明建设的内容，使经济与生态并列，主体功能区政策配合生态文明建设出台。

（四）新发展理念指导下的区域协调高质量发展阶段（2012至今）

我国经济数十年的快速增长不可避免地带来一些问题。一方面，地区生产总值的增长往往以生态破坏、资源枯竭、环境污染为代价，造成了负外部性，这种发展模式注定是不可持续的，并且损害了国家和人民的长远利益。另一方面，各级地方政府为发展本地经济，大搞投资建设，大建工业园区，导致区域间产业同构和恶性竞争严重，整体投资效率低下。在党的十八大之后，习近平总书记多次强调要继续实施区域发展总体战略，提出区域政策和区域规划要完善、创新，特别强调要缩小政策单元，重视跨区域、次区域规划，提高区域政策精准性。

多年来，我国的区域发展战略的政策单元基本上是宏观大尺度的，是对若干省份组成的大区域进行战略指导。从顶层设计的角度讲，这种大区域的战略指导无疑是不可或缺的。但是，战略的落实需要有具体区域的规划，这就必须提高区域政策的精准性，更加有效地依据当时当地的资源条件和发展环境提出有针对性的发展路径。

2011 年，国务院正式发布《全国主体功能区规划》，对国土空间进行了科学划分和系统布局，这是中央提高区域调控水平、提升区域发展效率的重要举措。2013 年的中央经济工作会议，中央把改善需求结构、优化产业结构、促进区域协调发展、推进城镇化作为中国经济发展的四个主攻方向，提出加大对革命老区、民族地区、边疆地区、贫困地区的扶持力度，“精准扶贫”是这一时期提出的最有代表性的扶持政策。

2013 年，中央指出我国经济进入“新常态”，并于 2015 年提出了创新、协调、绿色、开放、共享的新发展理念。2017 年，党的十九大报告指出，“我国社会主要矛盾已经转化为人民日益增长的美好生活需要和不平衡不充分的发展之间的矛盾”。中央一系列新的论断说明我国对区域协调发展的认识达到了新的理论高度。总体而言，随着《京津冀协同发展规划纲要》《长江经济带发展规划纲要》《长江三角洲区域一体化发展规划纲要》《粤港澳大湾区发展规划纲要》《成渝地区双城经济圈建设规划纲要》《黄河流域生态保护和高质量发展规划纲要》等国家级区域规划的制定和实施，新时代区域协调发展的实践比以往更有系统性，更具力度和针对性，更强调动能提升和结构优化。

党的十九大报告强调：“加大力度支持革命老区、民族地区、边疆地区、贫困地区加快发展，强化举措推进西部大开发形成新格局，深化改革加快东北等老工业基地振兴，发挥优势推动中部地区崛起，创新引领率先实现东部地区优化发展，建立更加有效的区域协调发展新机制。以城市群为主体构建大中小城市和小城镇协调发展的城镇格局，加快农业转移人口市民化。以疏解北京非首都功能为‘牛鼻子’推动京津冀协同发展，高起点规划、高标准建设雄安新区。以共抓大保护、不搞大开发为导向推动长江经济带发展。支持资源型地区经济转型发展。加快边疆发展，确保边疆巩固、边境安全。坚持陆海统筹，加快建设海洋强国。”党的十九大报告将区域协调发展战略首次提升为统领性的区域发展战略，正是为了解决新时代社会主要矛盾中“不平衡不充分”的发展问题。

党的二十大报告提出：“促进区域协调发展。深入实施区域协调发展战略、区域重大战略、主体功能区战略、新型城镇化战略，优化重大生产力布局，构建优势互补、高质量发展的区域经济布局和国土空间体系。推动西部大开发形成新格局，推动东北全面振兴取得新突破，促进中部地区加快崛起，鼓励东部地区加快推进现代化。支持革命老区、民族地区加快发展，加强边疆地区建设，推进兴边富民、稳边固边。推进京津冀协同发展、长江经济带发展、长三角一体化发展，推动黄河流域生态保护和高质量发展。高标准、高质量建设雄安新区，推动成渝地区双城经济圈建设。健全主体功能区制度，优化国土空间发展格局。推进以人为核心的新型城镇化，加快农业转移人口市民化。以城市群、都市圈为依托构建大中小城市协调发展格局，推进以县城为重要载体的城镇化建设。坚持人民城市人民建、人民城市为人民，提高城市规划、建设、治理水平，加快转变超大特大城市发展方式，实施城市更新行动，加强城市基础设施建设，打造宜居、韧性、智慧城市。发展海洋经济，保护海洋生态环境，加快建设海洋强国。”习近平总书记关于区域协调发展重要论述的形成、丰富和发展，是新时代理论创新和实践探索的结晶。

1. 区域经济发展战略的提升与完善

多年来，我国制定了大量的区域规划和发展战略，从地域性发展战略到国家级的各类区域的规划，对我国的区域发展起到了重大的成效。当前，这些规划都到了规划成效的显示时期，对这些规划的总结、提升与完善，是区域协调发展的重要任务之一。

区域发展总体战略是以“四大板块”的协调为基础的，是考虑地理位置和行政区所形成的“政策覆盖区”的协调发展，强调的是对区域板块的政策指导和发展定位，所以没有过多考虑区域板块之间的经济联系。因此在全面高效指导我国地区经济的协调发展中，迫切需要加强板块之间的联系。2014 年中央经济工作会议指出：要完善区域政策，促进各地区协调发展、协同发展、共同发展；要重点实施“一带一路”倡议、京津冀协同发展、长江经济带三大战略。经济带战略，恰恰就是从加强区域经济联系的角度进行的政策设计。所以，区域协调发展战略是在继承区域发展总体战略基础上的完善与具体化，是新时代中国区域经济发展的统领性战略。

从板块和特殊类型地区协调向全面协调转变，从地域上实现全覆盖，在实施中划定重点区和经济带，对特殊区域采取特殊政策，不断细化区域规划使之更有针对性，这就是新时代区域协调发展战略的最大特点。

2. 完善促进区域协调发展的体制机制

经过40多年的改革开放和多年的高速发展，我国各个区域的发展取得了长足的进步，但区域之间的关系始终存在不协调的状况。新时代区域协调发展战略的重要任务之一是构建完善的区域发展的体制机制。

一是构建协同发展机制。当前，京津冀地区是主要的协同发展区。京津冀地区是国家最重要的畿辅地区，但京津冀地区一体化发展尚未形成。2014年2月26日，习近平总书记在北京主持召开座谈会，听取京津冀协同发展工作汇报，强调实现京津冀协同发展，是面向未来打造新的首都经济圈、推进区域发展体制机制创新的需要。推动区域协同发展的关键是形成协同发展的机制，包括城市、交通、生态、产业等各个方面。

二是区域经济一体化机制。当前，粤港澳大湾是区域经济一体化最成熟的区域。区域经济一体化是包括商品贸易、基础设施、要素流动和政策设计等多个方面的一体化，要有统一的领导，编制一体化的发展规划，制定相关的发展政策，用来推动资本、技术、产权、人才、劳动力等生产要素的自由流动和优化配置。

三是区域合作机制的完善。长三角地区的区域合作是全国的典范。在建立地区党政主要领导定期会晤机制的基础上，进一步探索建立有组织、可操作的专项议事制度，积极推动各类经贸活动的开展。加强政策的统一性和协调性，消除市场壁垒，规范市场秩序，形成良好的政策环境和发展条件。

3. 构建精准的政策体系和可操作的政策平台

为了提高政策的精准性，全方位、多层次的协调发展需要有与之相适应的政策平台。经过多年的实践，我国管理区域政策平台的经验已经日臻成熟。国家发展改革委等有关部门近10年来出台了数十个发展规划和区域发展的指导意见，取得了显著的效果。建立统一规范、层次明晰、功能精准的区域政策体系，是从全局性和区域性出发推进区域协调发展的重要途径。发挥区域政策在宏观调控政策体系中的积极作用，可以加强区域政策与财政、货币、产业、投资等政策的协调配合，突出宏观调控政策的空间属性，提高区域政策的精准性和有效性。

优化区域创新与发展平台。我国当前经济增长动力正在发生转换，实施区域协调发展战略需要培育区域经济新动能，需要改革区域创新的体制机制，而这些动能的转化落实在空间上，就是要进一步完善各类发展平台。具体而言，一是激发活力，以体制机制改革促进经济活力的迸发，以科技创新促进生产能力的提升；二是拓展空间范围，让这些功能平台更多向中西部地区、革命老区、边疆地区、贫困地区延伸，使这些政策资源匮乏的区域获得加快发展的政策资源；三是自身优化，当前看这些功能平台的发展参差不齐，对区域发展起到的作用也差别很大。自身优化的核心是调动发展能力，提升产业层次，拓展产业规模。

加强区域规划的权威性和操作性。区域规划是充分发挥地域优势、谋划区域未来发展的纲领性文件。多年来，我国的区域规划已经成为区域发展、产业选择和项目安排的依据。然而，并不是所有的区域规划都能够得到有效的实施。原因就在于有些规划不具有权威性和可操作性。从我国目前的情况来看，区域发展最需要加强规划的是跨行政区的区域发展，而恰恰是这类合作区的规划最难实施。难点就在于行政区的利益难于协调。做好区域规划与相关规划的衔接配合，真正实现“多规合一”，做到“一张蓝图绘到底”，不因地方政府换届而造成政策多变，保持政策连贯性。

4. 保障国家和区域生态安全

推进生态文明建设是新时期区域发展的重要组成部分，是区域可持续发展的重要保障。习近平总书记十分重视生态文明建设，多次指出建设生态文明，关系人民福祉，关乎民族未来。把生态文明提高到民族生存的高度来认识，是从来没有过的，这也体现了习近平总书记在区域发展上的高瞻远瞩。

由于我国国土面积广大，生态环境多种多样，历史遗留的环境问题较为严重，建设生态文明的任务十分繁重。对于如何推进生态文明建设，习近平总书记从着力树立生态观念、完善生态制度、维护生态安全、优化生态环境，以及形成节约资源和保护环境的空间格局、产业结构、生产方式、生活方式等方面提出了基本的思路。必须树立尊重自然、顺应自然、保护自然的生态文明理念，坚持节约资源和保护环境的基本国策，坚持节约优先、保护优先、自然恢复为主的方针。

经济发展同生态环境保护的关系历来是十分复杂和难以处理的。习近平总书记强调“牢固树立保护生态环境就是保护生产力、改善生态环境就是发展生产力的理念，应更加自觉地推动绿色发展、循环发展、低碳发展，决不以牺牲环境为代价去换取一时的经济增长。”① 这种理念突出地反映了我国对区域发展的新思路，这种思路也蕴含了可持续发展理念。

二、新时代我国区域协调发展的特点

（一）立足主体功能区优化国土空间结构

作为一个大国，我国具有多维度的目标体系。除经济发展外，粮食安全、国防安全、生态安全等都触及国家根本利益。在整体和

① 习近平：《习近平谈治国理政（第一卷）》，外文出版社2014年版，第209页。

局部的关系上，区域协调发展要求不同区域依据其自身特点，在国民经济和国家发展中承担特定的职能；更进一步地，各区域下辖的子区域也应依其禀赋条件和比较优势承担相应的功能。我国早期的发展实践一度片面强调地区生产总值的增长，对于各区域的功能定位不是很清晰，造成了大量的资源错配和浪费，区域功能雷同现象较为突出。主体功能区战略的提出，逐步扭转了这种粗放的国土空间开发模式。

依据开发方式的不同，我国把国土空间划分为优化开发、重点开发、限制开发和禁止开发四类。优化开发区指发展条件较好、发展程度较高的地区，主要强调转变发展模式，优化产业结构，提升产业能级。重点开发区是指发展条件较好，但开发程度不足的地区，主要强调推进新型工业化和城镇化建设，承接产业转移，促进人口集聚。限制开发区重点强调保护粮食安全和生态安全，限制大规模的人口和经济集聚。禁止开发区包括自然保护区、森林公园和重要水源等，着重强调生态保护和生态修复，为国家和人民提供生态产品。

主体功能区的划分在提高整体经济效率的同时，客观上限制了部分地区的发展权利，需要一系列财政政策、转移支付、投资政策、人口流动政策相配合，也需要政府绩效评价体系的相应升级。主体功能区战略的落实，需要强大的中央政府凝聚各方共识，平衡各方利益，致力于最终实现国家、民族和人民的最大利益。主体功能区战略以宏大的视角为我国国土空间开发规划了蓝图，是国家永续发展的千年大计，在新时代我国协调区域发展的实践中具有提纲挈领的作用，其他区域发展战略的提出和落实都应以主体功能区战略为基础展开。

（二）“点”“线”“面”相结合统筹区域发展战略

统筹区域协调发展是一项长期复杂的工作。自 21 世纪以来，我国相继推出西部大开发、东北振兴、中部崛起、东部率先发展的四大板块战略，从“面”的角度奠定了我国区域协调发展的总体方略；进入新时代之后，结合新的发展需要，进一步提出了京津冀协同发展、长三角一体化、粤港澳大湾区建设、长江经济带共抓大保护、黄河流域生态保护和高质量发展、成渝地区双城经济圈建设等区域战略。除此之外，各级政府还制定了众多区域发展的规划。这些战略规划更侧重“点”“线”层面的谋划，是对四大板块战略的深化和细化。综合统筹这些区域发展战略的有序有效对接，能够实现“点”的突破、“线”的联动、“面”的覆盖，推动区域协调发展进入新的局面。

这些区域发展战略在空间上有所重叠，但是各有侧重，相互补充，互为表里和映照。作为东部地区乃至全国经济的重要增长极，京津冀、长三角和珠三角地区是“东部率先发展”的桥头堡和先锋队。京津冀协同发展以疏解北京非首都功能，解决大城市病为出发点，长三角地区紧扣一体化和高质量两个关键，尝试建立更有效率的区域合作机制；粤港澳大湾区则着力探索内地与港澳地区的合作新模式，加大加深对外开放。这三大区域发展战略充分发挥了引领示范作用，以“点”带“面”，打造了“东部率先发展”的新格局。西部大开发战略实施20多年来，西部地区已然做好了“起飞”的准备，但是经济和人口分布过散限制了进一步的发展。建设成渝地区双城经济圈，是提升西部地区发展能级、推动西部大开发迈向新台阶的关键举措，同样起到了以“点”带“面”的作用。“长江经济带共抓大保护”和“黄河流域生态保护和高质量发展”以“线”串“点”，以“线”连“面”，围绕生态优先和绿色发展，创新上下游地区协商合作机制，共同推进生态修复和生态保护，推动沿江沿河产业转移和产业升级，培育转型发展的创新驱动带。

（三）以城市群和都市圈建设引领周边地区发展

城市群是指以1～3个特大城市和大城市为中心，通过发达的交通、通信网络连结在一起的结构紧凑、联系密切的城市群体；都市圈则是超大城市和特大城市所辐射的1～2小时通勤范围内的城镇化空间。城市群和都市圈的高度集聚通过学习、匹配、共享等多种方式提升了经济的效率。

在当今世界，高度集聚的城市群和都市圈是经济增长、人口集聚、产业升级的主要载体和推动方式。美国的波士顿—华盛顿城市群、芝加哥—匹兹堡城市群、圣地亚哥—旧金山城市群占据了美国50%的人口和70%的地区生产总值，以东京、名古屋和大阪都市圈为核心的太平洋沿岸城市群分布着日本超过半数的人口和超过七成的地区生产总值。无论经济和人口的密度还是经济发展的质量，我国的城市群与这些都市圈相比都有一定差距。

近年来，我国明确提出以中心城市引领城市群、以城市群带动区域经济发展的新模式。以北京、上海、广州、成都、重庆、西安、武汉、郑州等中心城市带动京津冀、长三角、珠三角、成渝、关中平原、长江中游和中原城市群发展，进而带动四大板块相互融合。根据《“十四五”规划和2035远景目标纲要》，我国已经批复19个国家级城市群，围绕城市群和都市圈展开新一轮的投资建设，成为我国当前和未来一段时期城镇化的主要方式之一。在我国人口不断向城市群和都市圈集聚的趋势下，针对城市群和都市圈的投资从长期来看具有较高的效率，也更有利于发挥对周边地区的辐射带动作用，同时投资本身也是我国经济的重要增长点。

（四）破除行政壁垒和市场分割，推动区域经济一体化

行政区域是依据自然、历史、经济、政治、民族等诸多因素划定的行政管辖的范围，经济区域则是具有较为完整的经济结构和一定内聚性的地域空间。由于二者空间上并不完全重合，商品和要素基于市场作用常常倾向于跨行政区域流动，以实现其最大效率，而地方政府为保护地方利益，常常以行政力量对商品和要素的流入流出进行干预。例如，对本地的企业采取某种优惠、对外地企业的进入设置准入和审批上的门槛、招工时对户籍进行限制、进行大量重复低效的投资、抑制本地资本和劳动力的流出等，由此形成了行政

壁垒和市场分割。行政壁垒和市场分割的存在，抑制了微观主体的活力，阻碍了区域之间要素的自由配置，也阻碍了区域之间的进一步合理分工，影响了全国统一市场的形成和区域间的协调发展。

随着区域间经济联系的日益密切，商品和要素在更大范围内寻求更高效的配置。要让市场在资源配置中起决定性作用，打造要素流动自由、价格机制有效、竞争有序公平、企业优胜劣汰的市场环境，表现在空间上，就是要着力打破行政壁垒和市场分割。京津冀、长三角、珠三角、成渝等地区的一体化发展都涉及了跨省级行政区域的经济合作，区域间的协调由城市间自发合作逐步走向国家推进。例如，长三角一体化的概念始于1982年，中央政府设上海经济区以协调上海、江苏、浙江等五省一市间的区域协作；1992年，上海、无锡、宁波、舟山、苏州等15个城市协作部门主任联席会议制度建立，并于1996年升级为“长江三角洲城市经济协调会”，1997年第一次长三角城市市长联席会召开；随着2004年台州市的加入，长三角地区形成16个城市沟通有效、运行有序的区域合作框架；2010年，国务院批准《长江三角洲地区区域规划》；2018年，长三角一体化发展上升为国家战略。目前，长三角区域间协作涉及产业、市场、交通、生态、公共服务等诸多方面，为高质量一体化的发展提供了强大的内生动力。

在全国范围内，我国坚持深化改革，不断完善社会主义市场机制的建设，坚决打击地方保护主义，坚决破除阻碍区域一体化发展的行政壁垒，逐步建立统一规范的制度体系，推动形成商品和要素自由流动的统一开放市场。

（五）以多维手段帮扶欠发达地区发展

我国部分地区自然环境恶劣、道路交通不便、自然资源匮乏、基础设施薄弱、科教文卫等公共服务水平偏低，财政收入不足，在区域发展中比较优势不显著，缺乏自我发展能力，秦巴山区、武陵山区等集中连片特殊困难地区就是典型例子。在打赢脱贫攻坚战的要求下，中央不断加大对老少边穷地区的支持力度，通过转移支付、税收减免和区域互助等机制，帮助其培育潜在比较优势，实现经济内生增长。

在中央政府牵头、各级政府参与下，这些地区的交通条件得到极大改善。以凉山地区为例，该区域是我国最大的彝族聚居区，位于横断山脉核心区，72%的面积为高山地貌，崇山峻岭，大小河流纵横交错，发展条件极为艰难。各级政府始终将交通基础设施建设作为凉山经济发展的基石、引领和支撑，目前凉山已建成四通八达的交通网络。此外，中央政府和省级政府通过转移支付，系统推进贫困地区水、电、通信、网络等生产生活基础设施的建设，同步提升教育、医疗、养老等基本公共服务水平，提升当地人力资本和生活水平。人才匮乏同样是贫困地区发展迟缓的重要原因之一，我国通过"三支一扶"等引导政策，鼓励青年大学生向边远贫困地区、边疆民族地区、革命老区和基层一线流动，推动当地理念与技术的变革。

税收减免是扶持贫困地区产业发展的主要方式之一。在发展较为困难的地区，中央减免增值税、所得税、农业特产税等多项税种，鼓励当地企业提升竞争优势。与此同时，相对发达的省市与部分贫困地区结对帮扶，利用自身特点与对应贫困地区积极开展产业合作和项目投资，帮助其培育具备地域特色的优势产业。同时政府有序引导落后地区人员外出务工，提升劳动力素质。2020 年 11 月 23 日，贵州最后 9 个深度贫困县顺利脱贫，标志着 832 个贫困县全部脱贫摘帽。[①] 帮助最贫困的地区实现跨越发展，"一个都不能少"是我国区域协调发展战略的独特优势。

三、新时代我国区域协调取得的重大成就

党的十八大以来，以习近平同志为核心的党中央提出了一系列

① 吕慎：《脱贫攻坚带动贵州大踏步前进》，《光明日报》2020 年 11 月 24 日。

新的区域发展战略，深入推进西部大开发、东北全面振兴、中部地区崛起、东部率先发展。对于推动长江经济带发展，习近平总书记要求正确把握自身发展和协同发展的关系，努力将长江经济带打造成为有机融合的高效经济体。习近平总书记提出："长江经济带的各个地区、每个城市都应该也必须有推动自身发展的意愿，这无可厚非，但在各自发展过程中一定要从整体出发，树立'一盘棋'思想，把自身发展放到协同发展的大局之中，实现错位发展、协调发展、有机融合，形成整体合力。"① 对于东北振兴，习近平总书记强调："要培育发展现代化都市圈，加强重点区域和重点领域合作，形成东北地区协同开放合力。要以东北地区与东部地区对口合作为依托，深入推进东北振兴与京津冀协同发展、长江经济带发展、粤港澳大湾区建设等国家重大战略的对接和交流合作，使南北互动起来。"② 对于京津冀协同发展，习近平总书记提出："要立足于推进人流、物流、信息流等要素市场一体化，推动交通一体化。要破除制约协同发展的行政壁垒和体制机制障碍，构建促进协同发展、高质量发展的制度保障。"③ 对于中部地区崛起，习近平总书记要求"完善政策措施和工作机制，加大对中部地区崛起的支持力度"④，研究提出促进中部地区高质量发展的政策举措，加强统筹协调。要推动制造业发展质量变革、效率变革、动力变革，推动高质量发展。在习近平新时代中国特色社会主义思想指引下，各地区立足自身比较优势，积极主动融入新发展格局，经济总量不断攀升，发展均衡性逐步增强，人民生活水平显著提高，呈现出分工合理、优势互补、相得益彰的区域协调发展崭新局面。

---

① 习近平：《论坚持人与自然和谐共生》，中央文献出版社 2022 年版，第 219 页。

② 《解放思想锐意进取深化改革破解矛盾，以新气象新担当新作为推进东北振兴》，《人民日报》2018 年 9 月 29 日。

③ 《稳扎稳打勇于担当敢于创新善作善成，推动京津冀协同发展取得新的更大进展》，《人民日报》，2019 年 1 月 19 日。

④ 《贯彻新发展理念推动高质量发展 奋力开创中部地区崛起新局面》，《人民日报》，2019 年 5 月 23 日。

1. 区域发展活力不断增强

为统筹协调区域经济发展，国家针对不同地区制定实施了一系列意见、规划和方案，明确了各地区的功能定位和发展方向，有的还配套了相应的支持政策。从地域范围看，这些意见、规划和方案既有跨国和跨省域的，也有针对特定省域的，还有诸多省域内针对特定区域的。这些意见和规划极大地调动了各级地方政府的积极性，尤其是在意见和规划中国家赋予各地区的功能定位，将不会受到地方官员频繁变动的影响，从而有利于发挥各地区优势，凸显地区独特功能，强化地区间分工合作。很明显，发挥地区优势是促进区域协调发展的基础和前提。目前，国家“十四五”规划建设的19个城市群和各种经济功能区已经成为支撑中国经济发展的重要增长极和核心载体。当前19个城市群以25％的土地集聚83％的人口，创造了88％的地区生产总值，其中城镇人口占比84％。[①] 2021年，仅国家级经济技术开发区和高新技术产业开发区的生产总值就达到29万亿元，占国内生产总值的比重达25.3％[②]，其中，国家级经济技术开发区贡献了全国约20％的利用外资和进出口贸易额，国家级高新技术产业开发区贡献了全国高新技术产品出口的一半。

2. 区域经济增长趋于收敛

与地势三级阶梯特征不同，我国区域经济发展水平呈现“东高、中中、西低”的阶梯特征。进入21世纪以来，经济发展水平较低的中西部地区和老少边穷地区经济呈现更快的增长态势，我国区域经济发展趋于收敛，2007年后中西部地区经济增长速度都高于东部地区，这种情况一直维持到2019年（见图2）。之后，即使受到新冠疫情的影响，2020年西部经济增速和2021年中部经济增速也高于东部地区。在2007—2021年间，中部和西部地区的地区生产总值年均增长9.5％和9.8％，分别比东部地区年均增速高0.9、1.2个百分点。

---

① 任泽平：《2022中国城市群发展潜力排名》，新浪财经2022年10月9日。

② 赛迪顾问园区经济研究中心：《2022年园区高质量发展百强研究报告》，2022年8月10日。

其中，在2012—2021年间，中部和西部地区的地区生产总值年均增长7.8%和8.1%，分别比东部地区高0.6、0.9个百分点。老少边地区和脱贫地区经济也呈现出更快的增长。在2007—2021年间，民族八省区的地区生产总值年均增长9.5%，比东部地区高0.9个百分点。其中，在2012—2021年间，民族八省区年均增长7.9%，比东部地区高0.7个百分点。脱贫地区农村居民收入增长速度也高于全国平均水平。从2013年到2020年，832个贫困县农村居民人均可支配收入年均增长11.6%，增速比全国农村高2.3个百分点。2021年，脱贫县农村居民人均可支配收入比上年实际增长10.8%，比全国农村高1.1个百分点。经济发展水平较低的地区增长速度快于较发达地区，说明区域经济增长在趋于收敛。

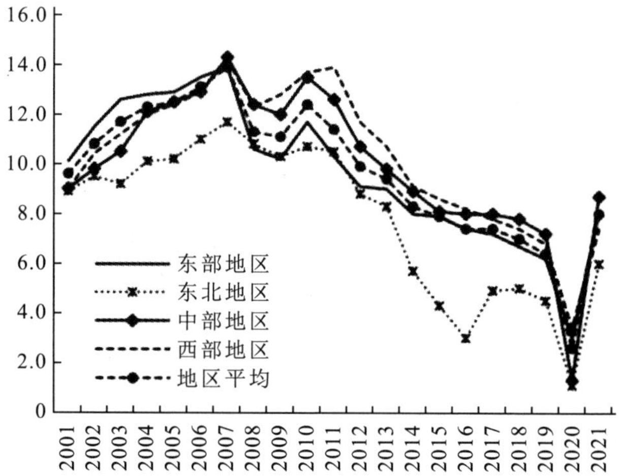

图2 2001—2021年中国各区域地区生产总值增长速度

3. 区域相对差距逐步缩小

改革开放四十多年来，我国各区域经济发展的相对差距经历了从缩小到扩大，再到缩小的变化过程。特别是2003年之后，随着西部开发、东北振兴、中部崛起等区域发展战略发力，区域经济发展的相对差距逐渐缩小。从全国范围看，我国人均地区生产总值差异系数从1980年的0.90下降到2021年的0.43。这一下降轨迹大致可以分为 4 个阶段。1980—1990 年是大幅下降期，差异系数从 0.90 快速下降到 0.59；1991—2003 年是小幅反弹期，差异系数从 0.61 反弹上升到 0.70；2003—2012 年是重启下降期，差异系数从 0.70 持续下降到 0.45；2012—2021 年的差异系数基本稳定在 0.43～0.45 的水平，表明这一时期中国的区域发展差距整体上既没有明显下降，也没有明显反弹，处于稳定徘徊期（见图 3）。内地和沿海之间的差异系数从 1980 年的 0.27 攀升至 1994 年的 0.33，然后下降到 2021 年的 0.16，内地和沿海之间人均地区生产总值的地区差异系数变化趋势与全国基本保持一致。中西部地区经济增速连续多年高于东部地区。东部与中、西部人均地区生产总值比分别从 2012 年的 1.69、1.87 下降至 2021 年的 1.53、1.68，东西部差距持续缩小，区域发展的协调性逐步增强。基本公共服务均等化水平不断提高。东、中、西部和东北地区义务教育生师比基本持平，生均用房面积差距明显缩小，中西部地区大班额比例显著下降。东北地区每千人口医疗卫生机构床位数位居全国前列，中西部地区超过东部地区。全国社会保险制度改革稳步推进，基本养老保险覆盖 10.5 亿人，基本医疗保险参保率达到 95%。区域间基本生活保障水平逐步接近。东部、东北、中部同西部地区居民人均可支配收入之比持续缩小，中西部地区人均社会消费品零售总额增速快于东部地区，中部、西部地区农村低保标准显著提升。

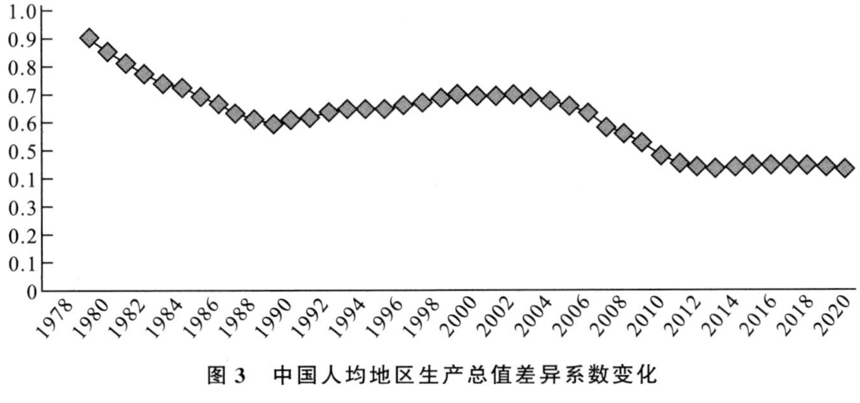

图 3　中国人均地区生产总值差异系数变化

4. 资源空间配置更加均衡

我国资源的空间分布不均衡。近年来开展的大规模资源调配，如北煤南运、西气东输、西电东送、南水北调等，在一定程度上缓解了资源空间分布不均衡的状况。各级政府持续加大对欠发达地区和农村的支持力度，城乡区域间基本公共服务均等化加快推进。随着西部大开发、促进中部崛起等战略的实施，以及国家开始注重优化重大生产力布局，外商投资和沿海产业向中西部地区转移加快。各地区经济总量份额的变化，实际上反映了这种产业转移的趋势。2005 年，中西部地区的地区生产总值占全国的比重为 36.8%，2012 年提高到 40.9%，2021 年进一步提高到 43.1%，共提高了 6.3 个百分点。这期间，中部地区所占比重由 19.5%提高到 22.0%，西部地区所占比重由 17.4%提高到 21.1%，分别提高了 2.5、3.7 个百分点（见图 4）。由于经济的更快增长，民族八省区的地区生产总值占全国的比重也由 2007 年的 8.9%提高至 2012 年的 9.5%，2021 年进一步提高到 10.4%。沿海产业西进加快，有利于提高产业和就业岗位分布与人口分布的匹配度。

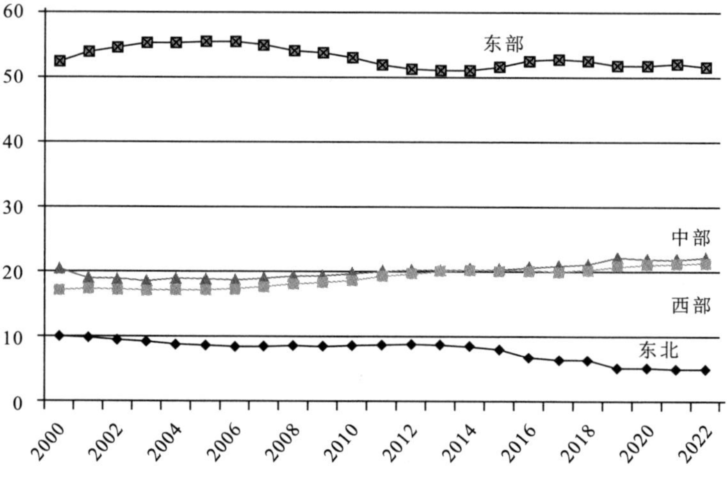

图 4　中国四大区域的地区生产总值所占比重

5. 区域一体化快速推进

区域一体化是促进区域协调发展的重要途径。近年来，中央与地方政府都高度重视区域一体化工作，积极开展多层次、多领域、多类型的区域一体化探索，一体化的范围逐步拓展、层次不断提升。为促进区域一体化发展，国家制定实施了一系列区域发展规划，将城市群区域一体化和都市圈同城化作为重要任务。例如，2014 年以来，连续开展两轮“疏解整治促提升”专项行动，北京累计退出一般制造和污染企业近 3000 家，疏解提升区域性专业市场和物流中心近 1000 个，基本完成了一般制造业企业和区域性专业市场集中疏解的阶段性任务。天津市通过承接北京重点项目转移，吸引北京科创成果在津落地，引进大量北京项目，在多个行业都形成了京津冀地区产业的重要配套环节，一批新兴产业基地成为全国先进制造研发基地建设的重要支撑。河北省依托雄安新区，积极吸引京津产业转移，并通过产业转移来提升创新能力，促进自身产业转型升级。截至 2021 年底，河北省累计承接北京疏解转移投资 5000 万元以上项目 2094 个，承接京津转入法人单位 2.88 万个，资金额 1.28 万亿元。① 江西省积极融入“长珠闽”地区，承接电子信息、能源、建材等劳动密集型行业的产业转移，2020 年利用省外项目资金达 8751.6 亿，新增亿元以上项目达 1979 个。② 自 2018 年来，湖南省积极推动湘南湘西地区承接沿海地区产业转移，并定期在粤港澳大湾区、长三角地区举办投资贸易洽谈周活动，承接产业转移示范区取得明显成效。2021 年，湘南湘西承接产业转移示范区 6 个市、自治州完成地区生产总值 1.39 万亿元，占湖南省 30.3%；实际使用外资 1.7 亿美元，占湖南省 7.1%；实际到位内资 4074.24 亿元，占湖南省 36.1%；引进世界 500 强、中国 500 强、中国民营企业 500 强“三类 500 强”项目 134 个，进出口总额 1395.87 亿元，占比为 23.3%，成为湖南省经济发展的重要增长极。③ 此外，跨区域远距离的合作也

① 赵晓慧：《党的十八大以来，我省加快结构调整步伐，新动能日益壮大——服务业擎稳经济“半边天”》，《河北经济日报》2022 年 9 月 30 日。

② 江西省商务厅：《江西省深度融入长珠闽，积极承接发达地区产业转移“十四五”规划》，2022 年 6 月 16 日。

③ 湖南省人民政府：《湘南湘西承接产业转移示范区》，2023 年 1 月 9 日。

有新突破。比如，四川省具有丰富的水资源及天然气等清洁能源优势，与浙江省形成产业优势互补，双方不断深化产业转移和投资合作。2021 年，四川签约浙江项目 178 个，投资总金额达 1310 亿元①，浙江企业在四川投资沿及 21 个市、自治州。各级地方政府也编制了类型多样的一体化规划，推动由县域一体化到市域一体化，再到跨区域一体化和全省域一体化迈进。目前，浙江、江苏等省均将省域一体化提上重要日程。2022 年 3 月，中共中央、国务院又发布《关于加快建设全国统一大市场的意见》，提出加快建设高效规范、公平竞争、充分开放的全国统一大市场，将进一步推进全国市场一体化。

6. 区域协调发展机制日益完善

2007 年，中央提出要加快健全有利于促进区域协调的市场机制、合作机制、互助机制、扶持机制。2018 年 11 月，中共中央、国务院发布《关于建立更加有效的区域协调发展新机制的意见》，将加快形成统筹有力、竞争有序、绿色协调、共享共赢的区域协调发展新机制作为目标任务，并提出了 8 个方面的具体机制，包括区域战略统筹机制、市场一体化发展机制、区域合作机制、区域互助机制、区际利益补偿机制、基本公共服务均等化机制、区域政策调控机制和区域发展保障机制。近年来，这些机制均在实践中积极推进并不断完善。目前，我国已经初步形成了一个多领域、多层次、多途径的区域协调发展机制体系。区域协调发展机制和政策的逐步完善，有力促进了区域协调发展。2003—2017 年，中央向欠发达地区的政策倾斜显著提升了欠发达地区人均地区生产总值发展速度，每年贡献度达到 2.2%。

7. 新型城镇化持续推进，城乡融合发展取得进展

城镇化水平稳定提高。根据国家统计局提供的数据，2017 年，全国城镇常住人口 8.13 亿人，城镇化水平为 58.52%；2021 年末，全国城镇常住人口达到 9.14 亿人②，四年间增加约 1 亿人，城镇化

① 陈碧红：《川浙产业协作提速六大领域同步发力》，《四川日报》2022 年 12 月 21 日。

② 国家统计局：《中华人民共和国 2021 年国民经济和社会发展统计公报》2022 年 2 月 28 日。

水平提高到 64.7%。与此同时，全国户籍人口城镇化率也在上升，由 42.35%提高到 46.7%。2014 年以来，全国有 1.3 亿农业转移人口成为城镇居民。2017—2021 年，全国居民人均可支配收入由 25974 元增加到 35128 元（见图 5），其中，城镇居民人均可支配收入由 36396 元增加到 47412 元（见图 6），农村居民人均可支配收入由 13432 元增加到 18931 元（见图 7）。虽然城乡居民收入的绝对差距有所扩大，但城乡居民人均可支配收入之比由 2.71 下降到 2.50，城乡居民收入的相对差距在缩小，农村居民的人均可支配收入增速大于城镇居民人均可支配收入增速和全国增速。此外，农村居民收入水平的提高也促进了其消费能力的提升。2017—2021 年，城镇居民人均消费支出由 24445 元增加到 30307 元，增长 23.98%（见图 8）；农村居民人均消费支出由 10955 元增加到 15916 元，增长 45.29%（见图 9），农村居民人均消费支出增速远超城镇居民人均消费支出增速。在农村居民消费支出中，交通通信、教育文化娱乐及医疗保健三类发展型和享受型消费的占比由 30.67% 上升到 33.66%，说明农村居民在满足生存需求的同时，也越来越注重自身的发展和精神需求上的满足。①

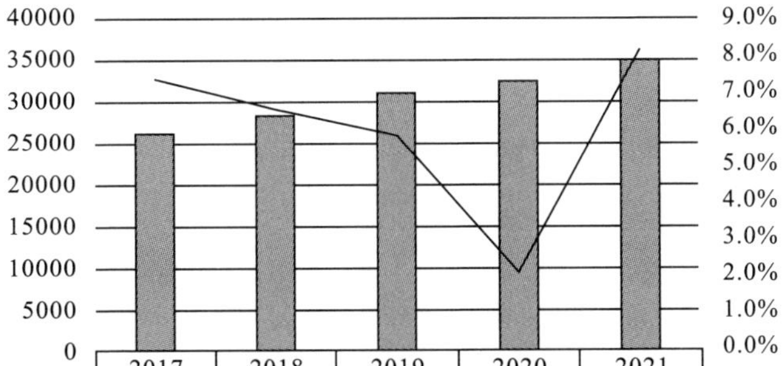

	2017	2018	2019	2020	2021
我国居民人均可支配收入（元）	25974	28228	30733	32189	35128
增速	7.3%	6.5%	5.8%	2.1%	8.1%

图 5　2017—2021 年我国居民人均可支配收入

① 国家统计局：《2021 年居民收入和消费支出情况》2022 年 1 月 17 日。

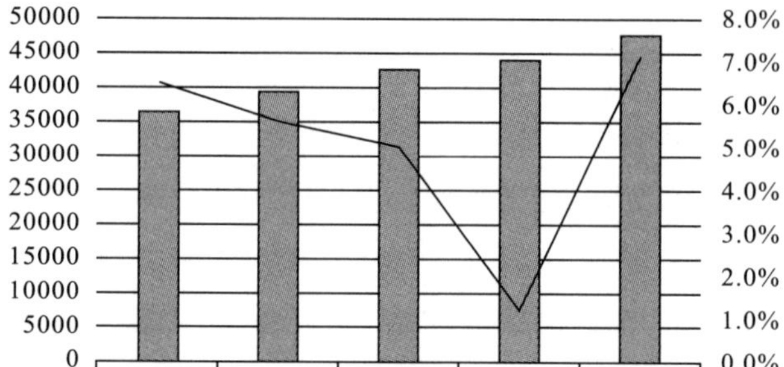

	2017	2018	2019	2020	2021
我国居民人均可支配收入（元）	36396	39251	42359	43834	47412
增速	6.5%	5.6%	5.0%	1.2%	7.1%

图 6　2017—2021 年我国城镇居民人均可支配收入

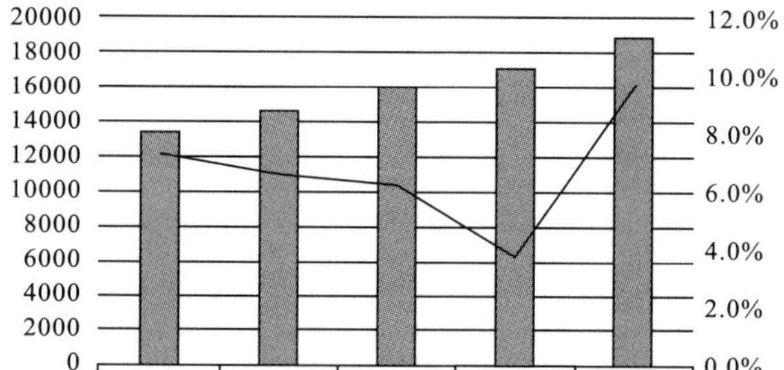

	2017	2018	2019	2020	2021
我国农村居民人均可支配收入（元）	13432	14617	16021	17131	18931
增速	7.3%	6.6%	6.2%	3.8%	9.7%

图 7　2017—2021 年我国农村居民人均可支配收入

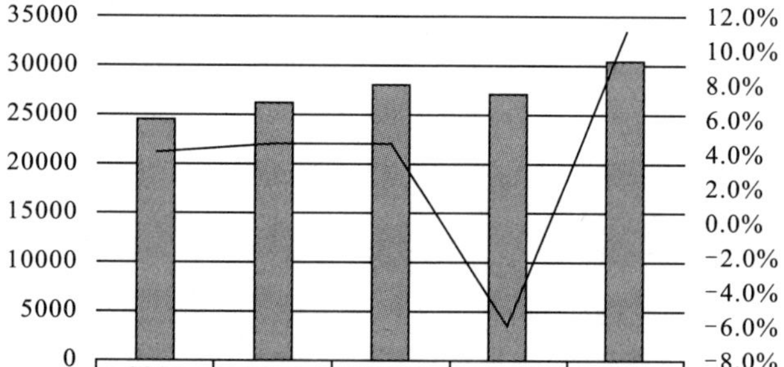

	2017	2018	2019	2020	2021
我国城镇居民人均消费支出（元）	24445	26112	28063	27007	30307
增速	4.1%	4.6%	4.6%	−6.0%	11.1%

图 8　2017—2021 年我国城镇居民人均消费支出

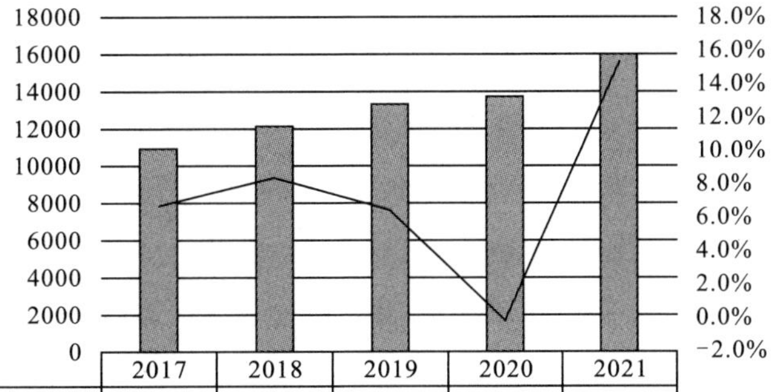

	2017	2018	2019	2020	2021
我国农村居民人均消费支出（元）	10955	12124	13328	13713	15916
——增速	6.8%	8.4%	6.5%	-0.1%	15.3%

图9　2017—2021年我国农村居民人均消费支出

8. 区域性扶贫开发取得完胜

根据国际粮食政策研究所（IFPRI）等机构2022年的研究，全球饥饿指数中，中国、智利及土耳其等17个国家，得分均小于5，属世界上解决温饱最好的国家之列。在解决温饱的基础上，国家进一步加大扶贫力度。2017年以来，党中央将精准脱贫作为三大攻坚战之一进行全方位部署。2016—2020年，中央财政累计安排补助地方专项扶贫资金5305亿元，连续5年每年新增200亿元①，进一步加大对贫困地区和特殊困难群体的支持力度。2021年，我国832个贫困县全部摘帽，12.8万个贫困村全部出列，9899万农村贫困人口全部脱贫，完成了消除绝对贫困这个重大而艰巨的任务。与此同时，义务教育阶段建档立卡贫困家庭辍学学生实现动态清零，有2000多万贫困患者得到分类救治。根据国家统计局数据，中国对全球减贫贡献率超过七成。2021年，联合国秘书长古特雷斯在祝贺中国脱贫攻坚取得重大历史性成就的致函中指出，“中国取得的非凡成就为整个国际社会带来了希望，提供了激励。这一成就证明，政府的政治承诺和政策稳定性对改善最贫困和最脆弱人群的境况至关重要”。

① 财政部农业农村司：《充分发挥财政职能作用，切实支持打赢脱贫攻坚战》，《旗帜》2020年第12期。

9. 区域生态建设取得重大成就

党的十九大以来，中央持续推动蓝天保卫战、碧水保卫战、净土保卫战，环境污染得到遏制，生态改善趋势十分明显。2017 年，全国地表水国控水质断面中，优良水质（Ⅰ～Ⅲ类）断面比为 67.9%；全国 338 个地级及以上城市中，平均优良天数比例为 78.0%；京津冀、长三角地区细颗粒物（$PM_{2.5}$）平均浓度分别为每立方米 64 微克、44 微克。2023 年，全国地级及以上城市 $PM_{2.5}$ 平均浓度历史性下降到每立方米 29 微克，重点城市平均浓度下降 57%、重污染天数下降 93%，成为全球空气质量改善最快的国家。2022 年，全国地表水优良水体比例达到 87.9%，接近发达国家水平，地级及以上城市黑臭水体基本消除。2022 年黄河干流首次全线达到Ⅱ类水质，2023 年长江干流国控断面连续 3 年全线达到Ⅱ类水质。截至 2022 年全国近岸海域水质优良比例提高 17.6 个百分点。土壤环境风险得到有效管控，如期实现固体废物“零进口”目标，累计减少固体废物进口 1 亿吨。累计完成防沙治沙 2.78 亿亩、种草改良 6 亿亩，在世界上率先实现荒漠化土地和沙化土地面积“双减少”。自然保护地和陆域生态保护红线面积分别占全国陆域国土面积的 18% 和 30%。累计完成造林 10.2 亿亩。森林覆盖率提高到 24.02%，成为全球森林资源增长最多最快和人工造林面积最大的国家，人工林保存面积达到 13.14 亿亩，森林面积和森林蓄积连续 30 多年保持“双增长”。设立首批 5 个国家公园，建成首个国家植物园、种子库。300 多种珍稀濒危野生动植物野外种群数量稳中有升。①

10. 区域开放水平跃上新台阶

海南自由贸易港加快制度型开放步伐，外商投资准入负面清单、跨境服务贸易负面清单出台实施，洋浦国际船籍港制度等加快建立，“一线放开、二线管住”进出口管理制度试点不断扩大，自由贸易港

① 生态环境部：《以美丽中国建设全面推进人与自然和谐共生的现代化》，《求是》2023 年第 15 期。

制度体系初步构建。自由贸易试验区、国家级新区、内陆开放型经济试验区、沿边重点开发开放试验区等发展能级持续提升。西部陆海新通道加快建设，向西开放迈出新步伐。

第二节　当前区域协调发展面临的形势

近年来，尽管我国区域协调发展取得了显著成效，但应该看到，目前我国区域发展中仍存在诸多不协调的因素，地区发展差距仍然较大，且出现了一些新的特征和表现形式。正如党的二十大报告在谈及当前发展面临的困难和问题时所指出的，“发展不平衡不充分问题仍然突出”“城乡区域发展和收入分配差距仍然较大”。

一、区域发展差距仍然较大

东部地区的人均地区生产总值一直领先于中部、西部和东北地区，且其他三大板块与东部地区的差距仍然较大。东部地区结构调整的步伐快于西部，发展质量和效益优于西部。西部地区经济增长速度快于东部的优势在弱化，经济总量的绝对差距仍在扩大。西部地区研发经费投入强度仅为东部的一半，社会公共服务“软件”差距较为明显。东北地区的人均地区生产总值在2017年与中、西部地区基本持平，此后一路下滑，成为最落后的地区。从中、西部地区看，2017年之前，两者基本上处于同一起跑线上，但此后中部地区成为仅次于东部地区的次发达地区。可见，中部崛起和西部大开发战略的作用已经凸显，东北振兴战略的前期作用较为明显，区域协调发展的进程在加快，但后期并不是很理想。

尽管近年来我国区域发展的相对差距在不断缩小，但目前相对差距仍较大。2021年，在省际层面，按人均地区生产总值计算的极差为4.5倍，按居民人均可支配收入计算的极差是3.5倍，其中城镇居民人均收入极差为 2.4 倍，且近几年略有提升，农村居民人均收入极差为 3.4 倍，基本保持稳定。与国际上同等发展水平的国家相比，我国当前的区域发展差距也是比较大的。同时，我国的区域发展差距往往与城乡差距交错叠加在一起。从四大区域层面看，随着四大区域城镇居民收入差距的扩大和农村居民收入差距的缩小，目前四大区域农村居民收入变异系数已略低于城镇居民，但东西部农村居民收入相对差距仍高于城镇居民收入差距。考虑到东部地区城乡融合水平较高，西部地区城乡二元结构明显，东部城市与西部农村之间的发展差距更大。2021 年，上海市城镇居民人均可支配收入是甘肃省农村居民的 7.2 倍。而且，行政区划层级越低，这种区域差距就越大。更重要的是，区域间的绝对差距仍在不断扩大。从 2015 年到 2021 年，东部与中部、西部、东北地区之间居民人均可支配收入的绝对差距分别扩大了 56.7％、51.3％和 100.5％。

区域内部省、自治区、直辖市之间的差距更加明显。就四大板块内部而言，2000 年时，除了东部地区上海市的经济实力比较强大之外，各省、自治区、直辖市相互之间的差距都不是很大，但进入到 2019 年之后，四大板块内部省、自治区、直辖市之间人均地区生产总值差距明显拉大。这一事实特征说明：实现区域协调发展不仅应当关注板块之间、城市群内部城市及城乡之间的差距，而且更应当关注省、自治区、直辖市之间的差距，尤其是应当以省、自治区、直辖市之间的交界处以及特殊类型地区为重点和难点，加快经济区、都市圈和城市群建设，这是实现区域协调发展的根本所在。

二、南北差距问题日益凸显

2019 年，习近平总书记在《推动形成优势互补高质量发展的区域经济布局》中，专门谈及南北差距变动。南北经济发展差距始于 2008 年，之后两区域差距逐步扩大，近几年仍有拉大趋势。根据国家统计局数据计算，2000—2008 年期间，北方地区的地区生产总值占全国比重稳定在40%～41%之间，2008年之后北方地区的地区生产总值占全国比重从2008年的占比40.60%下降到2022年的35.42%，下降15.18个百分点（见图10）。从人均地区生产总值（当年价格）的南北方比较来看，2000—2008年，南北方人均地区生产总值几乎持平（2000年北方人均地区生产总值为南方人均地区生产总值的98%），但是在2008年之后，北方人均地区生产总值比南方人均地区生产总值呈现明显下降趋势，2020年北方人均地区生产总值仅相当于南方地区人均地区生产总值的87%（见图11）。2021年，北方地区仅有4个省、自治区、直辖市的人均地区生产总值高于全国人均地区生产总值水平，而南方地区有7个省、自治区、直辖市的人均地区生产总值高于全国平均水平。2017—2021年，北方地区第二产业增加值占全国的比重由36.10%降至34.41%，第三产业增加值占比则由36.39%降至35.12%。受体制机制和创新精神等方面的影响，南北科技创新差距也不断扩大，南方地区高技术产业占比持续升高。2020年，全国高技术产业企业数为40194家，其中有32747家位于南方地区；全国高技术产业利润总额12394亿元，76%由南方地区产生；南方地区在规模以上工业企业、高新技术产业营业收入占地区生产总值的比重分别为27.71%和21.61%，而北方地区只有16.40%和9.66%；南方地区每万人专利授权数为31件，而北方地区只有17件。

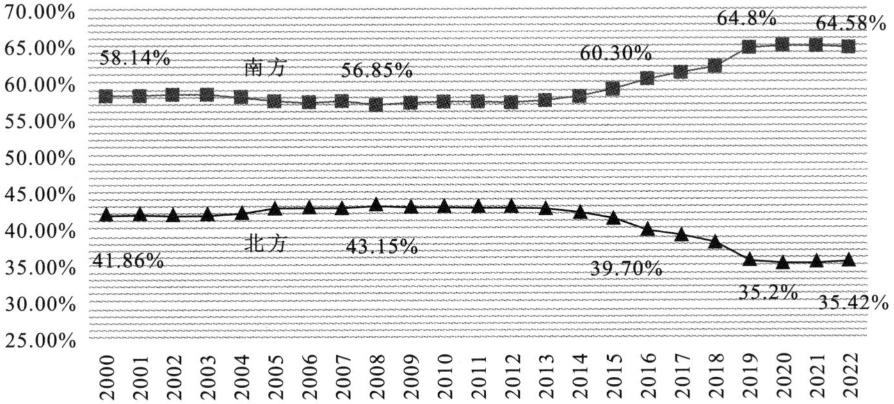

图10　2000年以来南北方经济总量占比

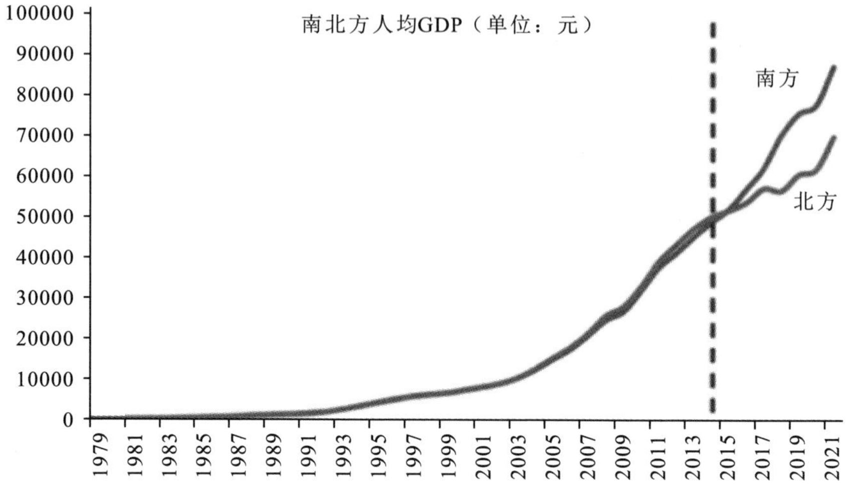

图11　近年南北方人均地区生产总值差距迅速扩大

经济发展的差距也通过居民收入表现出来。2020年，全国城镇居民人均可支配收入为43833.8元，北方地区高于全国平均水平的只有北京、天津两个直辖市，南方地区高于全国平均水平的有上海、江苏、浙江、福建、广东五省（直辖市）；全国农村居民人均可支配收入为17131.5元，北方高于这一水平的只有北京、天津、辽宁、山东四省（直辖市），但辽宁、山东两省份高出全国平均水平的幅度相对于2017年在缩小；南方高于这一水平的也只有上海、江苏、浙江、福建、广东五省（直辖市），但南方后起直追的中部与沿海省份——湖南、江西、安徽、湖北、海南等省份，与全国平均水平的差距相对于2017年明显缩小。

随着各地区经济发展的分化，人口在不同地区的分布也在发生变化。人口持续向南方、东部地区集聚，2010—2020年南方、北方年均常住人口增量分别为655.0万、114.6万人。分南北看，2000—2010年南方、北方年均常住人口增量分别为506.2万、395.8万人，2010—2020年南方、北方年均常住人口增量分别为655.0万、114.6万人，南方年均增量多于北方，2000—2020年南方、北方人口占比分别由58.1%、41.9%变为59.4%、40.6%。分地区看，2000—2010年东部人口占比上升2.38个百分点，中部下降1.07个百分点，西部上升 0.96 个百分点，东北下降 0.22 个百分点；2010—2020 年东部人口占比上升 2.01 个百分点，中部下降 0.9 个百分点，西部上升 0.41 个百分点，东北下降 1.23 个百分点，东部人口占比持续上升。从各省份常住人口变化看（见图 12），2000—2010 年年均常住人口增量前五的省份为广东、浙江、上海、北京、山东，2010—2020 年年均常住人口增量前五的省份是广东、浙江、江苏、山东、河南，此时期甘肃、内蒙古、山西、辽宁、吉林、黑龙江等六省人口萎缩，这些省份全部位于北方。具体来看，2000—2010 年粤、浙年均常住人口增量分别为 191.0 万、85.0 万人，2010—2020 年粤、浙分别增长 216.9 万、101.4 万人，江苏在 2000—2010 年和 2010—2020 年这两个时期的人口增量分别为 56.2 万、60.9 万人；2000—2010 年黔、川、渝、鄂等中西部省份年均常住人口增量由负增长转为 2010 年后的正增长；东北三省由 2000—2010 年的年均正增长转为 2011—2020 年的负增长，近年减幅扩大。显然，经济发展速度相对落后已经导致东北地区成为人口净流出地，成为全国区域协调发展的突出短板。此外，东北三省也是人口老龄化较为严重的地区。根据第七次人口普查数据，全国 60 岁及以上人口的比率为 18.70%，以此为标准的老龄化程度，东北三省位居全国老龄化程度前四位，其中辽宁位居第一位（25.72%），黑龙江位居第二位（23.22%），吉林位居第四位（23.06%）。

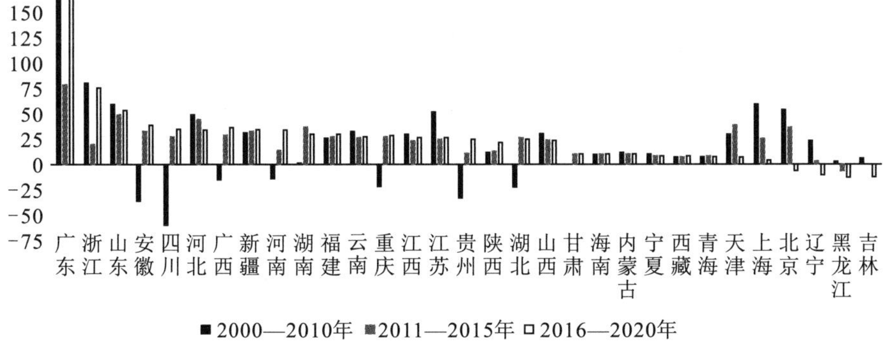

图 12 2001—2019 年各省份常住人口年均变化

三、局部区域发展矛盾有所激化

受国内外市场环境、能源资源价格维持高位、新冠疫情防控等因素的影响，全国各地的经济增长速度出现下行趋势。2017 年，全国经济增长速度尚能达到 6.9%，其中有 10 个省份的增长速度达到 8%以上。但是到 2022 年全国经济增速同比只有 3%，部分省市工业增加值甚至出现一定幅度负增长。在全国层面刺激政策加码、土地财政刚性约束、房地产泡沫化严重的背景下，体制机制改革滞后和宏观经济政策缺乏约束，带来市场资源的扭曲性配置。加强系统性风险控制，必然以放缓经济增长为代价，因而未来一定范围区域出现滞胀的可能性上升。

2019 年 3 月 31 日，国家发展改革委发布《2019 年新型城镇化建设重点任务》，指出收缩型中小城市要瘦身强体，转变惯性的增量规划思维，严控增量、盘活存量，引导人口和公共资源向城区集中。在东北经济发展中，已经出现了一批收缩型城市。其典型特征是：产业增长乏力、人口流失、工资增长停滞，这些收缩型城市成为东北振兴的重大难题。在区域不平衡发展中，局部地区矛盾突出表现在，城市人口外流严重，传统支柱产业支撑作用下降，替代性产业没有发展起来，城市活力下降，导致大量劳动人口用脚投票离开城市，城市发展危机加深。比如，七台河、双鸭山、鹤岗、伊春等资源型城市呈现群体性收缩，成为黑龙江省经济活力下降的主要原因。在全国其他地区，也有一些城市出现“空城”“鬼城”“空心化”趋势，城市发展的可持续性受到影响。2023 年，全国城镇调查失业率平均值为 5.2%，在经济下行明显、区域间竞争压力增大的背景下，缺乏产业资源与自然资源的城市会率先进入萧条状态，甚至一些区域重新返贫。此外，受疫情影响，不少产业相对单一的城市，如旅游型城市的经济出现断崖式下滑。

四、区域创新不足，重大技术有待突破

中国研发经费持续增加，全社会研发投入从2012年的1.03万亿元增长到2023年的3.3万亿元，稳居世界第2位，研发经费投入强度从1.91%增至2.64%，2023年，中国国家创新指数得分为72.7分，综合排名世界第10位，但与美国、日本和韩国等国家相比，创新指数得分相对较低。我国新兴科技对经济发展的贡献率已经达到31%，但仍远远低于发达国家的70%。国家层面中国与西方国家存在较大创新差距，也在区域创新层面反映出来。突出表现是，区域创新对区域发展的支撑能力不够强。尤其是，制约区域产业高度提升与区域产业链安全的重大技术瓶颈不能实现突破，制约了区域可持续发展潜力的有效发挥。

区域创新发展不均衡，东部和南方地区创新发展水平和发展态势明显好于中西部和北方地区。从整体上看，以政府支出和宏观调控为代表的制度因素和以企业发展水平和市场主体结构为代表的市场因素都是影响地区创新发展能力的重要原因，且二者存在交互作用机制。东部和南方地区创新能力的提升以市场为主要动力，制度因素的促进作用不大甚至会产生反作用；中西部地区依赖于政府的调控管理，市场因素的作用则相对偏弱；北方地区宏观调控和产业发展对创新发展的支撑力度较为不足，最大的动力来源于政府的科技投入。东部、南方依赖市场，中西部、北方依赖政府，这种发展路径的不同是导致东部和南方创新发展能力显著优于中西部和北方的重要原因。

城市群协同创新的体制机制尚不够完善，功能没有得到有效发挥。我国重点城市群正在成为引领区域高质量发展的核心载体，然而，部分城市群的协同创新体系仍存在一些问题，功能没有得到有效发挥：城市群内部创新能力分化明显，城市群内部创新合作有限，区域创新同质化竞争现象还较为普遍，协同创新体系的体制机制不

健全。城市群协同创新体系建设面临着合作平台缺失的问题，协同创新园区、区域创新走廊等涉及多地共建的区域协同创新平台较少，且缺乏成熟的发展模式。

创新要素流动不充分，创新要素配置存在扭曲，原始创新能力不足。条块分割和块块分割是长期制约我国区域创新体系高质量发展的两大障碍。以大院大所为代表的机构内或系统内的封闭创新体系是我国传统科研体制延续下来的创新模式，这种模式为我国重大科技项目攻关作出了重大贡献，但极易形成条块分割，导致机构内部的先进技术和知识能力在组织体制的限制下难以向外转移转化。这种创新模式高度依赖国家大规模的人财物投入和集中动员能力，创新体系比较封闭，有的运行效率不高。我国各地也建立了一套基于不同标准、不同产业需求和政策环境的创新体系，这些体系各自为政，存在体制机制障碍，难以发挥优势互补、协同共享的作用。这种区域创新模式虽然具备在区域内可实现产学研协作的开放协同特点，却造成了各地区对创新资源的激烈争夺，创新能力较低的地区很难通过引入外部创新资源的方式实现能力提升和路径突破。此外，我国还存在以传统产业集群为代表的草根创新模式。这种模式是集群内部通过“引进—模仿—消化吸收”的链条逐步建立的、基于社会网络的地方化创新体系，在这样的体系中，企业虽然彼此间可通过相互模仿、利用低廉的要素成本和技术模仿的红利实现技术、资本和市场经验的快速积累，但由于集群内部技术学习和知识传播高度依赖社会网络，知识产权保护程度很低，加之，集群内普遍缺少高层次专业技术人才和技术创新平台，集群内很难积累起原始创新能力。

部分区域创新平台发展水平不高，人才流失、主导方向不明确等问题比较突出，区域创新要素不完备、功能欠缺的现象普遍存在。我国还有相当一批区域创新平台定位不清晰，难以有效发挥应有作用。在科技部和国家发展改革委每年发布的评估报告中，一些国家重点实验室、国家工程实验室、企业创新中心等国家级科技创新平台被列入不合格、要求摘牌或整顿的名单。

目前，我国区域发展不平衡不协调的原因既有客观因素，也有主观因素。从客观因素看，我国国土广阔，不同地区的自然资源禀赋、经济发展基础等存在较大差异，经济发展不可能整齐划一“齐步走”。不同地区在国家发展全局中承担的功能定位不同，如东北和华北等是粮食主产区，青藏高原、大小兴安岭、北方防沙带等是生态功能区，山西、内蒙古、陕西、新疆等是能源富集地区，等等。评判一个区域是否协调发展，不能单一以经济指标作为标准，更不能简单以地区生产总值论英雄，而是要看其承担的功能是否有效发挥。从主观因素看，一些省份市场化进程相对滞后，制约了经济发展潜力的充分发挥。同时，市场化、多元化的利益补偿机制尚未完全建立，粮食主产区和主销区之间、资源输出地和输入地之间、生态保护地和受益地之间的补偿机制不健全，生态产品价值实现缺乏有效途径，产业转移、园区共建等跨区域合作缺乏利益分享机制。

第三节　推动区域协调高质量发展的重大举措

坚持以习近平新时代中国特色社会主义思想为指导，贯彻落实党中央决策部署，结合实际深入实施区域协调发展战略、区域重大战略，不断创新促进区域协调发展体制机制，持续完善促进区域协调发展政策举措，加快构建优势互补、高质量发展的区域经济布局。

一、坚持党对区域协调发展工作的全面领导

中国共产党的领导是我们做好新时代经济工作的最大优势所在、关键所在、根本所在。党的十八大以来，以习近平同志为核心的党中央就推动我国区域发展作出一系列重大决策部署，不断丰富完善区域发展的战略政策体系，擘画区域协调发展新蓝图，绘就区域协

调发展新画卷，推动区域协调发展迈入新境界。

1. 习近平总书记亲自决策部署和推动区域战略实施，这是党领导区域协调发展工作最大的制度优势所在

党的十八大以来，习近平总书记高瞻远瞩、统揽全局，就推动我国区域发展作出了一系列重要论述论断，在新时代我国区域发展的伟大实践中逐渐形成了内容丰富、逻辑严密的区域协调发展理论体系，成为指引我国区域发展的科学理论和行动指南。习近平总书记亲自决策部署和推动区域发展各项战略实施，擘画区域发展蓝图，为新时代区域发展工作注入了前所未有的磅礴力量和掌舵定向的思想智慧，这是推动新时代我国区域发展不断开创新境界的根本保障，必将推动我国区域发展不断取得新变革和新的伟大成就。

2. 制定一系列具有全局性意义的区域重大战略，这是党中央集中统一领导区域协调发展工作着眼长远战略意图的集中体现

党中央决策部署的每一项区域重大战略背后都有特殊的战略内涵和要义，都要从历史发展的长河和中华民族伟大复兴的高度来理解、把握和贯彻落实。京津冀协同发展，要紧紧抓住疏解非首都功能这个“牛鼻子”，在更大区域范畴统筹探索人口和经济要素密集地区可持续发展新路径。粤港澳大湾区建设，要发挥粤港澳综合优势，探索建立粤港澳三地协调协同发展新模式，让港澳深度融入祖国发展大局，保持港澳长期繁荣稳定。长三角一体化发展，要紧扣一体化和高质量两个关键词，切实打破行政壁垒，利用好行政区划资源，提高政策协同性，解决跨行政区合作共同发展问题。实施长江经济带发展、黄河流域生态保护和高质量发展两大战略，首要是保护好我们的母亲河，处理好保护与发展的关系，推动走流域高质量发展的新路子。坚持从历史思维和中华民族伟大复兴的战略高度认识区域重大战略实施的要义，我们在推动工作时就能不计较“一时一利”，不局限于“一地一事”，就能够更好地处理短期和长期的关系，能够抓住每个阶段主要矛盾和矛盾的主要方面，既增强紧迫感和使命感，把眼下的大事要事实事办好、办出成效，也保持历史耐心，

久久为功，把宏伟蓝图变为现实。

3. 因地制宜，走合理分工、优化发展的路子，这是党领导区域协调发展工作最管用的方法论

党中央决策部署推动的各项区域发展工作，其中蕴含的一个重要方法主线就是在全国“一盘棋”谋篇布局下因势利导推动不同区域和各地区走差异化高质量发展的路子。重大战略区域、四大板块区域、不同主体功能类型地区、各省份乃至市县层面，既服务服从全国供给侧结构性改革、统一大市场建设、新发展格局加快构建等统一战略部署需要，同时又要发挥各地独特优势和作用，各有侧重地深入贯彻落实新发展理念、推动实现高质量发展。在全局战略部署下，因地制宜走合理分工、优化发展的路子，更加注重“分类指导、分区施策”，提高区域政策的精准性，推动不同区域各取所长、各显其能，这充分考虑到了不同区域发展差异，尊重和顺应了发展规律，也是中华优秀传统文化中“和而不同”的思想智慧与马克思主义唯物辩证法有机结合在新时代中国区域发展实践的生动体现，有利于更好地发挥地区比较优势和形成全局的整体优势，为我们进一步推动区域发展工作提供了科学的方法论遵循。

4. 建立健全强有力的从部门到地方落实区域战略的实施机制，这是党领导区域协调发展工作最有力的组织保障

在中央决策推动下，从部门到地方形成了纵横联动、上下一致的组织实施区域战略的制度性安排，建立起了强有力的区域战略实施机制，凝聚了各级党组织的领导作用，为推动区域发展工作提供了强有力的组织保障力量，切实推动把党的政治优势、组织优势转化为各部门各地方贯彻落实区域战略的强大力量。正是有了强有力的组织领导和实施机制，才实现了区域战略从决策部署、组织领导到推动实施全过程方向任务明确、实施路线清晰、政策落地保障有力。党的十八大以来，我国区域战略实施路线图更加明晰、区域政策举措更加精准化精细化、组织实施机制更加长效化，并在区域战略实施过程中，不断强化任务接续推进、政策落地的清单化管理，

汇聚形成全社会推动战略实施的合力，一张蓝图绘到底，一茬接着一茬干，一条线一条心干到底，确保按照中央明确的区域战略蓝图推动实现各项工作真抓实干见实效。

5. 不断提高区域高质量发展新水平，这是党领导新时代区域协调发展工作取得的最显著的历史性成就

党的十八大以来，以区域重大战略为引领，以区域协调发展为基础，以主体功能区战略为保障，我国区域发展战略政策体系不断丰富完善，区域发展差距逐步缩小，基本公共服务均等化程度大幅度提高，区域之间联系更加紧密，区域发展动能不断培育增强，区域协调发展质量水平持续提高。一是逐步构建起了连接东中西、贯通南北方的多中心、网络化、开放式的区域开发格局，我国区域开发结构更加合理优化。二是逐步优化形成了主体功能明显、优势互补、高质量发展的国土空间开发保护新格局，空间治理更加精细。三是逐步构建形成了陆海内外联动、东西双向互济的区域开放格局，开放型经济空间不断拓展升级。四是逐步塑造形成要素有序自由流动、主体功能约束有效、基本公共服务均等、资源环境可承载的区域协调发展新格局，在发展中促进相对平衡的能力持续增强。

二、优化区域政策体系，发挥产业、城市体系、宏观调控联动优势

促进区域协调发展和区域高质量发展，必须把握区域发展规律，在此基础上构建科学完善的区域政策体系，将高屋建瓴的区域发展战略转化成为可落地实施的具体政策，从而支持和推动各类区域发展战略的实施。推动区域经济高质量发展，需要构建区域高能级现代产业体系，提升区域经济高质量发展持续动能。区域协调发展要求区域间经济和产业布局更合理，合作和协同更充分，有效发挥地区间联动协同发展优势。各地区要在全国统一大市场中充分发挥各自的比较优势，不搞自我小循环，在整体发展和相互协作中努力实

现差异竞争、错位发展，走合理分工、优化发展的路子。西部地区要把握向西开放的战略机遇，大力发展特色优势产业，抓重点、补短板、强弱项；东北地区是我国重要的工业和农业基地，需要从维护国家国防安全、粮食安全、生态安全、能源安全、产业安全的高度，全力破除体制机制障碍，推动全面振兴、全方位振兴；中部地区要积极融入国家战略，强化“一中心四区”战略定位；东部地区要加快培育世界级先进制造业集群，不断提高创新能力和经济增长能级。同时，要强化区域协调联动，持续缩小区域发展差距，努力实现基本公共服务均等化、基础设施通达程度比较均衡、人民基本生活保障水平大体相当。

区域协调发展呼唤城市体系的优化，以省域内和区域间中心城市、副中心城市等核心城市为点，带动区域经济发展面，以点带面，形成区域协调高质量发展的持续性内驱系统。从全国四大区域来看，省域副中心城市的布局很不均衡，发展也很不平衡，中部地区应提升省域副中心城市发展质量，西部地区应优化副中心城市布局和扩大城市规模，东部地区应“加密”布局和丰富副中心城市形态，而东北地区亟须实现省域副中心城市“零”的突破。未来在全面建设社会主义现代化国家新征程中应进一步加强主体功能区的战略指引作用，为此，一是在城市群、都市圈、中心城市等主要空间载体进一步促进人口和经济同步集聚，二是保障我国粮食安全落到实处。

区域协调发展要求在市场起决定性作用的基础上发挥政府的调控作用，兼顾效率和公平，使发展的成果由人民共享。改革开放40多年来，我国在加快区域经济发展方面成就显著，对标更好贯彻新发展理念、推进高质量发展的新要求，新时期的区域政策应继续坚持兼顾效率与公平的原则，充分遵循市场规律，正确发挥市场和政府“两只手”的作用，在发展中求协调，通过协调促发展。具体而言，区域政策在平衡经济集聚和人口集聚关系的基础上，仍须着力促进区域间基本公共服务的均等化，进一步处理好发展平衡与福利平衡的关系，关键在于进一步统筹和优化支出责任和财力保障；进一步加大对中西部欠发达地区、东北地区及资源枯竭城市或地区、生态退化地区等特殊问题区域的支持力度，尤其是关注中西部欠发达地区的后发劣势问题，扶持特殊类型地区发展特色优势产业。首先，特殊类型地区往往发展内生动力不足，因此不能局限于本区域谋发展，应将其放在开放的视野下进行谋划，充分借助发展优势地区的力量来推动自身发展，可探索“飞地经济”等发展模式，推进与发达地区、周边中心城市、省会城市合作，加强跨区域产业合作园区建设。其次，特殊类型地区的重大生产力扶持不应分散，应选择在中心城市集中进行重大生产力布局，集聚资源进行集中突破，培育地区经济增长极带动全域振兴，形成以点带面的效果。最后，应因地制宜、精准发力，不应“大水漫灌”，结合各类型地区特点进行量身定做的生产力帮扶，从而由“输血”变“造血”。其中，老工业基地要发挥重型工业优势，重塑“大国重器”的竞争优势，资源型地区要重点培育接续替代产业，生态退化地区应统筹生态修复和绿色发展实现可持续发展，革命老区应做好红色资源开发和特色产业壮大。

三、深入实施区域重大战略，提升发展引领带动作用

站在新的起点上，要发挥区域重大战略引领带动作用，聚焦实现战略目标和提升引领带动能力，推动区域重大战略取得新的突破性进展，促进区域间融合互动、融通补充，不断优化完善区域发展格局。

实施区域重大战略，通过轴带发展形成点线面结合的多中心网络状发展格局，能够增强区域间的协同性，促进优势互补、合理分工。区域重大战略具有鲜明的问题导向。京津冀协同发展是推动我国区域协调发展的内在要求，旨在通过深化改革，打破传统的行政分割和“一亩三分地”思维定式，促使生产要素在更大空间尺度内进行流动和组合，探索人口经济密集地区优化开发新模式、集约发

展新路子，实现对传统区域发展理论与实践的关键突破和有益补充。推动长江经济带发展要求坚持生态优先、绿色发展的战略定位和共抓大保护、不搞大开发的战略导向，把修复长江生态环境摆在压倒性位置，推动经济社会发展全面绿色转型。粤港澳大湾区建设要求在“一国两制”方针和基本法框架内，发挥粤港澳综合优势，推动三地经济运行的规则衔接、机制对接，促进人员、货物等各类要素高效便捷流动。推动长三角一体化发展要求紧扣一体化和高质量两个关键词，强调打破行政壁垒，提高政策协同，使之成为我国发展强劲活跃的增长极，加快打造改革开放新高地。黄河流域生态保护和高质量发展是重大国家战略，要求共同抓好大保护、协同推进大治理，着力加强生态保护治理、保障黄河长治久安、促进全流域高质量发展、改善人民群众生活、保护传承弘扬黄河文化，让黄河成为造福人民的幸福河。

区域重大战略的实施充分考虑了我国国土空间类型多样、差别巨大的客观实际，旨在从不同空间尺度、区域类型和功能定位推动战略重点区域加快发展，发挥对区域经济发展布局的示范引领和辐射带动作用。深入实施区域重大战略，是加快打造高质量发展动力系统的客观需要，也是构建更加畅通高效的国内国际双循环的要求。其一，通过若干区域重大战略的实施，有利于把已有的战略衔接起来，改变区域协调发展政策中“梯度＋板块”结构，可以从打破区域的界限入手，优化经济发展空间格局。其二，实施区域重大战略是建设现代化经济体系的重要一环。现代化经济体系，是由社会经济活动各个环节、各个层面、各个领域的相互关系和内在联系构成的一个有机整体。而彰显优势、协调联动的城乡区域发展体系是现代化经济体系的空间特征。实施区域重大战略有利于以点带面、从线到片实现各区域更高质量、更有效率、更加公平和可持续的发展，提高经济发展的整体质量和总体效益。其三，实施区域重大战略是贯彻新发展理念、实现高质量发展的必然要求。协调是高质量发展的内生特点和衡量高质量发展的重要标准。我国正在实施的区域重大战略以协调发展为主要抓手，把创新、协调、绿色、开放、共享的新发展理念内嵌于区域发展之中，不断从空间格局上为高质量发展创造有利条件。

区域重大战略的实施，在提升国际影响力和竞争力、保持经济稳定增长、重点领域改革先行先试、促进区域协调发展等方面发挥了关键作用。新时代新征程，我们要因地制宜、分类施策，在保障基本民生底线、实现基本公共服务均等化的基础上，进一步强化区域重大战略的引领作用，统筹推进区域板块之间的协调发展，坚持“输血”和“造血”相结合，用高质量发展来解决发展中的不平衡问题，释放每个区域的发展优势和潜力，走出一条分工合理、协调高效的区域发展新路。一是坚持新发展理念。战略实施过程中，必然会遇到与协调合作相冲突、与绿色发展相矛盾、开放共享的程度难以把握等问题，要始终坚持以新发展理念为引领，坚持以高质量发展为主题，把新发展理念贯穿战略实施全过程。二是坚持构建统筹机制。要加强区域重大战略与区域协调发展战略、主体功能区战略、新型城镇化战略协同推进，深入分析区域重大战略与其他区域发展战略的相互作用机理，明确相互间在目标定位和战略重点上的共性和差异，加强战略实施中运行机制、政策工具和重大项目的对接整合，实现战略实施的优势互补，达到 1＋1＞2 的效果。三是坚持对接联动。系统推进京津冀协同发展、长江经济带发展、粤港澳大湾区建设、长三角一体化发展、黄河流域生态保护和高质量发展。明确差别化发展定位，促进相互间分工协作和优势互补，健全协调推进和评估机制，提升信息、政策、人才、项目交流共享效率。四是坚持因地制宜。各地区要在国家整体规划指导下发挥比较优势，从实际出发，宜水则水、宜山则山，宜粮则粮、宜农则农、宜工则工、宜商则商，积极探索富有地域特色的高质量发展新路子。①

区域重大战略的实施要注重协同推进。在加快构建新发展格局

---

① 谢地：《发挥区域重大战略引领带动作用》，《经济日报》2023 年 10 月 16 日。

的过程中，应注重推动区域协调发展战略、区域重大战略、主体功能区战略等深度融合，优化重大生产力布局，促进各类要素合理流动和高效集聚。坚持全球化视角，加强区域重大战略与共建“一带一路”协同推进。明确区域重大战略参与和支撑共建“一带一路”的分工定位、主要方向和重点领域，加快形成重点区域高水平“引进来”和“走出去”的差别化发展路径，推动共建“一带一路”牵引重点区域发展高水平开放型经济，全面提升重点区域利用两个市场、两种资源、两类规则的能力。坚持全国一盘棋，加强区域重大战略与区域协调发展战略、主体功能区战略、新型城镇化战略协同推进。深入分析区域重大战略与其他区域发展战略的相互作用机理，明确相互间在目标定位和战略重点上的共性和差异，加强战略实施中运行机制、政策工具和重大项目的对接整合。坚持对接联动，加强京津冀协同发展、粤港澳大湾区建设、长江经济带发展、长三角一体化发展、黄河流域生态保护和高质量发展的协同推进。明确差别化发展定位，促进相互间分工协作和优势互补，健全协调推进和评估机制，提升信息、政策、人才、项目交流共享效率。坚持因区而异，加强区域重大战略实施的时间表、路线图和施工方案的谋划。结合基础条件和分工定位，明确分阶段目标任务、重点领域和配套举措，及时更新战略实施的政策工具箱和项目库，动态优化实施的节奏和重点安排。

四、健全主体功能区制度，优化国土空间发展格局

通过功能区划分，有度、有序地利用自然资源，调整优化空间结构，合理控制国土空间开发强度，增加生态空间。推动优化开发区域产业结构向高端发展，逐年减少建设用地增量，提高土地利用效率。推动重点开发区域集聚产业和人口，培育若干带动区域协同发展的增长极。划定农业空间和生态空间保护红线，拓展重点生态功能区覆盖范围，加大禁止开发区域保护力度。推动分类精准施策，

按照不同主体功能定位，开展资源环境承载能力和国土空间开发适宜性评价，采取上下结合的方式，精准落实主体功能区战略格局，科学划定县域空间格局，科学确定开发强度和管控措施。推进市、县层面编制“多规合一”的空间规划，科学划分“三区”，合理划定“三线”①，根据城乡建设面积增减挂钩的原则，确保生态功能区和农业发展区面积不减少、城乡建设区面积不增加，切实把耕地和永久基本农田、生态保护红线、城镇开发边界作为调整经济结构、规划产业发展、推进城镇化不可逾越的红线。基于自然地理格局、人口经济分布和城镇化阶段等特征，统筹落实区域协调发展战略、区域重大战略、主体功能区战略、新型城镇化战略实施，优化农产品主产区、重点生态功能区、城市化地区空间格局。依托城市群、都市圈和中心城市，整体考虑区域要素配置，形成承载多种功能、优势互补、区域协同的主体功能综合布局。对此，重点要结合国土空间规划编制实施，完善主体功能区战略传导落地有效机制。结合省级国土空间规划，合理优化调整县级行政区主体功能定位；结合市县规划，因地制宜细化乡镇主体功能定位，合理划定规划分区，探索在详细规划中传导落实主体功能战略的具体路径。

优化国土空间格局，要着力推动新型城镇化战略和乡村振兴战略实施，构建大中小城市和小城镇协调发展、城乡融合的空间格局。围绕区域重大战略，推动国土空间规划编制实施，改革完善详细规划编制实施管理制度，有序推进城市有机更新。围绕全面推进乡村振兴，支持有条件有需求的村庄分区分类编制村庄规划，引领乡村建设行动，促进形成乡村产业集中布局和一二三产业融合发展的空间格局。围绕构建国土空间开发新格局，严格落实“三区三线”空间管控要求，系统解决农业、生态、城镇功能空间的矛盾冲突，促进城乡融合发展。其中，要扎实推进全域土地综合整治，因地制宜

① “三区”是指：城镇空间、农业空间、生态空间三种类型空间所对应的区域，“三线”指分别对应划定的城镇开发边界、永久基本农田保护红线、生态保护红线三条控制线。

推动“耕地下山、林地上山”[①]，使农业生产空间布局更加符合自然规律；健全国土空间生态修复规划体系，持续推进山水林田湖草沙一体化保护和系统治理，着力优化生态空间；推动城镇建设向盘活存量、优化结构、提升质量转变，加快构建内涵式集约型绿色化城镇空间。

优化国土空间格局，要推动陆海一体化发展，实施覆盖全域全类型、统一衔接的国土空间用途管制制度，构建陆海协调、人海和谐的国土空间新格局。陆海统筹是建设海洋强国的重要指导思想，也是实现陆海一体化发展的根本途径。准确认知陆海自然地理、自然环境、生态系统之间既相互影响又高度关联的关系，把握陆海的主要功能定位，强化陆海空间功能协同。立足陆海生态系统的完整性和连通性，系统谋划陆海资源开发利用，统筹布局山水林田湖草沙一体化保护与系统治理工程。立足沿海地区陆海相济的发展特征，统筹近海、海岸线、海域和海岛空间综合管理，系统考虑陆海资源开发利用空间需求，合理有序和节约集约利用陆海空间各类资源。基于陆海统筹优化海洋空间格局，要推动海洋经济深度融入区域重大战略，明确重点行业用海的空间准入、空间布局、集约用海要求，提升陆海协同的可持续发展能力。

五、以城市群、都市圈为依托推动大中小城市协调发展

我国经济发展的空间结构正在发生深刻变化，中心城市和城市群正在成为承载发展要素的主要空间形式，需要根据人口等要素的空间集聚态势，因地制宜、分类推进城市群、都市圈建设，推动中心城市更好地辐射带动周边中小城市协调联动发展。既要着力解决“大城市病”问题，完善大中城市宜居宜业功能，又要支持培育中小

① “耕地下山、林地上山”是指将山上耕地逐步调整到山下，推动果树苗木尽量上山上坡，进一步优化农业生产空间布局。

城市，有序推进以县城为重要载体的城镇化建设。

加快大中小城市个体优化发展，保持城市个性。分类推进城市群和都市圈发展，在城市群内部持续推进超大、特大城市等中心城市和其他大中城市、小城镇间分工协作、共同发展，加快形成多中心、多层级、多节点的网络型城市群结构。加快超大、特大城市发展方式转变，提升城市综合能级和核心竞争力，适度控制北京、上海等超大、特大城市主城区人口密度，增强全球资源配置、科技创新策源、产业高端引领和开放枢纽等城市核心功能，适当疏解一般性制造业、部分批发市场及仓储物流等非核心功能，提升经济效率和经济密度；在郊区建设一批产城融合、职住平衡、生态宜居、交通便利的独立节点城市，推动多中心和郊区化发展。加快完善大中城市功能，提升综合发展水平，发挥大中城市综合成本相对较低的优势，主动承接超大、特大城市产业转移和非核心功能疏解，提升城市服务功能和生活品质。保护好城市传统风貌、历史肌理，加快补齐县城和特大镇短板，推进以县城为重要载体的城镇化建设，积极推进公共服务、环境卫生、市政公用、产业培育等设施提级扩能，增强县城综合承载能力和治理能力；因地制宜、分类支持各类县城建设，借助城市群与都市圈的力量，强化偏远县城和中心城市的连接，增强县域综合服务能力。

提升大中小城市网络化联系水平，缩小发展差距。加快建设全国统一大市场及要素市场化配置综合改革试点，促进人口和各类要素从低效率利用地区向高效率利用地区集聚，提升中心城市和城市群的人口与经济要素承载能力，提升落后地区人口向外流动的经济能力，促进要素资源在大中小城市合理梯度分配。强化大中小城市设施高效联通和均衡发展，以高铁、市域高速公路等为骨干，推进轨道交通“四网融合”发展，提高中小城市与大城市交通设施的互联互通，建立共建共享的市政基础设施和生态环境设施，促进大中小城市基本公共服务均衡发展，引导大城市教育、医疗等优质公共资源向中小城市延伸。提升城市群一体化和都市圈同城化发展水平，优化大中小各类城市职能定位，促进城市群、都市圈内城市间功能互补，提升基础设施、产业分工、公共服务和生态安全等重点领域的一体化水平。

完善大中小城市协调发展体制机制，增强制度保障。完善全国城镇体系规划，持续优化全国城镇体系布局结构，确定主要城市的规模、功能定位，释放重大区域发展战略空间叠加效应；加快编制城市群和都市圈规划，合理确定城市群和都市圈范围，推动城市群、都市圈内的中心城市更好地辐射带动周边中小城市协调联动发展。建立健全都市圈同城化发展机制和重点领域协调推进机制，率先在都市圈推动规划统一编制实施，探索土地、人口等统一管理，在城市群和都市圈内探索经济管理权限与行政区范围适度分离，建立跨行政区利益共享和成本共担机制。加强财税、金融、土地、产业等政策的协调配套，打通大中小城市以及城乡人员、资金、技术、土地、信息等要素的双向流动通道，建立健全高效的公共数据共享协调机制，实现基本公共服务常住地提供。①

六、加强市场设计，推动完善统一大市场体系

建设全国统一大市场是构建新发展格局的基础支撑，是构建高水平社会主义市场经济体制的内在要求，也是全面建设社会主义现代化国家的必然选择。建设高标准市场体系，关键在于完善统一开放公平竞争的现代要素市场经济体制，充分发挥要素市场化配置体制机制作用。区域协调发展的关键在于构建统一市场，地区间的市场分割是构建全国统一大市场的主要障碍，而市场分割源于地区间的行政壁垒，因此，应建立与区域功能定位相匹配的评价考核体系、构建统筹全局的跨区域要素流通机制、破除阻碍形成全国统一大市场的体制机制、加快统一认证标准，不断减少地域分割和垄断，更

① 邓智团：《加快构建大中小城市协调发展格局》，《光明日报》2023 年 2 月 23 日。

加有效地促进商品和要素市场一体化。要深化体制机制改革，真正建立区域经济高质量发展的制度基础；构造符合市场经济要求的营商环境，真正确保为各类市场主体发展蓄能增势。从比较优势的角度来看，建议重新构建区域分工协作关系，促进区域市场的互通、区域要素的畅通，构建国内统一大市场。

推动全国统一大市场建设，需要消除资源跨区域配置的障碍，从而提升资源配置效率。劳动力问题是当前资源配置中较为突出的问题。“打工容易留下难”导致经济区域分布与人口区域分布的失衡，也是导致区域差距难以有效缩小的重要原因。因此，现阶段建设统一大市场政策的核心和重点，是要努力消除劳动力和人口自由流动的体制和政策障碍。因此，不仅要在法律上禁止地方政府出台限制人口流动、歧视性就业和有损公平竞争环境的法规，同时也要加快改革户籍制度和社会保障制度，促进人口自由流动与迁徙。

实现区域高质量发展的关键抓手是将我国超大人口规模转化为超大市场规模优势。建立在14亿人口基础上的超大规模市场孕育了多样化的需求和层次化的消费，这是经济高质量发展的重要支撑所在，同时消费偏好的迅速迭代，又能推动产品的更新迭代和优化。超大规模市场具有很强的韧性和弹性，腾挪余地和回旋空间大，抗外部风险能力强，有利于提高我国经济发展的韧性。因此，必须直面我国社会主义市场经济建设中的痛点难点，通过中国式的现代市场设计，解决要素流动等诸多问题，建设全国统一大市场，促进中国式现代化。基于对全国工业用地市场的研究，建立国家区域经济工程实验室，尝试推进各类要素的市场设计，如山水林田湖矿地等多层次自然资源市场、人才市场、学区空间规划、廉租房及其空间规划、停车场、碳排放、汽车拍卖、电力市场等诸多要素市场，构建规范的流程，合理地发挥市场的决定性作用和宏观调控的作用，高效率地实现市场运作，发挥我国超大人口规模下的超大市场规模优势，实现中国式市场现代化。

七、培育激活创新要素，构建区域创新协同体系

我国可持续发展的关键是要在创新上找到新增长点，一是加大对中西部地区的支持力度，不仅在传统的基础设施方面，更要在公共资源配置方面；二是要破除创新要素流动的障碍，同步推进政府和市场对人才要素的引导；三是围绕产业链加强创新链；四是要强化协同创新机制的建立。单靠承接产业转移、加大政府投资推动经济的发展模式，已经难以实现可持续发展，更难以自动实现经济区域协调发展，必须通过创新为产业升级和产业高级化提供动力支撑。因此，各省、自治区、直辖市应构建开放型区域协同创新体系，加快推动从要素驱动向创新驱动转换。为此，应尽快健全有利于科技创新人才向企业流动的体制政策环境，激发创新主体活力；围绕产业链部署创新链，建立起以企业为主体、市场为导向、产学研深度融合的技术创新体系；完善创新驱动发展制度，促进创新要素自由流动。

1. 统筹区域之间的国家战略科技力量

国家战略科技力量以国家实验室、国家科研机构、高水平研究型大学、科技领军企业为核心主体，具备较强的多元性和层次性。立足新发展阶段，促进实现高水平科技自立自强，应充分发挥体制优势，从区域协调发展的视角对国家战略科技力量进行更为科学合理的系统化布局。一是把实现高水平科技自立自强置于京津冀协同发展、长江经济带发展、粤港澳大湾区建设等区域重大战略的核心要位，通过进一步优化创新资源要素配置，有序提升不同区域、不同类型、不同特色国家战略科技力量的发展水平，进而塑造一批在不同关键核心技术领域具备原始创新能力的战略支点，不断完善“国际科技创新中心—综合性国家科学中心—区域科技创新中心”的区域创新体系。二是重点关注中西部地区科技创新能力显著提升及其优势领域（如航空航天、轨道交通等）对于高水平科技自立自强

的重要意义，加大力度引导更多优质创新资源要素向中西部地区流入，并在国家战略科技力量建设上予以适当政策倾斜。三是在城市群、都市圈层面构建关联领域国家战略科技力量之间的协同创新机制，培育和发展更多不同创新主体参与的价值共创型创新联合体，集各家所长完成关键核心技术攻关任务。

2. 提升区域产业链创新链双向融通水平

习近平总书记强调："要围绕产业链部署创新链、围绕创新链布局产业链，推动经济高质量发展迈出更大步伐。"① 这一重要论述体现了建设科技强国、实现高水平科技自立自强与建设制造强国、夯实实体经济根基之间相互依存的关系。实现这一目标，区域空间无疑是核心落脚点，因而有必要进一步提升区域产业链创新链的双向融通水平。一是以京津冀、长三角、粤港澳大湾区、成渝地区双城经济圈等区域为先导，在城市群、都市圈层面构建"基础研究—技术研发—中试生产—产业化"的产业链创新链共生发展生态，并在这一区域内探索布局"科创飞地＋产业飞地"的模式，推进城际间科技创新与产业转化的同频共振。二是加快推进产业优势地区，特别是一些拥有深厚制造业底蕴、在全球产业分工格局中扮演重要角色的城市，引导其在优势领域兼顾规模扩容和技术迭代，建设更具核心竞争力的创新型产业园区、创新型产业集群等创新载体，进而形成一批具备全球影响力的"制造＋创新"重镇。

3. 营造良好的人才发展环境

首先，各地区应高度重视产教融合、科教融汇，加快部署与区域经济发展相匹配的、具备鲜明本地化特色的职业教育、高等教育、继续教育体系，推动校企聚焦关键核心技术开展产学研深度合作，通过塑造"教育—产业—科技"三位一体的融通互动机制，提升创新型人才自主培养能力。其次，各地区应着力塑造宜居、宜业、宜

---

① 《扎实做好"六稳"工作落实"六保"任务，奋力谱写陕西新时代追赶超越新篇章》，《人民日报》2020 年 4 月 24 日。

创的全过程人才服务体系，既要高标准建设创新载体和人才社区，为创新型人才在住房、医疗、教育、文化娱乐等方面提供优质保障，又要因地制宜结合科技创新与产业发展需要，探索实行灵活高效的人才管理、人才评价、人才激励制度，为创新型人才提供广阔多元的成长空间。最后，积极推动区域人才共育共享和自由流动，构建证照互认、择业互荐、服务互通的区域人才一体化政策服务体系。

4. 搭建区域创新的智能化全景治理框架

在高质量区域创新体系构建过程中，有必要以城市群、都市圈为主体，基于人工智能、边缘计算等新兴技术搭建“数据互联＋协同计算＋精准施策＋动态评价”的智能化全景治理框架。一方面，探索建设区域创新智能信息大模型，有效归集人才、专利、产品、技术、企业等各级各类创新资源要素数据，利用前沿算法进行深度挖掘，进而为相关政策的制定和实施提供支撑，实现区域创新资源要素“产生即归集，归集即计算，计算即生效”的智能化治理生态，并在确保数据安全的基础上推进数据开放共享，驱动这些资源要素在区域内自由流动、按需集成、高效配置。另一方面，利用大模型建立量质并重的区域创新评价指标体系，在关注发明专利授权量、研发投入强度、研发人员数量等创新规模指标的同时，利用前沿算法对能够衡量人才红利、创新复杂度、产业链创新链韧性等创新质量的指标进行开发和测算，基于此对区域内不同地区、不同产业链创新链的长板弱项展开科学、客观的动态评价。

5. 以更加主动的姿态融入全球科技创新网络

构建高质量区域创新体系，必须以更为主动的姿态融入全球科技创新网络。一是全面提升北京、上海、粤港澳大湾区三个国际科技创新中心的全球创新枢纽作用，探索布局更多大科学装置和大科学工程，同时加快将中关村科学城、张江科学城、深圳高新区等高水平创新功能承载区建设成为全球顶尖的科技园区。二是深入实施共建“一带一路”科技创新行动计划，依托“国际科技创新中心—综合性国家科学中心—区域科技创新中心”的区域创新高地体系，面向共建“一带一路”国家和地区的重大科技创新需求，探索建设“一带一路”科技创新合作区，并围绕科技园区、联合实验室、技术转移转化中心、科技人文交流中心等科技创新平台的高水平共建展开更为紧密的合作。三是着力培育“引进来＋走出去”相结合的创新生态，一方面，以更大力度推进全球创新资源要素持续汇聚，支持高水平外资研发中心的设立和发展，支持有条件的国内创新主体面向全球引进具备关键核心技术攻关经验的高层次人才；另一方面，鼓励有条件的国内创新主体在海外布局研发中心，并以此为契机培育更多在关键核心技术领域具备自主创新能力，在不同创新强国和地区拥有“技术前哨”的世界一流创新主体。

八、统筹发展和安全，优化重大生产力布局

（一）优化产业布局，加快形成新质生产力

2023 年 9 月，习近平总书记在新时代推动东北全面振兴座谈会上强调：“要积极培育新能源、新材料、先进制造、电子信息等战略性新兴产业，积极培育未来产业，加快形成新质生产力，增强发展新动能。”① 新质生产力是依托关键颠覆性技术突破而产生的新的、以科技创新为核心的生产力形态，是未来培育内生动力、增强发展新动能的核心驱动力。发展新质生产力会提升区域协调发展的层次、拓展区域合作领域并提高区域合作的成效。

习近平总书记指出，“要以科技创新推动产业创新，特别是以颠覆性技术和前沿技术催生新产业、新模式、新动能，发展新质生产力”②。优先培育和大力发展一批战略性新兴产业集群，统筹基础研究、前沿技术和工程技术研发，扩大高技术产业和战略性新兴产业

① 《牢牢把握东北的重要使命，奋力谱写东北全面振兴新篇章》，《人民日报》2023 年 9 月 10 日。

② 《中央经济工作会议在北京举行》，《人民日报》2023 年 12 月 13 日。

投资，围绕产业链部署创新链、围绕创新链布局产业链，推动先进产业集群向产业链集群转变，形成更多新的增长点、增长极。加快未来产业布局，要在夯实现有优势产业的前提下，长远规划设计未来产业发展路线图，循序渐进、由点到面、量力而行、分步实施，促进创新链落地和价值链升级，用原创性技术保证产业体系自主可控，用颠覆性技术激发产业创新能级跃升，强化创新能力与发展优势，打通产业增值新通道。

要服务国家重大战略需求，集中布局一批国家战略科技力量。在科技创新方面，我国要围绕国家重大战略需求，重点解决须长期稳定投入的基础科学研究命题，组建一批国家实验室，形成国家创新体系的核心力量，牵引我国整体创新实力增强。整合优化现有各类国家科技创新基地布局，坚持“少而精”，避免重复建设，加强与各类创新主体协作配合，形成高效运行的创新平台“国家队”。

建设一批提升国际竞争力的地域创新综合体，打造战略性新兴产业策源地和集聚地。当前，促进创新的政策不宜再局限于机构或者园区这样点式的载体，创新街区、创新城市等载体日益发挥重要作用，创新的促进应着眼于整体创新氛围的打造。从国际实践来看，日本强调要建立创新创意中心，使之成为知识对流基地，包括以政府力量建立和管理筑波科学城。从创新产业发展规律来看，创新产业发展主要取决于创新知识的积累而非成本最小化，更加趋向于在创新资源丰富的中心城市聚集，而非区域化分散，如北京、上海、广东三地的研发投入占全国的比重在30%以上，中国科学院院士占比更是在60%以上。应依托国际科技创新中心、综合性国家科学中心、区域科技创新中心等创新资源密集区，集聚人才、知识和信息，形成国内外高等院校、科研机构和相关科技企业交流与合作平台，以及国际和区际交流合作平台、产学研沟通平台等，共建共享实验室设施、大数据信息平台、成果展示平台、学术交流平台、科教实习基地、科技服务平台等，健全相关体制机制和科技管理服务保障。同时，要以创新型人才为核心，完善教育、医疗等公共服务设施，改善城市生态环境，营造良好的办公和居住环境。

结合地方特色，打造一批战略性新兴产业特色集群。除国家和地区级的地域创新综合体外，其他地区也应结合本地特色和优势，通过地区创新实现内生发展。相比创新资源高度集聚的创新中心而言，地方往往在某一细分领域的生产制造环节具有极强的专业性，并聚集了一批专业化生产的中心企业。地方应充分利用本地资源，围绕优势专业技术领域的关键环节，有针对性地吸纳和整合科技资源，营造专业创新综合体，支撑特色鲜明的产业集群，形成一批专精特新单打冠军。同时，应推动经济区与行政区适度分离，加强地方跨行政区域的创新资源获取能力，秉持“不求所有、但求所用”的原则，柔性引进科技人才和风险资金，推广“科创飞地”模式，激励地方将企业、园区的研发中心和孵化器布局在北京、上海、大湾区等创新资源密集地区。

（二）统筹国内外重点地区、重点资源，强化重大战略资源保障能力

在资源富集地区建设国家资源安全保障核心区。矿产资源的生产布局应统筹考虑生产效率和安全保障两方面因素。以美国为例，美国对重要矿产资源的生产布局，既有一定的集中性以利于生产，又具有一定的分散性以利于安全，如石油生产呈“南北呼应”的集聚发展、适度均衡布局；再如铀矿生产，主要散布于中西部内陆地区，而东部地区最大的铀矿床却不开发，以保障特殊情况下安全可靠。我国应以战略性矿产为重点，布局一批能源资源基地和国家规划矿区，推动集聚集约开发，打造战略性矿产资源稳定供应核心区。同时，要从军事安全性出发，对于铀矿等具有重大国家安全价值的矿产开发活动，要适度分散。另外，要强化储备意识，对稀土等战略矿产资源的开发进行控制，对外依赖度高的资源要建立国家战略储备体系。

推动能源生产从集中式布局向集中与分散融合布局转变。我国

能源资源分布和用能负荷在空间上匹配程度低，因此长期以西气东输、西电东送、北煤南运等方式，长距离地进行能源调运，使得能源生产越来越集中于主要的几个能源富集地区。但这样的集中式能源生产方式存在较多制约因素，高度依赖外部能源输入的东部未来能源保障存在较大风险。但东部地区新能源开发潜力逐渐显现，如近海风电经济效益突出。因此，要改变长期采用以大容量、高参数、远距离为主要特征的集中式能源布局，尽力提高东部地区、中部地区能源需求自给比例，加快建设东部海上风电及分布式光伏电站，以沿海地区的区位优势充分获取国际能源。同时，西部地区存在大规模、集中、连片的新能源资源分布，应重点加快西部地区能源革命进程，在沙漠、戈壁、荒漠地区加快规划建设一批大型风电、光伏电源基地项目，推动西部电力系统绿色低碳化转型，加大西电东送绿电输送比例。

促进水资源供需地域均衡。水是生产、生活、生态过程中必不可少的资源要素，水资源对重大生产力布局的约束效应将日趋增强，因此必须推动水资源供需的空间均衡。从用水角度来说，必须坚持“四水四定”[①]，根据水资源量确定地区经济社会发展规模，推动水资源短缺和超载地区节水和开源双管齐下。同时，从水源角度来说，须提升水源涵养能力，强化流域管理水平，以流域为单元开展水源涵养能力提升工程，全面提升森林、湿地、河流的水源涵养能力，通过高标准农田建设提升农田的水源涵养能力，加强城镇建成区的雨水资源化利用。最后，在已经充分节水的情况下，京津冀协同等国家区域重大战略布局和粮食安全、能源资源安全等刚性用水需求如仍有缺口，应合理布局调水工程，通过外部水源解决本地需求。

拓展重大战略资源海外布局。当前没有一个国家的能源资源能够完全自给自足，海外资源的获取是一国供应链组织不可或缺的环

① “四水四定”是指以水定城、以水定地、以水定人、以水定产，将水资源作为最大的刚性约束，合理规划人口、城市和产业发展，推动经济社会高质量发展。

节。为保证供应链稳定性，欧盟、美国等重要经济体均通过多元化进口来源等方式确保海外资源安全。我国应充分借助共建“一带一路”倡议这一国际平台，统筹拓展重大战略资源的海外布局，确保供应链安全。我国应促进建立更加多元的能源、矿产资源进口来源，通过直接贸易、多元化进口、境外投资与国际合作等深度融入全球能源、矿产资源贸易产业链。推动运输通道韧性增强，充分利用中俄、中哈、中缅石油管道增加进口，逐步降低石油进口对马六甲海峡的依赖程度。要实施矿业企业“走出去”战略，对战略性矿产进行海外投资布局，提升我国战略性矿产全球治理话语权。

（三）优化重大基础设施布局、结构和功能，加强现代化基础设施体系支撑

完善国际、国内双循环的交通基础设施支撑体系。当前，交通基础设施建设应加快适应我国构建新发展格局的新形势，起到更好地对内服务高质量发展、对外服务高水平开放的作用。首先，要打造具有国际竞争力的世界级交通枢纽体系，推进国际铁路枢纽场站、国际枢纽海港、国际航空枢纽、国际邮件快件处理中心建设，建设一批国际物流基地，畅通国际大循环，再通过多式联运系统联动国内运输体系，使国际国内交通物流系统有效衔接。其次，要加强东西、南北发展主轴骨干通道建设，通过主轴骨干通道建设将东部沿海经济和中西部内陆经济串联贯通，服务畅通国内大循环。最后，要继续完善高速铁路网、高速公路网和民用运输机场“三张网”建设，逐步提高铁路和水运的货物运输比例。

加快能源基础设施体系现代化。首先，要构建新型电力系统，电力生产向清洁化、低碳化发展是大势所趋，未来电力系统将重点承载传输大规模高比例新能源，风、光等新能源由于其生产的不连续性，大量入网将对目前的电网系统形成较大冲击，危害电力供应稳定性，因此必须加快推进电力系统的适应，大规模建设储能设施，加快智能化改造和智能微电网建设。其次，当前我国用能区和产能

区的地理分离格局暂时还不会有太大改变，且国际能源获取将越来越多从内陆管道接入，应继续加强煤炭、电力和油气跨省跨区输送通道建设，完善特高压输电通道设置，完善油气互联互通网络。最后，要服务国家战略，推动京津冀、长三角、粤港澳大湾区等城市群的能源基础设施互联互通，提升输配电效能。

完善水利设施空间布局。首先，要加快构建国家水网，当前我国水利设施的体系化水平还不够高，应对北旱南涝等时空不均衡的能力还不够强，构建系统的国家水网，在更大范围内统筹调配水资源，是解决问题的核心关键。要加快构建国家水网主骨架和大动脉，要加快建设国家重大水资源配置工程，使水资源配置工程互联互通。其次，要筑牢安全底线，加快病险水库除险加固，推进堤防、控制性枢纽、蓄滞洪区建设，提高防洪工程标准，健全防洪减灾体系，实施一批防汛抗旱提质工程。

形成支撑区域创新发展的新型基础设施体系。新型基础设施对于新经济具有重要的支撑作用，一方面要在新经济最活跃的东部沿海前沿地区，围绕创新应用场景建设需求，加快新型基础设施建设，助力培养新发展动能。另一方面，要防止新技术应用导致的“数字鸿沟”进一步拉大城乡、区域差距，要加快提升中西部地区中小城市、农村地区的新基建水平，助力区域、城乡协调发展。算力资源是支撑数字经济的重要基础设施，应作为重大生产力布局重点考虑，要根据全国新能源、低温气候资源和应用需求分布情况，发挥比较优势，统筹全国算力资源，深入实施“东数西算”① 工程，建设若干国家枢纽节点和大数据中心集群。

---

① “东数西算”即东数西算工程，指通过构建数据中心、云计算、大数据一体化的新型算力网络体系，将东部算力需求有序引导到西部，优化数据中心建设布局，促进东西部协同联动。

（四）加强地区生态、文化综合保护利用，形成各具特色的区域软实力布局

强化生态环境对重大生产力布局的支撑和服务能力。生态环境既是经济社会发展的重要支撑，也是重要约束，既要科学合理地从自然界获取人类生存发展需要的资源，又要防止过度开发造成生态环境的破坏。因此，首先，要坚持生产力布局匹配地区资源环境承载能力，明确地区生产力布局负面清单，生态极重要、极敏感的生态红线区要严格限制开发活动，资源环境超载地区要有序调整生产力布局，以缓解生态环境压力。其次，要识别对于水源涵养、气候调节、生物多样性维护等有着重要价值的重点生态功能区，对其加强保护并有序开展生态修复，全面提升其生态服务能力。在此基础上，促进各地因地制宜推进生态产品价值实现，让生态资产保值增值与经济发展形成相互促进的耦合关系。最后，建立以国家公园为主体的自然保护地体系，并且在部分有条件的保护地划定合理区域开展观光休闲、特许经营试点，既要防止无序开发，也要防止生态环保“一刀切”。

保护、传承和利用特色地域文化。文化生产力的重要特征是文化产业化和产业文化化，特色地域文化是形成文化生产力的重要基础，其既可以对重大生产力布局形成引领作用，也将源源不断地通过文化内涵的赋予，提供更多的文化产品和文化服务。首先，要注重整合碎片化的文化资源，强化重要文化遗产系统性保护，建设国家文化公园、国家考古遗址公园、文化遗产廊道，形成地域文化品牌和传统文化标识体系。其次，要积极推动地域文化资源转化为经济价值，鼓励地方建设文化创意产业集聚区，加快文化的产业化、数字化，以文化资源开发促进地方产业升级，推动一些衰退地区和欠发达地区通过文化复兴达成地方振兴目标。最后，要推动地域文化资源与旅游发展相结合，借鉴经验，建设一批文化旅游城市、街区、小镇、村镇。

九、创新城乡融合发展体制机制

在新形势下，深入推进城乡融合发展，必须锚定实现全体人民共同富裕的长远目标，全面深化城乡综合配套改革，建立完善城乡统一的户籍登记制度、土地管理制度、就业管理制度、社会保障制度，以及公共服务体系和社会治理体系，促进城乡各项体制全面并轨，变城乡二元分治为城乡并轨同治，推动城乡居民基本权益平等化、城乡公共服务均等化、城乡居民收入均衡化、城乡要素配置合理化及城乡产业发展融合化，实现城乡共建共享共荣。

1. 推动土地制度改革创新

要按照城乡融合和一体化的要求，从根本上破除城乡分割的二元结构，加快建立城乡统一的土地市场。一是加快建立城乡统一的建设用地市场。在现有《城镇国有土地使用权出让和转让暂行条例》基础上，统筹城镇国有和农村集体建设用地管理，尽快制定出台相关条例，确定和规范集体经营性建设用地入市程序和收益分配，建立城乡统一的建设用地征收补偿办法，完善城乡建设用地使用权出让、转让、出租、抵押交易规则，鼓励各地因地制宜探索多元化的农村集体经营性建设用地入市模式。二是切实保障农民宅基地用益物权。宅基地是农村集体建设用地的主体。要深化农村宅基地改革试点，在“三权分置”框架下完善强化宅基地各项权能，赋予宅基地使用权和农房所有权完整的用益物权，在继承、流转、抵押、交易等方面拓展产权权能。三是建立城乡统一的土地交易平台。在确权登记发证的基础上，将农民承包地、集体经营性建设用地、宅基地、林地使用权等纳入全国统一的土地管理信息系统和交易平台，规范交易程序，促进农村集体土地合理有序流转。

2. 加快要素平等交换

要遵循市场经济规律，加快建立市场化的要素价格形成机制，尽快取消各种不合理的行政干预和限制性规定，切实保障农民在劳动、土地、资金、技术等要素交换上获得平等权益，实现城乡居民权益平等和要素报酬均等。一是保障农民工同工同酬。关键是深化城乡就业和劳动报酬制度改革，消除各种城乡不平等的规定，使进城农民工在就业服务、技能培训、劳动报酬、福利待遇等方面享有与城镇职工同等的劳动报酬权益。二是保障农民公平分享土地增值收益。重点是完善和落实农村承包地承包经营权、宅基地使用权各项权能，同时将集体建设用地中的工业、商业、旅游、商品住宅等经营性用地纳入出让转让使用轨道，建立城乡统一的经营性建设用地有偿出让转让使用制度，加快推进农村集体经营性建设用地同等入市，实现其与国有建设用地同权同价，提高农民在土地增值收益中的分配比重。三是保障金融机构农村存款主要用于农业农村。长期以来，农村居民储蓄存款资金通过银行系统大量流向城市和非农产业，导致农民贷款难、贷款贵、贷款慢。破解这一难题需要多管齐下，既要引导县域金融机构将吸收的存款主要用于当地，重点支持乡村产业发展和乡村建设，又要强化农户信用体系建设，完善农户贷款风险补偿机制，创新农村金融产品和服务方式，提高金融服务“三农”能力。

3. 促进要素双向流动

要实行城乡开放，畅通城乡人口、资金和技术流动渠道，加快推动城市资本、人才、技术下乡，构建城乡要素双向合理流动的新格局。一方面，要畅通城乡人口双向流动渠道，确保人口流得出和回得来。在全面放开城镇落户限制、加快农业转移人口市民化的同时，积极鼓励农民工回乡创业就业，引导城市居民返乡创业和养老，进一步完善驻村帮扶、大学生村官、科技特派员、教师轮岗、派驻医师等制度体系，推动各类人才参与乡村振兴。另一方面，要破除体制机制障碍，推动城市资本下乡，积极引导城市各类资本尤其是工商资本参与乡村振兴。既要优化营商创业环境，加强规划和政策引导，全方位做好服务工作，又要严格管理土地用途，加强对下乡资本的全过程监管，并制定发布负面清单，明确禁止和限制的领域，防止其侵害农民利益，确保国家粮食安全。

十、提升海洋经济发展质量，加快推进海洋强国建设

党的十八大以来，以习近平同志为核心的党中央提出海洋强国、“21世纪海上丝绸之路”、陆海统筹、海洋命运共同体等一系列向海发展战略新思想，为我国新时代发展海洋经济、建设海洋强国提供了基本遵循。

1. 加速动能转换，推动海洋经济高质量发展

实施《“十四五”海洋经济发展规划》，加强海洋经济规划和指导，推动海洋经济深度融入国家区域重大战略，建设一批高质量海洋经济发展示范区、特色化海洋产业集群和现代海洋城市，全面提高北部、东部、南部三大海洋经济圈发展水平。提升海洋装备制造自主化水平，建立自主可控、安全高效的海洋装备产业体系。推动海水淡化与综合利用规模化发展，在沿海缺水城市开展海水淡化规模、装备和政策试点。促进海洋清洁能源多元化开发与应用，加强海洋能资源高效利用技术装备开发和工程示范，支持海洋能规模化、商业化发展。加快海洋药物与生物制品产业化进程，推进海洋药物和生物制品产业发展中心等公共服务平台建设。推动海洋传统产业绿色低碳转型，发展深水远岸养殖和可持续远洋渔业，储近用远、安全利用海洋油气，推进港口绿色化、智能化、安全化升级改造。加快现代海洋服务业协同发展，提升现代海事商事等服务业专业化水平，促进海洋文化和旅游业品质升级，支持海洋领域与数字经济融合发展。优化利用信贷、基金、保险、融资租赁等工具支持海洋经济绿色低碳发展。

2. 统筹开发保护，加快海洋生态文明建设

推动《中华人民共和国海洋环境保护法》《中华人民共和国海域使用管理法》《中华人民共和国海岛保护法》及相关配套制度的制修订。开展全国海洋资源调查并形成定期调查制度，查清我国海洋自

然资源和生态环境家底。印发实施海岸带专项规划，优化海岸带生态、生产、生活空间布局，完善海洋空间用途管制政策。全面提高海洋资源利用效率，针对不同用海类型、特定用海方式、特殊空间要素等完善管控规则，实施行业用海精细化管理，加强海岸线分类保护，严控新增无居民海岛开发利用。严守海洋生态保护红线，强化海洋自然保护地管理，构建海洋生态廊道和生物多样性保护网络。坚持安全优先、生态优先、兼顾景观，实施海岸带保护修复重大工程，稳固提升海洋生态系统碳汇能力，创新海洋生态产品价值实现机制。抓好海洋环境污染防治和风险防范。健全海洋生态预警监测体系，推进国家全球海洋立体观测网工程。建设平安海岸带，加强海洋灾害风险普查成果应用，提高重大海洋灾害风险早期识别能力，做好应对海平面上升的战略预置，努力减轻海洋灾害损失。

3. 坚持自立自强，提升海洋科技创新水平

强化海洋领域国家科技力量，优化重大创新平台布局，加强海洋领域国家实验室、国家重点实验室、国家技术创新中心和国家野外科学观测研究站等建设，建设国家深海基因库、国家深海标本样品馆和国家深海大数据中心，推进国家海洋综合试验场建设及高效运行。加强海洋基础性、前沿性和战略性技术储备，在海洋动力过程、陆海相互作用、海洋生态系统变化规律等方向实现原创性突破，超前部署海洋前沿技术和颠覆性技术研发。着力突破海洋核心装备和关键技术瓶颈，推进实施“蛟龙探海”二期、“深海矿产开发”重大科技专项、海域动态感知系统工程、海洋生态卫星工程等一批海洋科技重大项目，重点突破海洋观测监测新型传感器、无人智能平台和目标探测识别等技术，支持深海科学探测、油气矿产资源探测和生物基因资源勘探开发等装备谱系化发展，加强海洋环境保护、生态修复和重大海洋灾害应对关键技术攻关。持续实施海洋预报“芯片”工程，进一步提高海洋灾害预警报的自主化、智能化、精细化水平。提高海洋科技成果转移转化成效，打造一批创新能力强的龙头企业和“专精特新”中小企业，推动建立海洋产业创新联盟。

4. 深度参与治理，积极构建蓝色伙伴关系

深入参与联合国及其专属机构、区域组织关于国家管辖外海域生物多样性养护及可持续利用、深海采矿规章、公海保护区、北极公海渔业、南极环境管理等的磋商。组织实施联合国“海洋科学促进可持续发展十年”中国行动。打造好全球滨海论坛。围绕构建蓝色伙伴关系，与沿海国家开展全方位、多领域、深层次的双边多边合作。持续落实《“一带一路”建设海上合作设想》，积极完善同21世纪海上丝绸之路沿线国家的对话合作机制。在南海深化海洋环境监测、海洋科学研究、海上搜救等领域务实合作，构建中国—东盟蓝色经济伙伴关系。加强深海战略性资源和生物多样性调查评价。持续做好南极科学考察和保护，建设“冰上丝绸之路”，参与北极务实合作，强化极地事务统筹协调和综合保障能力。持续开展维护海洋权益的基础性、系统性和前瞻性问题研究，加强对舆情、信息和形势的分析研判，及时预警和应对可能发生的风险挑战和重大热点问题，坚决维护国家海洋权益。

本章小结

我国幅员辽阔、人口众多，各地区自然资源禀赋差别之大在世界上少有，统筹区域协调发展任务十分艰巨。区域协调发展是推动高质量发展的必然要求和重要支撑，也是推进中国式现代化的重要内容。党的十八大以来，我们党把实施区域协调发展战略作为新时代国家重大战略之一，推动形成优势互补、高质量发展的区域经济布局，我国区域协调发展取得历史性成就、发生历史性变革。

习近平总书记在党的二十大报告中擘画了以中国式现代化全面推进中华民族伟大复兴的宏伟蓝图，并对区域协调发展作出更加长远、更加系统的战略部署和总体安排，指出要“促进区域协调发展”“深入实施区域协调发展战略、区域重大战略、主体功能区战略、新

型城镇化战略，优化重大生产力布局，构建优势互补、高质量发展的区域经济布局和国土空间体系”。中国式现代化为推动新时代我国区域协调发展指明了前进方向，提出了更高要求；区域协调发展坚持以人为核心，体现了中国式现代化的价值取向；推进中国式现代化必须统筹实现区域协调发展。区域协调和高质量发展能够很好地满足人民日益增长的美好生活需要。我们党把实现人民对美好生活的向往作为现代化建设的出发点和落脚点，坚决防止两极分化。推动区域协调发展，就要实现基本公共服务均等化、基础设施通达程度比较均衡、人民基本生活保障水平大体相当。这是立足于促进全体人民共同富裕，发挥各地区比较优势，在发展中促进相对平衡的过程，将有力提升各地区民生保障能力，不断增强人民群众的获得感、幸福感、安全感。

坚持以习近平新时代中国特色社会主义思想为指导，贯彻落实党的二十大精神，以区域协调发展推动高质量发展，需要在以下几方面着力：坚持党对区域协调发展工作的全面领导；优化区域政策体系，发挥产业、城市体系、宏观调控联动优势；深入实施区域重大战略，提升发展引领带动作用；健全主体功能区制度，优化国土空间发展格局；以城市群、都市圈为依托推动大中小城市协调发展；加强市场设计，推动完善统一大市场体系；培育激活创新要素，构建区域创新协同体系；统筹发展和安全，优化重大生产力布局；创新城乡融合发展体制机制；提升海洋经济发展质量，加快推进海洋强国建设。

思考题

1. 如何看待我国区域协调发展战略的演进？
2. 如何认识当前区域协调发展新形势？
3. 如何建立更加有效的区域协调发展新机制？
4. 如何更好地推动我国区域协调高质量发展？

第五章　推进高水平对外开放

党的二十大报告指出："推进高水平对外开放。依托我国超大规模市场优势，以国内大循环吸引全球资源要素，增强国内国际两个市场两种资源联动效应，提升贸易投资合作质量和水平。稳步扩大规则、规制、管理、标准等制度型开放。推动货物贸易优化升级，创新服务贸易发展机制，发展数字贸易，加快建设贸易强国。合理缩减外资准入负面清单，依法保护外商投资权益，营造市场化、法治化、国际化一流营商环境。推动共建'一带一路'高质量发展。优化区域开放布局，巩固东部沿海地区开放先导地位，提高中西部和东北地区开放水平。加快建设西部陆海新通道。加快建设海南自由贸易港，实施自由贸易试验区提升战略，扩大面向全球的高标准自由贸易区网络。有序推进人民币国际化。深度参与全球产业分工和合作，维护多元稳定的国际经济格局和经贸关系。"党的二十届三中全会进一步指出，"必须坚持对外开放基本国策，坚持以开放促改革，依托我国超大规模市场优势，在扩大国际合作中提升开放能力，建设更高水平开放型经济新体制"。

什么是高水平对外开放？它是指更大范围、更宽领域、更深层次的对外开放。具体说，高水平对外开放是与高质量发展主题相适应、融入国内国际双循环新发展格局的对外开放。在供给侧确保产业链、供应链、价值链、创新链安全稳定高效运转，生产要素、产品、服务全面参与对外开放；在需求侧紧紧围绕人民群众对美好生活的向往这个目标提升和拓展对外开放的意义和价值。

高水平对外开放是促进深层次改革的开放，是推动高质量发展的开放，是服务构建新发展格局的开放，是满足人民美好生活需要的开放，是统筹发展和安全的开放。[①]

推进高水平对外开放，要把握好以下几个要点：一是构建国内国际双循环新发展格局；二是扩大制度型开放，深化贸易体制改革，加快建设贸易强国；三是高质量共建“一带一路”；四是维护多元稳定的国际经济格局和经贸关系。

第一节　推进高水平对外开放的背景和意义

一、推进高水平对外开放的背景

中国自古以来就是世界重要的经济体之一。宋元时期，中国是世界第一贸易大国。明朝郑和下西洋有力促进了中国和东南亚的经贸人文联系，对今天的中国对外开放有着潜移默化的深远影响。

党的十一届三中全会决定中国实行改革开放。2018 年，我国的货物贸易额、外商直接投资金额、服务贸易额分别较 1978 年增长了 198 倍、148 倍、147 倍。从 2013 年起，中国成为货物贸易领域的世界第一贸易大国，2022 年，中国服务贸易进出口规模排名世界第三（进口第二、出口第四）。2020 年我国吸收外商直接投资（FDI）金额首次跃居世界第一，2022 年居世界第二。2022 年，中国对外直接投资流量 1631.2 亿美元，居全球第二位；截至 2022 年末，中国对外直接投资存量达 2.75 万亿美元，居全球前三。我国对外开放已站上更高起点，高水平对外开放蓄势待发。由于第三产业加速发展的趋势，我国国际贸易从以货物贸易为重点向以服务贸易为重点转变；数字贸易、绿色贸易、跨境电商蓬勃发展，吸收外资由第二产业为

① 王文涛：《以党的二十大精神为指引推进高水平对外开放》，《求是》2023 年第 2 期。

主转向以第三产业为主，外资工作从单向引进外资到吸引外资与中国资本对外输出并重。特别是随着中国综合国力的增强，2021 年中国人均地区生产总值按年平均汇率折算达 12551 美元，超过世界人均地区生产总值水平（约为 1.21 万美元），与世界银行 2021 年设定的高收入国家标准（12695 美元）已经十分接近。2022 年中国人均地区生产总值（85698 元约为 12741 美元）逼近了世界银行的高收入国家门槛线①，中国已经具备了以国内大循环（扩大进口、扩大服务业开放）来推动国内国际双循环发展的实力。

从 2001 年起，中国加入世界贸易组织，成为积极推动世界经济一体化和贸易自由化的主要力量之一。中国通过与多边贸易体制的接轨和合作，通过双边多边自由贸易协定的签署，正在成为制度型对外开放的推手和受益者。

在这样的背景下，中国有能力也有必要继续推进对外开放，使高水平对外开放成为构建新发展格局的重要组成部分。

二、推进高水平对外开放面临的形势和挑战

受到国际形势和疫情的影响，中国进一步扩大对外开放遇到各种阻力。中国长期以来享受对外开放的红利的发展态势遭到了被中国挤占世界经济份额的发达国家的集体反弹，我国将面临形形色色的双边、多边博弈。这会影响到中国的双循环发展新格局是向国内收缩还是进一步扩大高水平对外开放的战略选择。

2015 年 10 月 12 日，中共中央政治局进行第二十七次集体学习，主题是“全球治理格局和全球治理体制”。习近平总书记指出：“国际社会普遍认为，全球治理体制变革正处在历史转折点上。国际力量对比发生深刻变化，新兴市场国家和一大批发展中国家快速发展，

① 2024 年 7 月 1 日，世界银行将高收入国家门槛线提高至 14005 美元。2023 年的高收入国家门槛线为 13845 美元，2022 年为 13205 美元。

国际影响力不断增强，是近代以来国际力量对比中最具革命性的变化。”① 2017年10月18日，党的十九大报告指出，“世界正处于大发展大变革大调整时期……全球治理体系和国际秩序变革加速推进”。2017年12月28日，习近平在接见参加2017年度驻外使节工作会议与会使节时发表重要讲话，首次明确提出世界面临“百年未有之大变局”的论断。② 在2018年6月中央外事工作会议上习近平总书记指出“当前中国处于近代以来最好的发展时期，世界处于百年未有之大变局”③。2019年8月30日召开的中共中央政治局会议，当今世界正经历百年未有之大变局，我国正处于实现中华民族伟大复兴关键时期。④ 党的十九届五中全会报告号召，全党要统筹中华民族伟大复兴战略全局和世界百年未有之大变局。⑤

中国当下要实行更高水平、更全方位的开放面临着很多挑战。

以美国为首的发达国家以国家安全、产业安全为借口，限制、削弱中国的国际经济影响力，人为制造贸易摩擦和产业脱钩，中国大批高科技企业遭到制裁，难以进口高技术设备，也难以进入欧美市场出口高技术商品。中国在新能源汽车产业领域取得压倒性出口优势后，西方国家干脆不再提倡绿色发展理念。

在美国、欧盟、日本等发达经济体全面加息的形势下，中国选择了不加息甚至不断降低存款准备金率的宽松宏观经济政策，对人民币形成极大的贬值压力。人民币贬值固然能稳住出口形势，但对

① 《习近平在中共中央政治局第二十七次集体学习时强调：推动全球治理体制更加公平合理，为我国发展和世界和平创造有利条件》，新华社2015年10月13日。

② 《习近平接见2017年度驻外使节工作会议与会使节并发表重要讲话》，新华社2017年12月28日。

③ 《坚持以新时代中国特色社会主义外交思想为指导，努力开创中国特色大国外交新局面》，《人民日报》2018年6月24日。

④ 《习近平主持中共中央政治局会议，决定召开十九届四中全会》，新华社2019年8月30日。

⑤ 《中国共产党第十九届中央委员会第五次全体会议公报》，新华社2020年10月29日。

进口影响较大，并且以美元计价的2023年中国的生产总值出现负增长（尽管以人民币计价的地区生产总值增速高于欧美国家），影响了跨国公司对中国的投资信心。

发达国家基于自身优势推出的新型国际贸易规则，包含了大量超越WTO规则的新条款，如准入前国民待遇原则、环保标准、劳工标准等，超过了中国此前签署的双多边自由贸易协定的标准，超过了目前中国的承受能力。而在产业准入方面，很多发达国家以国家安全为由，限制中国企业进入。以抖音在美国投资的TIKTOK（抖音短视频国际版）为例，美国不愿意给予中国投资者国民待遇原则，甚至以国会名义立法剥夺中国人在美国拥有的股权。简言之，发达国家只愿意给中国套上枷锁，自己却不愿意履行WTO的最基本义务。

世界正经历百年未有之大变局，我国发展的外部环境变得复杂严峻，不稳定性、不确定性增加。在此背景下，只有坚持高水平对外开放，奋力开创对外开放事业新局面，才能有效应对各种风险挑战，推动我国高质量发展。

三、推进高水平对外开放的意义

党的二十大报告指出，“中国坚持对外开放的基本国策，坚定奉行互利共赢的开放战略”。“推进高水平对外开放”的重要部署为新时代加快构建以国内大循环为主体、国内国际双循环相互促进的新发展格局提供了根本遵循，对于实现第二个百年奋斗目标和中华民族伟大复兴，具有重大而深远的意义。

以国内大循环为主体、国内国际双循环相互促进的新发展格局，不是向国内收缩的战略，更不是放弃国际市场，而是在确保国家安全的前提下进一步扩大对外开放的程度，全方位吸引世界各国的生产要素为中国所用，中国也将进一步承担大国责任，将发展红利回馈世界，尤其是发展中国家，以中国式现代化推动世界现代化。

（一）国内国际双循环理论提出及其创新

2020 年 4 月 10 日，在中央财经委员会第七次会议上，习近平总书记首次提出要构建以国内大循环为主体、国内国际双循环相互促进的新发展格局。[①] 党的十九届五中全会通过《中共中央关于制定国民经济和社会发展第十四个五年规划和二〇三五年远景目标的建议》，明确要求加快构建以国内大循环为主体、国内国际双循环相互促进的新发展格局，成为我国中长期发展的重大战略部署。

党的二十大报告将高质量发展与双循环格局联系起来论述。报告指出："高质量发展是全面建设社会主义现代化国家的首要任务。发展是党执政兴国的第一要务。没有坚实的物质技术基础，就不可能全面建成社会主义现代化强国。必须完整、准确、全面贯彻新发展理念，坚持社会主义市场经济改革方向，坚持高水平对外开放，加快构建以国内大循环为主体、国内国际双循环相互促进的新发展格局。我们要坚持以推动高质量发展为主题，把实施扩大内需战略同深化供给侧结构性改革有机结合起来，增强国内大循环内生动力和可靠性，提升国际循环质量和水平，加快建设现代化经济体系，着力提高全要素生产率，着力提升产业链供应链韧性和安全水平，着力推进城乡融合和区域协调发展，推动经济实现质的有效提升和量的合理增长。"

习近平总书记之所以在 2020 年提出构建双循环发展格局这个全新的命题，是对我国长期以来存在的外向型经济发展与国内经济脱节的痼疾做了深入思考后得出的结论。这种脱节就其表现形式而言，一是劳动密集型产业和规模经济突出的地区高度依赖出口，出口单价偏低，出口带来的国民净福利不高，出口型工厂过度依赖加班时间，牺牲了工人的闲暇时间和消费欲望，从而压抑内需；二是进口增长经常性表现乏力，缺乏持续的进口增长动力，贸易顺差年年增

---

① 习近平：《构建新发展格局，把握未来发展主动权》，《求是》2023 年第 8 期。

加，导致国际贸易摩擦不断；三是部分行业和地区严重依赖国际市场，一旦遇到世界经济危机和国际制裁就毫无办法，一些企业主甚至习惯性关厂跑路，导致一系列社会问题，困扰国内利益相关方。

从更高层次看，当今世界进入了百年未有之大变局，在21世纪初，中国经济规模超越日本，随即引发了日本的强烈反应，从产业界到政界开始疏远中国；2020年，中国经济总量突破了美国经济总量的70%，随即引来美国全方位的打压。无论是从经济安全还是政治军事安全考虑，中国都必须将沿海地区对外依存度过高的经济模式转变为以国内大循环为主、国际循环为辅的新格局，同时在国际经济交往中，不能再片面依赖发达国家市场，而要更加重视以“一带一路”共建国家为主要对象的发展中国家市场。在产业链安全方面，更加强调把关键核心技术和产业掌握在自己手中。

加快形成以国内大循环为主体、国内国际双循环相互促进的新发展格局，关键是要将我国市场规模和生产体系优势转化为参与国际合作和竞争的新优势。这就要求发挥超大规模市场优势，加快收入分配体制改革，挖掘国内市场需求潜力，构建完整的扩大内需政策体系；发挥巨量生产要素优势，深化要素市场化配置改革，打通生产、分配、流通、消费各个环节，提高国内大循环效率。

双循环新格局是一种战略创新，开启了中国经济发展的下半程。内循环是目的，外循环是手段，经济和社会之间循环打通，才真正构成国内大循环。把经济嵌入社会大环境，核心是物的生产与人的生产。人的生产实际是消费过程，消费水平意味着人的再生产水平。目前，中国经济蛋糕做得很大，但经济蛋糕中用于消费的份额偏低。对消费认识偏差导致对社会与经济大循环认识出现偏差，导致人的生产和物的生产不协调，这可能是导致发展不确定性最大的原因。实现以国内大循环为主体，标志是消费率上升和供给质量上升。

习近平总书记强调：“我们只有加快构建新发展格局，才能夯实我国经济发展的根基、增强发展的安全性稳定性，才能在各种可以预见和难以预见的狂风暴雨、惊涛骇浪中增强我国的生存力、竞争力、发展力、持续力，确保中华民族伟大复兴进程不被迟滞甚至中断，胜利实现全面建成社会主义现代化强国目标。”①

（二）我国超大规模市场优势与统一大市场建设

充分发挥我国超大规模市场优势，建设统一的国内大市场，是提升我国经济运行效率，增强我国国际竞争力，实现以国内大循环为主、国内国际双循环相互促进的新发展格局的重要举措。

1993 年，党的十四届三中全会通过的《中共中央关于建立社会主义市场经济体制若干问题的决定》提出，打破地区、部门的分割和封锁，反对不正当竞争，创造平等竞争的环境，形成统一、开放、竞争、有序的大市场。这次会议指明了统一大市场是中国改革要实现的目标之一。2013 年，党的十八届三中全会提出，建设统一开放、竞争有序的市场体系，是使市场在资源配置中起决定性作用的基础。2022 年，党的二十大提出，“构建全国统一大市场，深化要素市场化改革，建设高标准市场体系。完善产权保护、市场准入、公平竞争、社会信用等市场经济基础制度”。

我国经济实力雄厚，增速稳定，已经形成世界第二大的国内市场，成为世界第一大国际贸易国。2020 年，我国社会消费品零售总额 39.2 万亿元，消费已连续多年成为我国经济增长的第一推动力。2020 年，我国货物贸易进出口总值 32.16 万亿元。这个市场总体看似是竞争充分、充满活力的，但在打破条块分割、进一步达到统一高效的目标方面还有一些问题。尤其是，改革开放以来形成的东部、中部、西部和东北四大经济区域格局，以及受国土功能区划理论的影响，国内各省、自治区、直辖市之间竞争激烈，建设国内统一大市场更加困难重重，要想在国际竞争中充分发挥我国超大规模市场优势受到国内市场体制的掣肘。

20 世纪 50 年代，我国形成了高度中央集权的统收统支体系，

① 习近平：《构建新发展格局，把握未来发展主动权》，《求是》2023 年第 8 期。

1980 年开始引入分灶吃饭的“财政包干制”，放权让利激活了经济，大家都各自突围把蛋糕做大，同时也加剧了地方保护主义。各地会尽可能地争取自身财力更大化，导致中央财政入不敷出。国家财政总收入占国内生产总值、中央财政收入占财政总收入的比重都下降到中央难以承受的地步。1993 年，中央政府财政收入为全部收入的 22%，地方政府为 78%，而中央财政支出为全部支出的 28.3%，地方为 71.7%。于是在 1994 年中央推出了分税制改革。分税制标志着中国的财政体制由计划经济向市场经济迈出了实质性的一步，这也是削弱地方保护主义、推动全国统一大市场形成的一个关键改革。分税制的实施，彻底改变了财权分配的方式，但在事权即支出责任的分配上则沿袭多于革新，导致地方政府不堪重负。到 2015 年，在中央财政收入达到财政收入 50%的情况下，中央财政支出仅为全部财政支出的 15%，地方财政支出从 20 世纪 90 年代中期的 70%逐步增至 85%。地方需要钱就得指望中央拨款和转移支付，虽然加强了中央集权，但行政效率大幅度降低，也不符合市场经济反应快速灵敏的需要。为了增强地方经济实力和实现经济增长，地方政府不得不走向卖地财政和城投债，地方债持续飙升，各种财政创新引发了越来越大的财政风险。

目前，我国四大区域的经济格局发展方向完全靠国土功能区划来制定产业发展战略不太合理。中西部和东北要实现现代化也必须走新型工业化和产业升级之路，绝不能固守低端产业、单一提供农产品和生态功能，否则光靠东部沿海单一推进，也无法带动全国其他地区，而且有很大的战略风险。目前全国仅有广东省、上海市、浙江省、北京市、天津市、山东省、福建省等东部省、直辖市是财政收入净上缴省份，其他省份都需要中央转移支付，这是非常危险的。所以，在国家发展改革委批复的国家级都市圈规划中，涵盖了东中西部和东北四大区域，至 2022 年底，包括南京、福州、成都、重庆、西安、长株潭、武汉等七个都市圈规划获得批准，以中心城市的行政区划为基础适当扩大辐射范围，面积均为 2 万平方千米左右，这些都市圈成为今后带动区域经济发展的发展极和增长极。在中西部和东北部署国家级都市圈，目的包括留住人口、增强地方财力，缓解中央财政支付压力。

建设全国统一大市场是习近平经济思想的重要组成部分，是完善新时代国家经济治理体系的重要举措。习近平总书记指出："构建新发展格局，迫切需要加快建设高效规范、公平竞争、充分开放的全国统一大市场，建立全国统一的市场制度规则，促进商品要素资源在更大范围内畅通流动。"① 建设全国统一大市场既是立足新发展阶段、加快构建新发展格局的内在要求，也是构建高水平社会主义市场经济体制、促进高质量发展的客观要求。

建设全国统一大市场要处理好五个方面的关系。一是处理好有效市场与有为政府的关系；二是处理好全面推进与重点突破的关系；三是处理好中央统筹与地方协作的关系；四是处理好国内国际两个市场的关系；五是处理好各省份之间财政上缴与转移支付的关系，通过价格改革和财政补贴改革，逐步平衡各地区之间的利益关系。

（三）国际贸易和国际投资是国内国际双循环新发展格局的枢纽

中国的新发展格局不是封闭的国内循环，而是开放的国内国际双循环，要以更高水平开放打造国际合作和竞争新优势，要以国际循环提升国内大循环的效率。国际贸易和国际投资衔接供需两端、对接国内国际，是助力国内大循环、联结国内国际双循环的枢纽和桥梁。要实现国内国际双循环良性发展，就要高度重视国际贸易和国际投资。

在高水平对外开放条件下，在共建"一带一路"背景下，不仅沿海城市深度参与国际贸易和国际投资，内陆地区的共建"一带一路"重要节点城市也是外贸外资的热点，这两类地区将国内循环和

---

① 《习近平主持召开中央全面深化改革委员会第二十三次会议强调：加快建设全国统一大市场提高政府监管效能，深入推进世界一流大学和一流学科建设》，新华网2021年12月17日。

国际循环有机衔接起来。以中国举办的重要会展为例，北京有“一带一路”国际合作高峰论坛和中国国际服务贸易交易会，上海有中国国际进口博览会，广州有中国进出口商品交易会（广交会），厦门有中国国际投资贸易洽谈会，宁波有中国—中东欧国家博览会暨国际消费品博览会，南宁有中国—东盟博览会，成都有中国西部国际博览会，深圳有中国国际高新技术成果交易会，福州有数字中国建设峰会、中国跨境电商交易会和世界航海装备大会，乌镇有世界互联网大会。这些重要会展能持续汇聚国内国外贸易和投资，使参会人员能够交流信息，增进友谊，不但提升了城市知名度和城市能级，更令这些中心城市成为国内循环和国际循环交汇的重要节点。

国际投资尤其是绿地投资对中国的国内经济循环发挥了重要作用，带动了中国产业结构升级，提升了企业的技术水平和管理能力，从 2013 年起，外商直接投资投入中国第三产业的比重已经连续多年超过第二产业，引领中国经济向以服务业为主转型。但一些劳动密集型的外资制造业企业也在纷纷撤离中国市场，向成本更低的发展中国家布局。这为中国民营经济填补空白提供了机会，例如民营的莆田鞋业趁机崛起。但国际投资尤其是游资对中国经济的破坏作用也不可低估，在我国资本项目下人民币汇率并没放开的前提下，外资游资仍可以在香港离岸市场兴风作浪，不断做空人民币，对中国经济的正常运行造成不小冲击。外资在金融市场（包括汇率市场和 A 股期货）的做空行为，已经对我国构建双循环格局产生了副作用，必须高度重视。

（四）增强国内国际两个市场两种资源联动效应

我国拥有全球最具发展潜力的消费市场，也拥有全球最完整、规模最大的工业体系和供应链配套能力，对国际市场的原材料和资源类产品的需求量也是世界最大的，仅靠国内市场完全无法消化供给、保证供应，所以，以国内循环为主的新格局，也必须更加安全高效地利用好国际市场和国际资源。

内外需市场是相互依存、相互促进的。在扩大内需的策略下，一方面要增加国内的有效供给和高质量供给，另一方面可以进口优质商品和服务作为补充。海南的免税品市场改革就是一个有益的尝试，有效激发了国内游客的购买力，带动了海南地方经济的发展，2023年海南省的经济增速在沿海省份跃居前列。在中国加入RCEP和22个自贸协定后，进口商品价格不断下降，中国的进口口岸城市会获得更多的发展空间，成为连接境内外的商品分销中心和物流中心。

以国内大循环吸引全球资源要素流入国内，提高我国企业在全球配置资源的能力，从而牢牢把握战略主动权。中国企业在国际化战略落实过程中，逐步控制了若干境外自然资源的股权和矿产产品分配权利。今后我国关注的焦点不仅是对自然资源和对境外企业股权的控制，还要关注对海外人力资源的利用。中国在制造业领域总体上处于世界领先地位，但在服务业尤其是金融业和科技教育领域，普遍存在高端人才短缺。所以，在国内循环中，我国应持续加强对高端产业和教育科技的投入，加大对国家实验室和大科学中心的投入，吸引更多国际高端人力资源和青年劳动力为我所用。同时，需要推出更加灵活便利的签证政策，为畅通国内外高端人力资源往来提供更多便利。

第二节　扩大制度型开放，加快建设贸易强国

与以往的要素流动型开放不同，制度型开放是以规制、规则、标准开放为主的对外开放，具有全面、系统、稳定的特征，是一种更高层次、更高水平的开放。扩大制度型开放，有助于推动我国的市场化改革，有助于我国创造国际竞争新优势，有助于我国在全球贸易投资规则制定中取得更多话语权，有助于促进中国和相关国家结成更加稳定的经济共同体和命运共同体。

一、国际贸易多边组织与制度型开放

2001年12月11日，中国加入世界贸易组织。到2016年，80多个国家承认中国的完全市场经济国家地位，这种承认有效降低了双边贸易摩擦风险，从制度上稳定了中国的国际平等竞争地位。要维护以世界贸易组织为核心的多边贸易体制，消除贸易、投资、技术壁垒，推动构建开放型世界经济。这要求我们坚持经济全球化正确方向，推动贸易和投资自由化、便利化，支持多边贸易体制，推进双边、区域和多边合作，共同营造有利于发展的国际环境。

党的十八大以来，我国积极参与全球经济治理，坚定维护多边贸易体制，与世界贸易组织达成《贸易便利化协定》和《信息技术协定》扩围协议等。我国全面实施自由贸易区提升战略，至2022年底，中国对外签署的自贸协定数由10个增长到19个（截至2024年，我国已与29个国家签署了22个自贸协定），与自贸伙伴的贸易额占比从17%提升到约35%。签署并实施《区域全面经济伙伴关系协定》（RCEP），积极推进加入《全面与进步跨太平洋伙伴关系协定》（CPTPP）和《数字经济伙伴关系协定》。中国国际进口博览会连续举办，已成为中国构建新发展格局的新窗口、推动高水平开放的新平台、全球共享的国际公共产品。

加入世界贸易组织的20多年来，我国对外贸易增长速度长期显著高于地区生产总值增速。以2020年数据为例：货物进出口总额46463亿美元，稳居全球货物贸易总额第一位；利用外资1443.74亿美元，成为全球最大外资流入国；对外直接投资额达1329.4亿美元，实现了跨越式增长。中国不仅履行了入世承诺，而且在国内政策法规上做了相应调整。在贸易、投资和知识产权保护等领域，中央政府累计清理法律法规和部门规章2300余件，地方政府清理地方性政策法规19万余件，切实有力推进了规则导向的贸易自由化环境，在知识产权等领域完善了法律保护机制。加入世界贸易组织以来，货物关税水平由 2001 年的 15.3%大幅下降至 7.4%，完全满足并超额完成入世承诺；农产品平均关税税率由 23.2%降至 15.2%，约为世界农产品平均关税的 1/4，接近发达国家、发达市场成员的开放水平。目前，我国货物进口平均通关时间已缩短至 20 小时以内，出口货物平均通关时间已不到 2 小时，这些数据有力证明，我国的贸易便利化水平有了很大提升。中国在服务业开放领域做出了大大高于发展中国家平均水平的承诺。至 2007 年，中国在服务贸易领域的开放承诺已全部兑现，更大限度的服务贸易开放不断走向深入，2012 年起，北京市每年举办中国国际服务贸易交易会。中国国际服务贸易交易会与中国进出口交易会（广交会）、中国国际进口博览会，已成为我国对外开放的三大展会平台。

此外，我国推动构建教育对外开放新格局。2020 年 6 月 3 日，作为海南自贸港重点园区之一，由教育部和海南省共建的陵水黎安国际教育创新试验区在陵水县黎安镇揭牌成立，这是承载境外优质教育资源、开展中国教育改革创新的试验田之一。试验区已签约 22 所高校，其中中方高校 10 所，外方合作高校 12 所。规划到 2025 年末，试验区内的国际教育创新制度体系将基本形成，实行中外合作办学体制。截至 2020 年底，我国有中外合作办学机构和项目 2332 个，其中本科以上 1230 个。2020 年《海南自由贸易港建设总体方案》提出，允许境外理工农医类高水平大学、职业院校在海南自由贸易港独立办学。2021 年 6 月施行的《海南自由贸易港法》规定，境外高水平大学、职业院校可以在海南自由贸易港设立理工农医类学校。2022 年 12 月 13 日，德国比勒菲尔德应用科学大学与海南省政府完成了首个独立办学项目签约。允许境外大学在海南独立办学，是中国高等教育不断走向开放的关键一步。从引进境外高等教育资源合作办学，到允许境外大学在中国独立办学，这是重大的教育领域开放模式转变。

中国加入世界贸易组织和推进自由贸易区战略成效明显，充分说明中国选择了正确的发展道路，对外开放取得了历史性成就，而未来的高水平对外开放必将帮助中国跨越各种陷阱，助力中国在2035年基本实现现代化。

中国是世界贸易组织谈判的推动者，是多边贸易体制中“令人印象深刻的参与者”。加入之初的多哈回合谈判，中国提交百余份提案，2008年的世界贸易组织部长级会议中国首次进入“核心谈判圈”，在巴厘岛谈判中我国发挥了关键协调作用。中国在世界贸易组织的新兴议题中积极发挥引领作用，作为电子商务谈判三大主要引领方之一，凭借我方电子商务领域优势作为发展中国家代表，为推动跨境电商发挥了重要作用。此外，中国还是投资便利化谈判的发起者和引领者。

加入世界贸易组织这20多年，中国抓住了国际分工体系调整和重构的战略机遇期，积极参与和嵌入全球价值链，成为世界第二大经济体、全球第一大贸易国，在电子商务等新型贸易领域成为全球的引领者。未来的挑战是巨大的。从微观层面看，仅以制造业为例，企业国际竞争优势取决于三个基础方面：战略竞争、科技研发竞争、产业链供应链竞争。中国企业在这三个领域都存在明显缺项和短板。来自发达国家的行政制裁、金融制裁、投资和贸易制裁的风险逐年增加。仅以贸易救济调查为例，中国仍是最主要的对象国。2020年共有27个国家（地区）对华启动120多起贸易救济调查，创下2002年以来国外对华贸易救济调查的年度新高。2020年，在对华启动的20起反补贴调查中，有17起同时伴随反倾销调查。但面对经济逆全球化和贸易保护主义抬头的严峻形势，中国仍然展现出坚定的开放决心和战略自信。①

二、稳步扩大规则、规制、管理、标准等制度型开放

稳步扩大规则、规制、管理、标准等制度型开放，扩大面向全

① 范黎波、钱弥纶：《我国加入世界贸易组织的历程、成就与展望》，《光明日报》2021年11月9日。

球的高标准自由贸易区网络，是中国积极参与全球经济治理体系改革的重要组成部分。

中国积极参与联合国、国际货币基金组织、世界银行、世界贸易组织等机构进行国际政策协调，支持世界贸易组织健全贸易政策监督机制、完善争端机制，促进多边贸易体制包容发展，扩大新兴市场国家与发展中国家在全球经济治理中的话语权，是现有国际秩序的维护者。同时，中国不断推出新的国际公共产品，加快自贸区谈判、提高人民币在特别提款权的份额、发起成立亚投行和新开发银行等新型多边金融机构，促成国际货币基金组织完成份额和治理机制改革。但也要承认，多边贸易体制改革进展缓慢，而数字经济、数字货币和支付等新技术和新产业对国际经贸规则提出了新要求，发达国家的强势推动也加速了高标准经贸规则的建立和实施。

中国既要坚定维护自身核心利益，也要承担与大国地位相称的国际义务。扩大制度型开放的关键在于抓住并用好国际经贸规则调整重塑的契机，主动参与并积极引领国际贸易规则制定，推动国际经贸规则向着公平正义的方向发展，朝着有利于发展中国家和人类命运共同体的方向发展。其中，最有代表性的两个自由贸易协定——《区域全面经济伙伴关系协定》（RCEP）和《全面与进步跨太平洋伙伴关系协定》（CPTPP），就比较能反映和检验中国扩大规则、规制、管理、标准等制度型开放和扩大面向全球的高标准自由贸易区网络的意愿和能力。

RCEP 于 2020 年 12 月成功签署。RCEP 由东盟主导发起，邀请中国、日本、韩国、澳大利亚、新西兰、印度（后退出）等对话伙伴国参加，谈判以东盟对外达成的 5 个“10＋1”（东盟＋1）自贸协定为基础进行整合，其成功签署将为中国与东盟深化合作、共建命运共同体提供新的动力支持。RCEP 的签署标志着全球最大自贸区的诞生，将会创造一个更加繁荣、更有活力的区域大市场。

发起该协定的动因，是把东盟与中日韩澳新整合起来，形成一个超级大市场。在此之前，中日、日韩之间缺乏自贸协定联系，其他成员之间虽有自贸安排但也呈现出“碎片化”特征。RCEP协议以东盟为龙头，在整合成员之间双边自贸协定的基础上，进一步制订了区域统一、开放透明的贸易投资规则，允许产品原产地价值成分可在区域内累积，为中日韩澳新与东盟企业在RCEP区域优化产业链、供应链布局提供了新选项。RCEP以促进共同发展为目标，为柬埔寨、老挝、缅甸等东盟欠发达成员国提供特殊优惠待遇，帮助其提高能力以适应更高水平的自贸协定开放要求，为其利用自贸协定受惠提供支持，为中小企业提供了广泛的合作领域，促进其从RCEP中获益。同时，中国承诺帮助东盟向数字经济转型，跨越新技术革命带来的发展鸿沟。

RCEP在制度上的最大创新是在地缘政治方面取得突破，RCEP整合了16个国家的产业链和贸易链，从根本上动摇了美国在西太平洋的领导地位。中国随后跟进部署的两国双园战略，意味着中国和马来西亚、菲律宾、印度尼西亚将在产业和贸易领域加深合作。

但也要注意到，发达国家也在拉拢印太地区的发展中国家。美国声称寻求成立超越CPTPP的高水平印太经济框架，英国、欧盟等在积极推动和东盟等RCEP成员的自贸协定谈判，日本、澳大利亚、印度也在拉拢东盟参与“供应链弹性倡议”（SPRI），这些合作协议的签署均会影响我国扩大对RCEP相关成员的出口。

相较CPTPP等其他高水平自贸协定（FTA），RCEP的很多条款仍有较大升级空间。一方面，RCEP的关税减让在“质”“量”方面仍与CPTPP存在较大差距，RCEP其他议题的深度也有待加强。另一方面，RCEP遵循了经典的FTA规则体系，客观上制约了其应对全球化面临新问题的能力。RCEP难以解决以“国家安全”为借口出现的“逆全球化”“长臂管辖”“断链脱钩”等现象，难以解决全球性挑战，而且缺少解决发展中国家发展问题的创新型规则设计。

CPTPP的前身是TPP，即跨太平洋伙伴关系协定，而TPP前身是由四个伙伴国（新西兰、新加坡、智利、文莱）发起的自2002年开始酝酿的跨太平洋战略经济伙伴关系协定。2009年11月，时任美国总统奥巴马宣布美国参与 TPP 谈判，随后陆续有秘鲁、越南、澳大利亚、马来西亚、日本、墨西哥、加拿大等加入 TPP 谈判。2016 年 2 月，12 个成员国在新西兰奥克兰签署成立 TPP。然而，2017 年 1 月，时任美国总统的特朗普却宣布退出 TPP。2017 年 11 月，除美国之外的 11 个成员国签署新的自由贸易协定，即“全面与进步的 TPP”，也就是 CPTPP。2021 年 2 月，英国提出申请加入 CPTPP，2023 年 7 月，英国在新西兰签署加入 CPTPP，英国的加入谈判非常迅速和顺利。

2021 年 9 月，中国申请加入 CPTPP，加入 CPTPP 符合中国利益，也符合亚太地区乃至世界经济复苏的利益。为积极推动加入 CPTPP，中国就协定内容进行了充分、全面和深入的分析、研究和评估，梳理了可能需要采取的改革举措和修改的法律法规。2023 年，我国有条件的自由贸易试验区、自由贸易港试点对接国际高标准经贸规则，在全国率先进行制度创新。目前，中国正在积极推进加入进程。该协定属于高标准经贸规则，被赋予了相当多的意识形态和道德制高点内容，包括企业社会责任、文化认同和多样性、环境保护和保育、性别平等、土著权利、劳工权利、包容性贸易、可持续发展和传统知识的重要性，以及保留其出于公共利益进行监管的权利的重要性，此外还囊括了众多在经贸领域的议题，如货物的国民待遇和市场准入、原产地规则和原产地程序、纺织品和服装、海关管理和贸易便利化等。该协定的具体条款达 2300 多个。

CPTPP 的标准远远高于世界贸易组织的规则，涵盖的规则范围比世界贸易组织更广。2023 年 7 月，CPTPP 第七次委员会议声明，CPTPP 正在收集各加入申请方的信息以便了解其是否能够达到该协定的高标准。目前申请方包括中国、厄瓜多尔、哥斯达黎加、乌拉圭和乌克兰。中国申请加入 CPTPP，表明中国以实际行动践行党的二十大报告提出的“稳步扩大规则、规制、管理、标准等制度型开放”。中国有意愿以 CPTPP 平均 99%产品零关税的水平向 CPTPP 其他成员开放市场，有意愿按照 CPTPP 的基本规则进一步改革国内相关制度。

不同于世界贸易组织的多边机制，CPTPP是中国第一次申请加入一个已经生效的自贸协定，而且中国是世界第二大经济体和第一大贸易国，又面临着变局中的地缘政治环境，其贸易谈判的复杂性超过以往。申请加入CPTPP的难度堪称中国第二次“入世”，中国在申请加入CPTPP的同时，需要不断实践、积累和丰富谈判经验，需要发挥境内22个自由贸易试验区的先行先试功能，为全国接入高标准自由贸易区网络热身和铺路。

三、推动货物贸易优化升级，发展数字贸易和跨境电商

“稳外贸、稳外资”是国务院提出的“六保六稳”① 工作的重要内容。推动外贸稳规模优结构，对于稳增长稳就业、构建新发展格局、推动高质量发展具有重要支撑作用。国际贸易可分为货物贸易和服务贸易两大内容，其中服务贸易包含了服务业进出口、劳务进出口、技术贸易和知识产权贸易、商业存在、对外投资净收益等。从1997年起，我国国际收支平衡表的服务贸易分为13个类别。其中与货物贸易密切相关的服务贸易包括国际运输、金融、保险、通信服务。在新时代，随着互联网和通信技术的发展，通信服务又衍生出数字贸易和跨境电商等新型贸易方式。货物贸易和服务贸易相互渗透，是国际贸易优化升级的主旋律。

推动外贸稳规模优结构，在当前的国际形势下并不是一件容易的事情。美国、欧盟等发达国家连续加息以平息通货膨胀，造成发达国家消费能力和企业投资意愿急剧下降，由此引发的连锁反应是中国的外需不足，在2022年和2023年出现了出口困难。由于外贸规模直接受外需影响，且受国外经济周期和宏观经济政策的影响很

① 六稳指的是稳就业、稳金融、稳外贸、稳外资、稳投资、稳预期。六保指的是保居民就业、保基本民生、保市场主体、保粮食能源安全、保产业链供应链稳定、保基层运转。

大，稳外贸规模的形势仍较为严峻。国际货币基金组织（IMF）于2023年4月发布的《世界经济展望》表示，虽然全球经济正在复苏，但经济增速仍处于历史低位，下行风险较大。经济增速放缓主要集中在发达经济体，尤其是欧元区和英国，导致我国主要传统贸易市场承压。2023年前三季度，我国进出口总值30.8万亿元，同比微降0.2%。其中，出口17.6万亿元，同比增长0.6%，进口13.2万亿元，同比下降1.2%。第四季度有所好转，基本实现了外贸规模稳定。2023年，中国进出口41.75万亿元，增长0.2%，其中出口增长0.6%，进口下降0.3%。但中国的出口稳定是以牺牲人民币汇率为代价的。

从短期来看，我国的政策重心是稳外贸规模，从长远来看，政策重点指向优化外贸结构，厚植外贸发展潜力。主要举措是：优化贸易方式、完善外贸发展环境，把握外贸发展新方向，顺应数字化、智能化、绿色化进程不断加快的历史潮流，推进贸易数字化、加快贸易全链条数字化赋能；引领港口智能化、海运电动化；发展绿色贸易、争夺低碳市场尤其是新能源市场；推动跨境电商创新发展，力求前瞻性地培育外贸新动能、巩固外贸新优势。

绿色贸易是国际社会关注的新焦点。应对气候变化成为国际共识，全球已有130多个国家宣布到21世纪中叶将达到净零排放目标。国际贸易中的环境问题被提上议事日程，贸易发展与环境保护的关系成为许多国家（经济体）和国际组织关注的重点。与此同时，绿色发展已成为推动世界经济复苏的重要动能，太阳能光伏发电产品、锂电池、新能源汽车成为中国高速增长的出口“新三样”。欧美国家逐步将碳议题融合到自贸协定中的可持续发展条款中，推动“碳定价”形成国际通行规则，强化其在绿色规则的支配地位，国际低碳经贸规则话语权争夺更趋激烈。同时也要看到，传统产业的抵抗也很坚决。低碳经贸规则在联合国等多边机制进程中受阻，《联合国气候变化框架公约》面临“落实”困境，《环境产品协定》（EGA）谈判尚未重启，多边环境治理框架有被边缘化的趋势。

按照世界贸易组织秘书处汇总的环境产品清单统计，2022年全球绿色贸易规模达8.84万亿美元，同比下滑0.92%，在全球货物贸易总额中占比为18.17%，同比下降2.3个百分点。2013—2022年，世界环境产品进出口规模小幅波动增长，年均增速为0.85%。从全球绿色贸易发展格局看，中国、美国、欧盟一直保持前三的领先地位，且市场份额呈上升趋势，2022年贸易规模合计在全球占比达40.4%。这意味着其他国家的绿色贸易竞争力不足。2022年中国绿色贸易规模为1.08万亿美元，与2021年相比下滑6.96%，在全球排名第三。2023年中国出口"新三样"绿色产品合计出口突破1万亿元，增速高达29.9%，有力稳定了我国出口大盘。我国绿色贸易发展的区域集中度较高，集中于以环渤海、长三角、珠三角三大核心区域聚集发展的沿海发展带和长江经济带，宁德市凭借绿色产品出口猛增而跃居中国出口50强城市，排名第40位，进出口增速16.2%，居福建省第一。中西部地区绿色贸易仍有较大发展潜力。

加快发展数字经济是推动我国产业升级的重要路径。数字技术与传统产业结合，推动产业结构向高级化发展，能够提高劳动生产率、提升产品的质量和附加值。数字服务贸易已成为服务贸易增长新引擎，有助于改变我国服务贸易技术含量和附加值较低的状况，实现我国贸易在新赛道的比较优势。

广义的数字贸易包括两种，一是可数字化交付的服务贸易，贸易对象是数据、软件、信息技术；二是数字（技术）订购的货物和服务贸易，即跨境电商。《数字贸易发展与合作报告（2023）》指出，数字贸易作为新贸易形态，以数字技术赋能、以数据流动为关键牵引、以现代信息网络为重要载体、以数字平台为有力支撑，展现出较强的活力和韧性，对贸易模式、贸易结构、全球贸易规则和世界贸易格局产生了深刻影响。2022年，我国可数字化交付的服务贸易规模达2.51万亿元，同比增长7.8%，在全球名列第五。2023年1—8月，我国可数字化交付的服务贸易规模达1.81万亿元，同比增长10.4%。第二种是数字订购的货物贸易，2022年跨境电商进出口额达 2.11 万亿元，同比增长 9.8%，创历史新高；2023 年上半年，跨境电商进出口额达到 1.1 万亿元，同比增长 16.6%，增速进一步加快。中国已成为全球跨境电商生态链最为完善的国家之一。

数字贸易是打造贸易强国的重要支柱。杭州数贸会是推动数字贸易发展的重要平台，是促进全球数字经济合作的国际公共产品，也是支持建设开放型世界经济的重要举措。在促进数字贸易发展方面，商务部将推动四项工作：一是加强制度顶层设计，提出我国数字贸易改革创新发展的制度和政策框架，明确数字贸易发展目标和重点任务；二是加强平台建设，创建"丝路电商"合作先行区，做强做优国家数字服务出口基地，培育创新能力强和国际竞争力强的数字贸易领军企业，办好全球数字贸易博览会、中国国际数字和软件服务交易会；三是发展新业态新模式，积极发展数字产品贸易，为数字产品走出去营造良好环境，持续优化数字服务贸易，促进专业服务、在线教育、远程医疗等数字贸易业态创新发展，发展数字技术贸易，提升云计算、人工智能、区块链等数字技术创新能力；四是深化国际合作，高质量实施 RCEP，稳步推进加入《数字经济伙伴关系协定》（DEPA）和 CPTPP 进程，积极参与世界贸易组织电子商务谈判。

在货物贸易实现方式上，既要打造展会平台等线下供需对接方式，又要打造跨境电商等线上平台供需对接方式。跨境电商发展速度快、市场潜力大、带动作用强，能够实现低成本高效率匹配供需，为更多企业和终端消费者提供个性化优质服务。中国海关总署数据显示，2022 年中国跨境电商进出口 2.11 万亿元，增长 9.8%。其中，出口 1.55 万亿元，增长 11.7%；进口 0.56 万亿元，增长 4.9%。跨境电商货物进出口规模占外贸比重由 2016 年的不足 1%上升到 2021 年的 5%左右。我国跨境电商主体已超 10 万家，建设独立站超 20 万个，综试区内跨境电商产业园约 690 个。中国跨境电商贸易伙伴遍布全球，并与 29 个国家签署双边电子商务合作备忘录。

跨境电商的突破口是要紧紧抓住电商平台建设和海外仓建设两

个关键环节，这也是打通国内国际双循环的抓手。

目前我国在海外仓的布局力度很大，但在自有品牌的跨境电商平台建设方面还处于相对落后的地位，美国仍然处于垄断地位，但垄断电商平台也受到海量的独立站冲击。2023年全球领先的跨境电商平台前10名（按月访问量统计）是美国的亚马逊、eBAY，日本的乐天，新加坡的shopee，中国的全球速卖通，美国的Etsy、沃尔玛，阿根廷的Mercado Libre（美客多），俄罗斯的Wildberries、Ozon。其中第1名亚马逊的月访问量是第10名Ozon的近16倍，是第5名全球速卖通的9倍。此外，中国还有淘宝排名第11，拼多多排名第12，京东排名第18。1999年，阿里巴巴国际站成立，拉开了中国跨境电商建设序幕。2010年4月阿里巴巴旗下的全球速卖通正式上线。2014年，跨境电商平台Shein（希音）成立，其母体公司是位于南京的快时尚女装出口企业。2015年，京东自有的跨境电商平台成立。在B2C领域，国内跨境电商平台依托自身优势协助企业打造品牌。2021年，全球速卖通推出“G100出海计划”，旨在帮助中国企业和品牌发挥供应链优势，拓展海外新市场新用户。2022年，全球速卖通继续推出“国货出海”计划，这是针对品牌商家打造的一个全新赛道。在B2B领域，由于海外采购需求发生了变化，品牌孵化成为B2B跨境电商发展的焦点。2021年，阿里巴巴国际站发布数字化出海4.0计划，旨在孵化初创品牌和优势品牌，打通品牌数字化出海之路。2022年底，阿里巴巴国际站发布中国B2B品牌出海方法论，将重点扶持一批有竞争力的优质供给，量身定制品牌出海解决方案。跨境电商新模式快速发展。一是“直播＋跨境电商”模式持续加速。2021年8月，快手国际化事业部将Kwai中东、Kwai拉美与主打东南亚市场的Snack Video合并成了Kwai一款产品，开启了海外直播电商的商业化尝试。二是海外独立站蓬勃发展。据商务部统计，中国企业在海外建立的独立站约有20万个，独立站在跨境电商的市场份额持续增大。如独立站Shein已成为跨境电商快时尚的品牌标杆。2021年美国电商APP下载排行榜，主营女装的跨境电商平台 Shein 的下载榜排名从 2020 年的第 7 名跃升至 2021 年的第 2 位，下载量达 3200 万次。

中国跨境电子商务的发展趋势表现为：多渠道精细化经营将是未来跨境电商发展的主旋律；跨境电商服务类产品交易规模将会增大；跨境零售进口正面清单调整优化，跨境进口市场规模将进一步提升。数字技术的发展将为跨境电商行业带来革新，如区块链的可追溯性、不可篡改性、点对点传输技术、智能合约技术，将帮助解决跨境物流监测难题、跨境支付难题和跨境电商产品质量追溯难题；大数据技术、云计算技术将使营销更精准化、个性化，并提高供应链运转速度。2022 年，数字人民币已经开始应用到跨境电商支付场景。随着数字技术与跨境电商场景的深度融合，未来将形成智能、绿色的跨境电商数字生态链；“丝路电商”朋友圈持续扩大，金砖国家、上合组织、中国—中东欧、中国—中亚五国等多边机制建设持续推进，促使电子商务国际合作加速推进。

海外仓建设和国际海运、空运在某种程度上是互补关系。当国际运输运力紧张，运输不畅的时候，海外仓的货源储备就成为跨境电商送达客户的必备支撑。在保障国际产业链供应链安全方面，可以打造以海外仓为点、国际物流专线为线、国际重点区域市场为面的一体化全球物流布局。

近年来，我国海外仓建设受跨境电商高速发展而相应受益。2021 年，我国有海外仓超过 2000 个，是 2019 年的 2 倍，总面积达到 1600 万平方米。虽然发展迅速，但也存在布局不均衡问题，80％的海外仓集中在发达国家，尤其是 G7 国家，新兴市场仅仅布局了俄罗斯、印度和波兰，而在“一带一路”共建国家布局很少甚至只有零星配置。

我国的海外仓建设还存在一些问题需要破解：一是建仓主体是民营企业，融资难，海外仓是重资产，内保外贷制度尚未有效建立，民营企业获得外资银行信用贷款额度不大，国内财政补贴力度也不够大；二是自建型仓库多，共享型仓库少，各自为战，有的仓库闲置的时间长，有的电商找不到仓库，信息畅通的资源配置格局尚未形成，效率较差；普通功能的海外仓较多，特殊功能的海外仓较少，尤其是针对生鲜冷链、文化产品、医疗产品的海外仓数量不足。此外，中国海关在 9810（专门针对跨境电商 B2B 出口海外仓）通关方式的改革不到位，企业对此抱有清关和征退税合规性的疑虑，所以继续选择 0110 通关（一般贸易模式），这使得跨境电商海外仓模式的统计数据失真，不利于宏观决策。

四、创新服务贸易发展机制，实现服务贸易平衡

服务贸易具有轻资产、软要素的特点，更加需要开放、透明、包容、非歧视的发展环境，需要各国加强规则的协调和政策的对接。根据世界贸易组织《服务贸易总协定》的规定，服务贸易分为 12 个部门，涉及的行业量多面广。党的十八大以来，我国服务业规模持续扩大，在优化结构、促进就业、拉动消费等方面发挥了重要作用。境内服务业的快速发展，直接带动了服务业国际贸易快速发展，服务贸易进出口总额连续多年居世界第二，服务贸易的国际逆差也呈现出不断缩小的趋势。但由于我国服务业的整体国际竞争力不如制造业，所以在短期内要消除服务贸易逆差难度很大，为此就要积极创新服务贸易发展机制，不断增强我国的服务贸易实力，为实现服务贸易进出口平衡奠定基础。

2021 年中国服务贸易进出口总额达 52982.7 亿元，其中出口 25435 亿元，进口 27547.7 亿元，服务贸易逆差缩窄至 2112.7 亿元，创过去 10 年来的最低值。2021 年的服务贸易逆差较 2020 年狂减约 4816 亿元，非常不易，而且是在前一年降幅高达 53.9％的基础上再降 69.5％。逆差下降最主要的贡献者是运输服务出口，全年以 110.2％的同比增速成为服务贸易 12 个领域中出口增长最快的板块，紧随其后的是知识密集型服务出口，增长速度为 18％。运输与知识密集型服务出口一共拉低了服务贸易逆差 69.5 个百分点。一直扮演

中国服务贸易逆差最大贡献角色的旅游服务在2021年的贸易逆差降至6430亿元，比2019年大幅减少8511亿元。

2012—2021年，我国服务贸易进出口保持快速增长势头，年均增长6.1%，高出全球增速3.1个百分点。我国服务贸易在世界的排名也由第三位上升到第二位，到2021年已连续八年稳居世界第二位。2012—2021年这十年间，我国知识密集型服务进出口年均增速达到9.3%，占服务贸易的比重提高了10.3个百分点，其中个人文化和娱乐服务、电信计算机和信息服务、知识产权使用费、金融服务分别增长5.8倍、3.2倍、2.1倍和1.6倍。离岸服务外包规模增长2.9倍，服务外包产业累计吸纳就业1127万人。

《服务贸易蓝皮书：中国国际服务贸易发展报告（2023）》指出，2022年中国服务贸易进出口额为59801.9亿元，较2021年增长12.9%。其中，服务贸易出口额为28522.4亿元，进口额为31279.5亿元，贸易逆差为2757.1亿元，逆差比上年有所增加。与我国建立服务贸易往来关系的国家（地区）增加到200多个。2005—2021年，中国服务贸易进出口额及其占世界服务贸易进出口额的比重总体保持平稳增长态势。2005年中国服务贸易进出口额占世界服务贸易进出口额的3.06%，2018年的占比为6.68%，2021年的占比为7.13%。数字贸易已成为中国贸易增长的重要部分，2013—2021年，中国可数字化交付服务贸易出口额年平均增长率为11.33%，美国年平均增长率为4.98%，德国年平均增长率为5.70%。这意味着中国在数字贸易领域的国际竞争力不断增强。

同时，我国服务业发展不平衡、不充分的问题仍然突出，特别是金融、知识产权、数字服务等高附加值的现代服务业发展水平与发达经济体相比仍存在一定差距。发达国家在可数字化交付服务贸易出口额方面的比较优势较为明显。2021年，可数字化交付服务贸易出口额排名前四位依次是：美国（6130.12亿美元）、英国（3533.70亿美元）、德国（2422.31亿美元）、中国（1948.44亿美元）。从2017年起，中国可数字化交付服务贸易出口额占比

(3.62%)超过日本(3.59%)后，从此一直领先日本，成为亚洲数字服务出口第一大国。

中国的知识产权使用费出口规模持续增长，2022年达到132.73亿美元，较2019年增长1倍。但我国出口仅为进口的30%，贸易逆差常年存在，且近两年突破300亿美元。这说明我国的对外技术依赖性仍然较高。

在电信、计算机和信息服务方面，中国长期保持服务贸易顺差，2022年的贸易顺差为172.79亿美元，较2021年增长了58.81%。随着新一代信息技术的快速发展，电信、计算机和信息服务的内涵和形式也更加丰富，我国数字化转型步伐较快，现已具备较强的国际供给能力。不过，我国电信、计算机和信息服务的进口与出口增长率均呈下降趋势，对我国电信、计算机和信息服务的出口规模产生一定影响。

中国缺少具有全球竞争力的大型服务贸易企业，服务业跨国公司主体竞争力不足。在咨询服务行业，具有代表性的咨询公司如麦肯锡、贝恩、埃森哲、毕马威、安永等，均为其他国家的跨国公司。就服务贸易各部门而言，中国服务贸易逆差主要来自旅游服务贸易，中国人出境旅游远远多于外国人来华旅游数量。为进一步扩大旅游服务贸易的规模，缩小旅游业贸易逆差，既要突出中华文化的特色，又要吸引跨国旅游企业来华投资，提升旅游产品和服务品质，吸引更多国外游客进入中国旅游。

推进服务贸易发展机制创新是一项系统工程，需要统筹兼顾、整体推进。要处理好服务贸易进出口与国内服务业、货物贸易进出口、服务业利用外资和对外投资等方面的关系。要把创新服务贸易发展机制放在“贸易动机—贸易过程—贸易效应”的全链条中审视与把握。

国内服务业快速增长是服务贸易发展最坚实的基础。2021年中国服务业增加值同比增长8.2%，占国内生产总值的比重为53.3%。未来中国经济的服务业比重还会继续攀升，服务贸易在对外开放中的地位也将变得更加重要。

要依托生产性服务贸易，增强国内产业链供应链的韧性。继续加大国内服务业开放发展的力度，夯实服务贸易的国内产业基础，以保障稳定的服务贸易进出口增速。要利用服务贸易的自由化和便利化发展反哺国内服务业的国际化和专业化。

第三节　推动共建“一带一路”高质量发展

“一带一路”是“丝绸之路经济带”和“21世纪海上丝绸之路”的简称，2013年9月和10月由国家主席习近平分别提出建设“新丝绸之路经济带”和“21世纪海上丝绸之路”的合作倡议。2023年是习近平总书记提出“一带一路”倡议十周年，2023年10月在北京举行的第三届“一带一路”国际合作高峰论坛开幕式上，习近平主席指出，“‘一带一路’国际合作从无到有，蓬勃发展，取得丰硕成果”①。

一、“一带一路”建设成就

2023年10月10日，国务院新闻办公室发布《共建“一带一路”：构建人类命运共同体的重大实践》白皮书。这份文件概括了十年来中国在共建“一带一路”领域取得的辉煌成就。

1. 铺就共同发展繁荣之路

共建“一带一路”秉持人类命运共同体理念，倡导并践行适应时代发展的全球观、发展观、安全观、开放观、合作观、文明观、治理观，为世界各国走向共同发展繁荣提供了理念指引和实践路径。共建“一带一路”坚持共商、共建、共享的原则；秉持开放、绿色、

① 《建设开放包容、互联互通、共同发展的世界——在第三届“一带一路”国际合作高峰论坛开幕式上的主旨演讲》，《人民日报》2023年10月19日。

廉洁的理念；以高标准、可持续、惠民生为目标；愿景是走和平、繁荣、开放、创新、文明的造福世界的幸福路。

2. 促进全方位多领域互联互通

中外政策沟通对接广泛深入。在全球层面，2016 年 11 月，在第 71 届联合国大会上，193 个会员国一致赞同将“一带一路”倡议写入联大决议；联合国开发计划署、世界卫生组织与中国签署“一带一路”合作协议。在世界贸易组织，中国推动完成《投资便利化协定》文本谈判，将在超过 110 个国家和地区建立协调统一的投资管理体系。在区域和多边层面，共建“一带一路”同联合国 2030 年可持续发展议程、《东盟互联互通总体规划 2025》、东盟印太展望、非盟《2063 年议程》、欧盟欧亚互联互通战略等有效对接。在双边层面，共建“一带一路”与俄罗斯欧亚经济联盟建设、哈萨克斯坦“光明之路”新经济政策、土库曼斯坦“复兴丝绸之路”战略、蒙古国“草原之路”倡议、印度尼西亚“全球海洋支点”构想、菲律宾“多建好建”规划、越南“两廊一圈”、南非“经济重建和复苏计划”、埃及苏伊士运河走廊开发计划、沙特“2030 愿景”等多国战略实现对接。2017 年、2019 年、2023 年中国成功举办三届“一带一路”国际合作高峰论坛。在共建“一带一路”框架下，发起成立了 20 余个专业领域多边对话合作机制。规则标准对接扎实推进，标准化合作水平不断提升，截至 2023 年 6 月底，中国与 65 个国家标准化机构，以及国际和区域组织签署了 107 份标准化合作文件。

设施联通初具规模。设施联通是共建“一带一路”的优先领域。共建“一带一路”以“六廊六路多国多港”为基本架构，加快推进多层次、复合型基础设施网络建设，基本形成“海陆天网”四位一体的互联互通格局，为促进经贸和产能合作、加强文化交流和人员往来奠定了坚实基础。

贸易畅通便捷高效。贸易投资规模稳步扩大。2013—2022 年，中国与共建国家进出口总额累计 19.1 万亿美元，年均增长 6.4%；与共建国家双向投资累计超过 3800 亿美元，其中中国对外直接投资超过 2400 亿美元，中国为资本净流出；中国在共建国家承包工程新签合同额、完成营业额累计分别达到 2 万亿美元、1.3 万亿美元。2022 年，中国与共建国家进出口总额近 2.9 万亿美元，占同期中国外贸总值的 45.4%，较 2013 年提高了 6.2 个百分点，南南合作改变了贸易格局，发展中国家的经济实力明显上升；中国民营企业对共建国家进出口总额超过 1.5 万亿美元，占同期中国与共建国家进出口总额的 53.7%，民企逐步实现了国际化。贸易投资自由化便利化水平不断提升。截至 2024 年中国与 29 个国家和地区签署 22 个自贸协定。RCEP 于 2022 年 1 月 1 日正式生效，是世界上人口规模和经贸规模最大的自贸区。中国企业与共建国家政府、企业合作共建的海外产业园超过 70 个，中马、中印尼“两国双园”及中白工业园、中阿（联酋）产能合作示范园、中埃（及）·泰达苏伊士经贸合作区稳步推进。

资金融通日益多元。金融合作机制日益健全。中国国家开发银行推动成立中国—中东欧银联体、中国—阿拉伯国家银联体、中国—东盟银联体、中日韩—东盟银联体、中非金融合作银联体、中拉开发性金融合作机制等多边金融合作机制，中国工商银行推动成立“一带一路”银行间常态化合作机制。截至 2023 年 6 月底，共有 13 家中资银行在 50 个共建国家设立 145 家一级机构，131 个共建国家的 1770 万家商户开通银联卡业务，74 个共建国家开通银联移动支付服务。中国已与 20 个共建国家签署双边本币互换协议，在 17 个国家建立人民币清算安排，人民币跨境支付系统的参与者数量、业务量、影响力逐步提升。中国银保监会（现国家金融监督管理总局）、证监会与境外多个国家的监管机构签署监管合作谅解备忘录。投融资渠道平台不断拓展。中国出资设立丝路基金，并与相关国家一道成立亚洲基础设施投资银行。债务可持续性不断增强。中国与 28 个国家核准《“一带一路”融资指导原则》，推动共建国家政府、金融机构和企业重视债务可持续性，提升债务管理能力，避免给所在国造成债务风险和财政负担。

民心相通基础稳固。民心相通是共建“一带一路”的社会根基。共建国家传承和弘扬丝绸之路友好合作精神，广泛开展文化旅游合作、教育交流、媒体和智库合作、民间交往，推动文明互学互鉴和文化融合创新。60余个共建国家的城市同中国多个城市结成1000余对友好城市。72个国家和地区的352家民间组织结成丝绸之路沿线民间组织合作网络。形成了多元互动、百花齐放的人文交流格局，夯实了共建“一带一路”的民意基础。

新领域合作稳步推进。推动健康、绿色、创新、数字丝绸之路建设取得积极进展。共建国家发挥各自优势，不断拓展合作领域、创新合作模式，推动健康、绿色、创新、数字丝绸之路建设取得积极进展，国际合作空间更加广阔。卫生健康合作成效显著。共建国家积极推进“健康丝绸之路”建设，推动构建人类卫生健康共同体，建立紧密的卫生合作伙伴关系。绿色低碳发展取得积极进展。中国与共建国家、国际组织积极建立绿色低碳发展合作机制，携手推动绿色发展、共同应对气候变化。科技创新合作加快推进。共建国家加强创新合作，加快技术转移和知识分享，不断优化创新环境、集聚创新资源，积极开展重大科技合作和共同培养科技创新人才，推动科技创新能力提升。“数字丝绸之路”建设亮点纷呈。共建国家加强数字领域的规则标准联通，推动区域性数字政策协调，携手打造开放、公平、公正、非歧视的数字发展环境。

3. 为世界和平与发展注入正能量

共建“一带一路”开辟了世界经济增长的新空间，搭建了国际贸易和投资的新平台，提升了发展中国家的发展能力和民生福祉，为变乱交织的世界带来更多确定性和稳定性。亚洲开发银行的研究表明，内陆国家基础设施贸易成本每降低10%，其出口将增加20%。产业产能合作促进了共建国家产业结构升级，提高了其工业化、数字化、信息化水平，形成具有竞争力的产业体系，增强了共建国家参与国际分工合作的广度和深度。共建“一带一路”打通经济全球化的大动脉，畅通信息流、资金流、技术流、产品流、产业流、人员流，将活跃的东亚经济圈、发达的欧洲经济圈、欧亚大陆腹地经济发展潜力巨大的国家联系起来，拉紧同非洲、拉美大陆的经济合作网络，形成一个欧亚大陆与太平洋、印度洋和大西洋完全连接、陆海一体的全球发展新格局，为完善全球治理提供新方案。共建“一带一路”坚持真正的多边主义，为国家间交往提供了新的范式。

哈萨克斯坦总统托卡耶夫评价：“‘一带一路’倡议已经成为热门国际项目和最大合作平台。该项目体现了中国的经济实力以及在全球水平上达到新高度的愿望。该项目取得的成就是有目共睹的。”① 新开发银行行长罗塞夫表示：“历史上从来没有任何一个倡议像‘一带一路’这样，能够把150多个国家凝聚在一起。”②

二、共建“一带一路”进入高质量发展新阶段

2023年10月，习近平总书记在第三届“一带一路”国际合作高峰论坛（北京）开幕式发表主旨演讲《建设开放包容、互联互通、共同发展的世界》，习近平主席指出：“10年的历程证明，共建‘一带一路’站在了历史正确一边，符合时代进步的逻辑，走的是人间正道。我们要有乱云飞渡仍从容的定力，本着对历史、对人民、对世界负责的态度，携手应对各种全球性风险和挑战，为子孙后代创造和平、发展、合作、共赢的美好未来。”③ 习近平总书记对如何建设高质量发展的“一带一路”提出了八项行动计划：构建“一带一路”立体互联互通网络；支持建设开放型世界经济；开展务实合作；促进绿色发展；推动科技创新；支持民间交往；建设廉洁之路；完

---

①　金佳绪、张芮绮、潘子荻等：《习近平主席与哈萨克斯坦的故事》，新华社2024年7月3日。

②　许可、张骁：《习近平会见新开发银行行长罗塞夫》，新华社2023年10月19日。

③　《建设开放包容、互联互通、共同发展的世界——在第三届“一带一路”国际合作高峰论坛开幕式上的主旨演讲》，《人民日报》2023年10月19日。

善“一带一路”国际合作机制。

习近平总书记重点强调共建“一带一路”源自中国，成果和机遇属于世界，并提出：“迎接共建‘一带一路’更高质量、更高水平的新发展阶段，推动实现世界各国的现代化，建设一个开放包容、互联互通、共同发展的世界，共同推动构建人类命运共同体。”[①] 高质量发展来自中国实践经验总结，蕴含着“绿色、创新、开放、协同、共享”五大新发展理念；而世界现代化，是中国式现代化的对外延伸，既是中国道路自信、理论自信的对外宣示，更是中国愿意和发展中国家分享蛋糕的真情实意。

新发展理念，既是中国发展经验的总结，也吸收了世界各国的文明成果，借鉴了世界银行、联合国教科文组织、亚投行、新开发银行、世贸组织等国际组织的研究成果，是发展经济学最新的成果。世界现代化，意味着中国的重大国际责任，不但要惠及中国人民，更要惠及全世界人民，特别是发展中国家的人民，这需要中国有非凡的领导力和组织能力，也需要共建国家的大力配合。它意味着发展中国家要实现长期的、可持续的经济增长，实现集约式的而不是粗放型的增长，这必须依靠创新驱动、人才资源和国际合作。

第四节　推动构建人类命运共同体

推动构建人类命运共同体不仅是中国应对时代挑战的战略选择，更是中国式现代化的本质要求。在揭示中国式现代化的中国特色时，习近平总书记指出，“我国现代化强调同世界各国互利共赢，推动构建人类命运共同体，努力为人类和平与发展作出贡献”[②]，把中国式

---

① 《建设开放包容、互联互通、共同发展的世界——在第三届“一带一路”国际合作高峰论坛开幕式上的主旨演讲》，《人民日报》2023 年 10 月 19 日。

② 习近平：《新发展阶段贯彻新发展理念必然要求构建新发展格局》，《求是》2022 年第 17 期。

现代化同推动构建人类命运共同体紧密结合起来，把中华民族伟大复兴同全人类的前途命运紧密联结起来，明确宣示了中国继续高举和平、发展、合作、共赢旗帜，矢志不渝走和平发展道路的坚定信心决心和能力。[①] 人类命运共同体思想是2012年以来习近平总书记对中国对外开放实践总结提炼出来的新理论，共建“一带一路”高质量发展是落实这一思想的重大实践平台，以中国式现代化推动世界现代化是打造人类命运共同体的道德制高点的具象化。

人类命运共同体理论既是习近平经济思想和政治外交思想的组成部分，也是“人的现代化”理论的最新成果。

一、人类命运共同体的理论价值

人类命运共同体理论包含了四种学说：国际权力观、共同利益观、可持续发展观、全球治理观。它是以习近平同志为核心的中共中央就人类社会未来发展道路和愿景提出的“中国方略”。

2012年11月，党的十八大报告提出“要倡导人类命运共同体意识，在追求本国利益时兼顾他国合理关切”。2017年10月，党的十九大报告中提出，“坚持和平发展道路，推动构建人类命运共同体”。2022年10月，党的二十大报告明确了“推动构建人类命运共同体”是中国式现代化的本质要求之一。

党的十八大以来，习近平总书记深刻洞察“世界之变”，科学回答“世界之问”，创造性地提出并不断丰富发展构建人类命运共同体的重要思想。

（一）人类命运共同体理论是对政治经济学的创新

马克思主义政治经济学要有生命力，就必须与时俱进。人类命

① 郭静：《构建人类命运共同体与中国式现代化》，《中国社会科学报》2024年1月9日。

运共同体政治经济学基于中国视野，站在世界高度，是习近平经济思想的重要组成部分，实现了马克思主义政治经济学的新发展。

人类命运共同体政治经济学运用历史唯物主义基本原理，深入考察人类社会历史和现实，研究当代经济全球化现象背后的运行规律。一是立足社会基本矛盾，强调生产力是社会发展的最根本动力，坚持发展优先。二是依托马克思的世界历史理论，指出人类社会的联系必将更加紧密，坚持普惠包容。三是坚持群众史观基本原理，主张充分发挥人民群众创造历史的作用，坚持以人民为中心。

中国共产党是构建人类命运共同体政治经济学的主体力量，中国式现代化为人类命运共同体政治经济学提供了实践基础，中华文明传承发展为人类命运共同体政治经济学提供了精神动力。

人类命运共同体政治经济学是对当代历史的全面研究。一方面系统考察西方资本主义的发展进程，抓住当代资本主义固有矛盾，剖析当今世界现实问题的根源；另一方面总结社会主义演进史的经验教训，研究社会主义发展的一般规律，为构建人类命运共同体指明了道路。

（二）人类命运共同体理论是对国际政治经济学的创新

国际政治经济学是国际关系研究中的一个新兴学科领域，是国际关系学的分支学科，它的研究焦点是全球范围内的国家与市场关系。从研究对象看，国际政治经济学可分两大类：一是以主权国家为基本单位，分析其国际层次的政治与经济的互动关系；二是以国际体系或世界政治经济作为整体进行分析。主流派的理论基础是西方国际关系学的国家利益概念和政治经济学关于国家和市场相互关系的观念，结构主义和世界体系学派虽吸收马克思主义若干分析概念，但它要论证的却是资本主义不会有危机。

国际政治学是研究权力及其分布的学科。从历史经验来看，经济因素（财富）是权力的重要来源，国家力量是国家富裕的必要条件。因此，把政治和经济结合在一起研究的动力，是对权力来源和运用的分析。从本质上看，国际政治经济学考察的是权力和财富之间的互动。

实际上，西方国际政治经济学难以解释中国的和平发展及其与外部世界的政治经济联系，更难以反映百年未有之大变局与中国特色社会主义进入新时代两者同步交织、相互激荡的时代特征。建构中国国际政治经济学不仅是要强调中国视角、中国话语和中国叙事，更要从世界历史的高度审视当今世界的发展趋势和面临的重大问题，运用马克思主义唯物史观的立场、观点和方法观察时代、解读时代、引领时代。人类命运共同体思想立足中国与世界关系的现实变化，是马克思主义世界历史思想在21世纪的最新发展和集中体现，赋予了中国国际政治经济学鲜明的时代性、科学性和实践性，在研究视野上大大超过了西方国际政治经济学所关注的财富和权力的国际分配，为建构中国国际政治经济学规定了新的研究立场和根本宗旨，确立了研究主题和研究主线，拓展了研究空间。

（三）人类命运共同体是对现代化理论的创新

近半个世纪以来，中国开辟了发展中国家自主探索实现现代化的新路径，踏上中国式现代化新征程。2013年，习近平总书记提出“一带一路”倡议，开创性地将中国式现代化进程中形成的资源要素、市场平台、实践经验和思想理念与全球发展场域对接，在中国式现代化与世界现代化进程的双向促进中实现共同繁荣。习近平主席在2023年金砖国家工商论坛闭幕式致辞中指出：“当今时代，以金砖国家为代表的新兴市场国家和发展中国家群体性崛起，正在从根本上改变世界版图。”① 共建“一带一路”率先开拓全球尤其是南方国家大范围自主选择与自主合作、互利共赢的新道路，为推动新型全球化注入了新动力，为推动世界现代化开辟了新路径。共建“一带一路”着眼于解决当下实现全球普惠发展的两大关键问题：一是全球经济复苏乏力，需要重构全球经济格局、实现结构性调整；

① 《深化团结合作，应对风险挑战，共建更加美好的世界——在2023年金砖国家工商论坛闭幕式上的致辞》，《人民日报》2023年8月23日。

二是世界现代化从民族国家的现代化转变为以谋求全人类共同利益为目标的现代化，使更多发展中国家加入现代化进程。

在世界历史进程中，西方国家率先踏上现代化之路，形成了以西方文明为中心的世界现代化版图，构筑起“现代化＝西方化”的意识形态霸权，把西方式资本主义道路视为后发国家实现现代化的唯一途径。中国式现代化突破了西方对现代化理论与实践的长期垄断，有效规避了发展中国家依循西方模式极易陷入的多重困境，打破了“西方中心论”“文明优越论”等，否定了“文明冲突论”和西方文明一统天下论。

马克思和恩格斯从本质上揭示了西方式现代化的运行方式，指出资产阶级在其他一切民族那里“推行所谓的文明”，实际上是“按照自己的面貌为自己创造出一个世界”。西方现代化理论把自由市场经济和西式民主制度视为人类文明的完善形态，然而，随着西方文明的演进，其制度性危机不断暴露，传统西方式现代化理论无法再为世界其他国家和民族提供转型发展的遵循。

在历史唯物主义视域中，人类文明形态向更高水平的跃迁就是从“以物的依赖性为基础的人的独立性”迈向建立在个人全面发展基础上的自由个性。资本逻辑主导的现代化创造了蔚为壮观的文明成果，也引发了物质文明与精神文明失衡、社会伦理失序、价值取向失范的消极效应，带来了人的劳动异化、人的发展片面化、人与人交往关系物化的危机。中国式现代化作为人类文明新形态，把发展人的文明、促进人的现代化摆在核心位置，坚持以人民为中心的根本价值原则，摒弃了资本主义现代化“见物不见人”的缺陷，立足“现实的个人”及其物质生产和交往实践来把握社会进步规律和人的发展规律。①

党的二十大报告中明确了中国式现代化的九个本质要求：坚持中国共产党领导，坚持中国特色社会主义，实现高质量发展，发展全过程人民民主，丰富人民精神世界，实现全体人民共同富裕，促进人与自然和谐共生，推动构建人类命运共同体，创造人类文明新形

---

① 张晓萌、周鼎：《现代化理论创新的中国贡献》，《光明日报》2023年5月30日。

态。党的二十大报告将“推动构建人类命运共同体”列为中国式现代化的本质要求之一，丰富和发展了构建人类命运共同体的重要思想。

二、构建人类命运共同体与共建“一带一路”的关系

共建“一带一路”是推动实现“世界现代化”的必经之路。2023 年 10 月 18 日，第三届“一带一路”国际合作高峰论坛开幕式在北京举行，习近平主席发表主旨演讲，首次提出“世界现代化”概念。习近平主席提出：“世界现代化应该是和平发展的现代化、互利合作的现代化、共同繁荣的现代化。”① 这一宏伟愿景，与构建人类命运共同体理念一脉相承，为高质量共建“一带一路”明确了努力方向。

印度尼西亚《雅加达邮报》网站刊文指出，“一带一路”国际合作高峰论坛令发展话语成为一项关键的全球关切，也让我们得以一窥这样一种新的多数人福利优先于少数人利益的世界秩序。②

（一）两个范畴的提出时间和逻辑关系

2012 年 11 月，习近平总书记在党的十八大报告首次提出人类命运共同体倡议，时间要早于 2013 年 9 月和 10 月提出“一带一路”合作倡议。

党的十八大、十九大、二十大报告均有涉及人类命运共同体和共建“一带一路”的内容。到 2023 年，习近平总书记提出了共建“一带一路”高质量发展新阶段的战略判断，并赋予其承载以中国式现代化推动世界现代化的历史使命，发展了人类命运共同体思想。

构建人类命运共同体具有重大理论价值、深远世界意义、强大实践伟力。构建人类命运共同体，以建设持久和平、普遍安全、共同繁荣、开放包容、清洁美丽的世界为努力目标，以推动共商共建

---

① 《建设开放包容、互联互通、共同发展的世界——在第三届“一带一路”国际合作高峰论坛开幕式上的主旨演讲》，《人民日报》2023 年 10 月 19 日。

② 叶书宏：《开启世界现代化的崭新篇章》，新华社 2023 年 10 月 24 日。

共享的全球治理为实现路径，以践行全人类共同价值为普遍遵循，以推动构建新型国际关系为基本支撑，以落实全球发展倡议、全球安全倡议、全球文明倡议为战略引领，以高质量共建“一带一路”为实践平台。作为科学完整、内涵丰富的思想体系，构建人类命运共同体植根中华文明深厚土壤，丰富和发展了马克思主义世界历史理论、共同体思想，展现出对历史发展大势的深刻洞察、对人类社会发展规律的深刻认识，实现了对国际关系理论的创新发展。①

（二）推进中国特色大国外交，推动人类命运共同体建设

中国的外交实践是紧密配合对外开放政策的，与中国建立命运共同体的国家和地区主要是中国的周边国家和“一带一路”共建国家，包括：巴基斯坦、泰国、老挝、柬埔寨、越南，塞尔维亚，以及拉美和中亚地区。东盟、拉美和中亚是与中国投资、贸易联系最紧密，且贸易额和投资额增速最快的地区。建立国家间的命运共同体关系、中国与地区之间的命运共同体关系，有助于实现相互信任和长期合作。中国对周边国家和发展中国家强大的经济辐射效应，带动了这些国家的经济增长和现代化步伐。

1991 年，中国与东盟建立了对话关系；2003 年，中国作为域外国家第一个加入《东南亚友好合作条约》；2013 年，中方提出构建更为紧密的中国—东盟命运共同体。根据新加坡尤索夫伊萨东南亚研究院发布的报告，中国仍被视为在经济和政治上对东南亚最具影响力的国家，人类命运共同体理念在东南亚国家日渐深入人心。东南亚民众认为，这一理念与东盟的发展方向相辅相成。2023 年，中国与东盟国家双边贸易规模达 6.41 万亿元。东盟连续多年保持中国第一大贸易伙伴地位，中国连续多年为东盟第一大贸易伙伴。新加坡大华银行中国执行董事辛韬指出：“中国和东盟国家的经贸联系密

① 刘结一：《深刻把握构建人类命运共同体的重大价值和意义》，《人民日报》2024 年 4 月 30 日。

不可分，双方产业链融合将进一步深化。”2024 年以来，中国已同新加坡、泰国签署互免签证协定。自 3 月 1 日中泰互免签证协定生效以来，中国游客访泰热度持续攀升。2024 年第一季度泰国累计接待外国游客超过 937 万人次，其中中国游客超过 175 万人次，位居第一。中泰互免签证也使泰国游客赴中国旅游的热情高涨。2024 年是“中国—东盟人文交流年”。中国驻东盟大使侯艳琪表示，人文交流年将在中国和东盟之间架起一座“心桥”，助力构建更为紧密的中国—东盟命运共同体。中国坚持高水平对外开放，推动共建“一带一路”高质量发展，搭建中国国际进口博览会、中国进出口商品交易会、中国—东盟博览会等经贸平台，推动中国—东盟自贸区、RCEP 不断发展，使得亚太地区特别是东盟直接受惠。

（三）促进“一带一路”国际合作，打造构建人类命运共同体的实践平台

构建人类命运共同体是共建“一带一路”的初衷和最高目标。共建“一带一路”是我国在新的历史条件下实行全方位对外开放的重大举措，是我国经济发展的内生性要求。2017 年 5 月，习近平在“一带一路”国际合作高峰论坛圆桌峰会致开幕词：“在‘一带一路’建设国际合作框架内，各方秉持共商、共建、共享原则，携手应对世界经济面临的挑战，开创发展新机遇，谋求发展新动力，拓展发展新空间，实现优势互补、互利共赢，不断朝着人类命运共同体的方向迈进。这是我提出这一倡议的初衷，也是希望通过这一倡议实现的最高目标。”① 习近平总书记指出：“在新的历史条件下，我们提出‘一带一路’倡议，就是要继承和发扬丝路精神，把我国发展同沿线国家和世界其他国家发展结合起来，把中国梦同沿线国家和世界其他国家人

---

① 《习近平在“一带一路”国际合作高峰论坛圆桌峰会上的开幕辞》，《人民日报 》2017 年 5 月 16 日。

民的梦想结合起来，赋予古代丝绸之路全新的时代内涵。”①

坚持共商、共建、共享，把“一带一路”打造成为顺应经济全球化潮流的国际合作平台。共建“一带一路”契合中国、共建国家的发展需要，符合各方共同利益。共建“一带一路”秉持的是共商、共建、共享原则，不是封闭的，而是开放包容的；不是中国一家独奏，而是共建国家的合唱。共建“一带一路”不是要替代现有地区合作机制和倡议，而是要在已有基础上，推动共建国家实现发展战略相互对接、优势互补。中国不打地缘博弈小算盘，不搞封闭排他小圈子，不做凌驾于人的强买强卖。共建“一带一路”植根于丝绸之路的历史土壤，重点面向亚欧非大陆，同时向所有朋友开放。不论来自亚洲、欧洲，还是非洲、美洲，都是共建“一带一路”国际合作的伙伴。习近平总书记这些重要论述为共建“一带一路”指明了方向，进一步丰富了构建人类命运共同体的内涵。

推动共建“一带一路”走深走实、行稳致远，为构建人类命运共同体注入强劲动力。共建“一带一路”不是空洞的口号，而是看得见、摸得着的实际举措，将给地区国家带来实实在在的利益。共建“一带一路”倡议的核心内涵，就是促进基础设施建设和互联互通，加强经济政策协调和发展战略对接，促进协同联动发展，实现共同繁荣。② 2017 年 5 月，中国成功主办“一带一路”国际合作高峰论坛（首届），标志着共建“一带一路”倡议进入从理念到行动、从规划到实施的新阶段。在这次会议上，习近平总书记指出：“我们要乘势而上、顺势而为，将‘一带一路’建成和平之路、繁荣之路、开放之路、创新之路、文明之路，推动‘一带一路’建设行稳致远，

---

① 《千秋伟业强基石（习近平新时代中国特色社会主义思想学习问答（47））——关于实现中华民族伟大复兴的重要保障》，《人民日报》2021 年 9 月 23 日。

② 闻言：《坚持推动构建人类命运共同体，努力建设一个更加美好的世界——学习习近平〈论坚持推动构建人类命运共同体〉》，《人民日报》2018 年 10 月 31 日。

迈向更加美好的未来。”①

第五节　维护多元稳定的国际经济格局和经贸关系

党的二十大报告强调：“深度参与全球产业分工和合作，维护多元稳定的国际经济格局和经贸关系。”这是推进高水平对外开放的重要一环，甚至是最终的落脚点。只有形成了多元稳定的国际经济格局和经贸关系，中国的外交国防政策在错综复杂的国际斗争中才有转圜余地，国内的各个经济区在高度专业化分工和大规模生产体制下才有腾挪的空间，不至于被某些大国制裁而束手无策。在中国深度参与全球产业分工和合作的背景下，国外政客就是想“脱钩断链”，其所在国也必须付出巨大的时间成本和金钱成本，迫使其不得不慎重决策。

一、深度参与全球产业分工和合作

改革开放四十多年来，中国的对外经贸取得了巨大的成就。中国是全球其他主要经济体（除了美国）的最大贸易伙伴。欧盟 27 国的前三大贸易伙伴按顺序分别是中国、美国、英国；中国连续多年是日本、韩国的第一大贸易伙伴；东盟十国前三大贸易伙伴依次是中国、日本、美国。面对这个全球贸易格局，我们自然会得出一个结论：中国是近二十年全球自由贸易和产业链分工最大的受益者。

中国强大的外贸实力，不仅仅是靠庞大的国内产能支撑的，还与中国企业走出去、在全球收购企业和进行绿地投资、参与基础设施建设、形成了国内国际双循环这一战略布局有着密切关系。分工

① 《习近平出席“一带一路”国际合作高峰论坛开幕式并发表主旨演讲》，新华社 2017 年 5 月 14 日。

决定生产，生产决定流通和外贸，所以，只有深度参与全球产业分工和合作，中国才能在激烈的国际竞争中立于不败之地，才能维护多元稳定的国际经济格局和经贸关系。

（一）国际投资是推动外贸发展的决定性因素

中国长期以来都是世界第二大吸引外商直接投资的目的地，到2020年，中国超过美国成为第一大目的地国。2021年3月，经济合作与发展组织发布报告指出，2020年中国吸收外资超过美国，成为全球投资圈首选目的地。2020年全球经济投资降至2005年以来的最低点，为8460亿美元，比2019年大幅下滑38%。在新冠疫情冲击下，全球投资金额加速下降，2020年仅占全球生产总值的1%，而中国是少数逆流而上的主要经济体之一，2020年吸引外国投资约为2120亿美元，领先全球，美国和印度分别以1770亿美元和640亿美元稳居在排行榜第二和第三。

联合国贸易和发展会议2021年发布的报告显示，在2020年全球外国直接投资总规模大幅下滑的背景下，中国成为全球最大投资国。2020年流入发达经济体的外商直接投资缩水58%。而由于流入包括中国在内的亚洲经济体的外资保持旺盛，发展中经济体吸收的外商直接投资规模保持相对稳定，仅缩水8%。2020年中国吸收的外商直接投资增长6%，达1490亿美元，仍是全球第二大外商直接投资流入国；中国对外投资规模达1330亿美元，与前一年基本持平，成为全球最大投资国。2020年全球对外直接投资流量为7399亿美元，同比下降39.4%，其中发达经济体对外直接投资3471.6亿美元，下降55.5%，占全球流量的46.9%；发展中经济体对外投资3871亿美元，同比下降7.1%，占全球流量的52.3%；转型经济体56.4亿美元，占全球流量的0.8%。2020年我国对外直接投资逆势增长，流量达1537.1亿美元，首次跃居世界第一，占全球流量的20.2%。这组数据表明，中国进入了吸收外资和对外投资总额基本相当的新时期。

根据商务部统计，2023年中国吸收外资规模为11339亿元，同比下降8.0%，但仍处于历史高位。2023年中国对外投资额为10418亿元，同比增长5.7%（以美元计价为1478.5亿美元，同比增长0.9%）。其中，我国对外非金融类直接投资9169.9亿元，同比增长16.7%（折合1301.3亿美元，同比增长11.4%）。相比中国的对外投资稳定增长，吸引外资确实表现不佳。

现阶段，中国吸收外商直接投资主要反映了中国的科技行业、电子商务和研发领域的对外开放需求，尽管我国的制造业总体上优势很大，但产业链某些环节仍有弱项，需要继续引进外资。中国对外投资的增长则体现了中国本土跨国企业的持续扩张，以及“一带一路”项目的不断开展。2023年我国企业在“一带一路”共建国家非金融类直接投资2240.9亿元，同比增长28.4%（折合318亿美元，同比增长22.6%）。2023年我国企业对外承包工程完成营业额11338.8亿元，同比增长8.8%（折合1609.1亿美元，同比增长3.8%），其中在“一带一路”共建国家承包工程完成营业额9305.2亿元，同比增长9.8%（折合1320.5亿美元，同比增长4.8%）。

中国企业通过金融市场吸收外资，主要表现为在境外股票市场首次公开募股（IPO）。至2023年底，中国概念股在海外主要市场的上市公司有1685家，其中在A股和香港发行A+B、A+H等多股份类型的公司222家。至2023年3月，中国概念股在美国上市300家，其中73%（217家）选择在纳斯达克上市。2022年中国概念股在美股市值合计曾高达2.2万亿美元，其中仅阿里巴巴就有8000亿美元。抖音旗下的TIKTOK如果在美国上市股票，估计它的市值将会超过阿里巴巴，超过1万亿美元（约为A股榜首的贵州茅台市值的3.5倍），但上市计划被美国阻止。美国围剿TIKTOK的最终目标并非摧毁这个应用，而是想利用国会巧妙地夺取它，将其变成他们自己的东西。

中国通过举债方式吸引外资，人民币债券以政府债为主。据央行统计，截至2023年12月底，境外机构在银行间市场持有的人民币债券总额达到3.67万亿元，占银行间债券市场总托管量的2.7%。国债托管量达到2.29万亿元，占比62.4%；其次是政策性金融债，托管量为8000亿元，占比21.8%。美元债券主要是企业债，至2021年底，有335家中资企业在境外发行中长期债券，合计1946亿美元。但由于房地产行业收缩，2023年中资企业的美元债也在收缩，债务余额下降，处于净融资为负数的情况。

无论是吸收外资还是中国对外投资，都会推动中国企业参与全球分工，进而深化国际贸易的细分，步入与发达国家相似的以产业内贸易为主的模式。特别是通信产品制造业（以手机为代表）、半导体产业（以芯片和内存为代表），其巨额国际贸易量主要是受到产业细分在全球布局带来的结果。

中国参与国际分工走向深水区，需要投资协定的保护，其中中欧投资协定是考验中欧关系的试金石。中欧双边投资协定（BIT）又称中欧全面投资协定（中欧CAI），旨在构建中欧双边投资制度。第一轮谈判于2014年1月21日举行。2020年12月30日晚，中欧领导人共同宣布如期完成中欧投资协定谈判。但是，受到美国掀起的逆全球化和“脱钩断链”恶浪的影响，欧洲一些人发生了动摇。2021年5月20日，欧洲议会以压倒性的票数通过了冻结中欧投资协定的议案。这意味着欧洲议会将停止相关审议，而审议是该协定走向生效必须经过的一环。这次搁置协定是中欧关系的倒退，也会影响到中国资本进入欧洲市场。

（二）对外投资进一步提高中国企业深度参与国际分工合作的能力

亚洲是我国对外投资的主要目的地。2020年，我国流向亚洲国家的投资达1123.4亿美元，同比增长1.4%，占当年对外直接投资流量的73.1%。其他地区，除了流向大洋洲的投资同比下降30.3%，约14.5亿美元，其余地区均呈不同程度地增长。2020年，我国流向拉丁美洲的投资166.6亿美元，同比增长160.7%，占当年对外直接投资流量的10.8%；流向欧洲的投资126.9亿美元，同比增长20.6%，占当年对外直接投资流量的8.3%；流向北美洲的投资63.4亿美元，同比增长45.1%，占当年对外直接投资流量的4.1%；流向非洲的投资42.3亿美元，同比增长56.1%，占当年对外直接投资流量的2.8%。

从单一经济体看，我国对外直接投资主要区域是中国香港地区，2020年投资净流量达891.5亿美元，占我国对外直接投资总额的比重超过一半。其次是开曼群岛、英属维尔京群岛和美国，占比分别达5.57%、4.54%和3.92%。这意味着中国的对外投资喜欢选择自由贸易港和离岸金融中心作为二传手，以规避政治风险。

至2020年末，中国境内投资者在参与共建“一带一路”的国家设立境外企业超过1.1万家，涉及国民经济18个行业大类，当年实现直接投资225.4亿美元，同比增长20.6%，占同期中国对外直接投资流量的14.7%，较上年提升一个百分点。2013—2020年，中国对共建国家累计直接投资1398.5亿美元。从国别构成看，主要流向新加坡、印度尼西亚、泰国、越南、阿拉伯联合酋长国，可见东盟是我国的主要投资对象，这和东盟是中国第一大贸易伙伴是正相关的。

相比之下，由于发达国家对中国设置了种种投资限制，反垄断审查严厉，导致中国资本很难大规模进入发达国家市场。这限制了中国和发达经济体开展分工合作的深度和广度，难以持续提高中国和发达国家的贸易份额。

2022年3月，中国国际贸易促进委员会发布的《中国企业对外投资现状及意向调查报告（2021年版）》指出，“一带一路”共建国家是企业对外投资首选地，79.5%的中国企业优先选择“一带一路”共建国家，20.4%的企业选择欧洲，25.5%的企业选择北美，19.2%的企业选择南美，21.8%的企业选择非洲。“一带一路”共建国家不仅是中国重要的经贸伙伴，而且和中国有良好的政治关系和外交基础，为对外投资奠定了良好的国际环境。中国和很多国家都签订了共建“一带一路”谅解备忘录，大部分共建国家正处于工业化初期或是中期阶段。这样的发展差距使得中国企业在这些国家投资时具备一定的资金、技术、经验优势。

但是，发达国家拥有强大的购买力和先进的技术，是中国企业要实现产业升级必须合作的伙伴，收购发达国家企业才是中国对外投资的最优选择。在逆全球化浪潮出现之前，中国企业抓住机遇，收购了不少品牌价值和技术实力不俗的欧洲企业，其中代表性的案例如下。

2016 年 11 月，中国化工集团公司以 9.25 亿欧元收购德国橡塑化机巨头克劳斯玛菲集团，这是迄今为止中国在德国最大的单笔投资。

2018 年 10 月，福建的恒申控股集团与荷兰福邦特控股公司完成股权交割，恒申拥有了福邦特荷兰己内酰胺工厂的全部股份及福邦特中国南京己内酰胺工厂 60%的股权，一跃成为全球规模最大的己内酰胺生产集团，并率先打通上下游共 8 个环节的完整产业链。恒申不仅收购了福邦特的生产装置，还收购了先进的己内酰胺生产技术、苯酚法环己酮生产工艺、硫酸铵大颗粒生产技术等核心技术及知识产权。

2019 年 7 月，万华化学公司的境外全资子公司万华化学（匈牙利）控股有限公司收购瑞典国际化工 100%的股权，总收购金额为人民币 9.25 亿元，使万华化学绝对控股了康乃尔聚氨酯公司及其 40 万吨 MDI（二苯基甲烷二异氰酸酯）产能项目。

2009 年，福建的安踏集团以 4.6 亿元从百丽手中拿下意大利运动品牌斐乐（FILA）在大中华地区的商标使用权和专营权、当时的斐乐在中国的门店只有 50 家，亏损 3218 万元。在安踏的品牌经营下，斐乐贡献的年度利润已远超当年的收购金额，逐步成长为安踏的“现金牛”和最大的增长引擎。

2010 年 3 月 28 日，浙江吉利汽车以近 15 亿美元收购瑞典沃尔沃 100%的股权，沃尔沃原有股东是美国的福特汽车。吉利还另外筹资 7.5 亿美元，用作该瑞典汽车品牌的运营资金。吉利集团收购沃尔沃公司，被比喻作以小搏大的“蛇吞象”，它使得吉利汽车进入高端汽车市场，实现了吉利的品牌价值升级。

2005 年 7 月 22 日，英国运动汽车品牌名爵被中国南京汽车集团有限公司收购，同时被收购的还有 MG 的发动机生产部分，南京汽车集团有限公司开创了中国企业收购国外著名汽车企业的先河。2007 年 4 月，上汽集团收购了南汽集团，名爵汽车成为上汽集团的子品牌。2019 年 9 月 28 日，上汽乘用车的全国第 4 个生产基地，同时也是专门的现代化新能源汽车生产基地上汽宁德基地正式投产，上汽宁德首款投产的名爵 eHS 下线，主要出口英国、埃及和欧盟。上汽收购名爵，选择的是国内生产与国外销售相结合的国际化策略，带动上汽集团汽车出口量位居国内首位。宁德基地是上汽集团的主力出口基地，其出口港是福州江阴港。通过这一系列运作，将英国、欧盟，以及上海、南京、宁德、福州等国内城市纳入一个合作紧密的全球化分工体系。

值得注意的是，这些成功的收购案例都发生在中国的东部沿海省份。

（三）国内的产业转移帮助中西部地区参与国际分工合作

长期以来，中国东部沿海的引资规模和质量都大大高于中西部地区。虽然近年来一部分外资开始投向中西部，但要改变整体格局还有待时日。

工业和信息化部发布了《制造业转移发展指导目录（2022 年本）》，支持各地立足产业基础、发挥特色优势，有序承接、错位发展，打造更多支柱产业，形成更多具有核心竞争力的先进制造业集群和中小企业特色产业集群。2023 年工信部和相关省份开展了中国产业转移发展系列对接活动。做好产业有序转移工作，可以促进区域协调发展，促进内外产业深度融合，实现互利共赢。

在电子信息产业领域，比较有代表性的产业转移包括：深圳富士康转移到山西和河南，建立了太原、郑州、南阳富士康工厂，富士康于 2010 年入驻郑州航空港区，正式在郑州建厂，之后河南省外贸进出口突飞猛进，2009 年河南省进出口总额排在全国第 17 位，2021 年河南进出口总值居中部第一、中西部第二、全国第 10 位。上海英特尔转移到成都，在成都建成全球最大的芯片封装测试中心，2019 年英特尔产品（成都）有限公司进出口额为 297.99 亿美元，在中国对外贸易 500 强中排名第四。宜宾市三江新区的四川时代是宁德时代的子公司，项目规划 10 期，预计总投资 560 亿元。截至 2023 年 5 月，四川时代已投 5 期项目，全部建成达产后，将成为世界级的锂电池制造基地。2022 年 3 月，全球知名认证机构 SGS 为四川时代颁发 PAS2060 碳中和认证证书，标志着四川时代工厂已实现“碳中和”，成为全球首家电池零碳工厂。

二、有序推进人民币国际化，稳定人民币汇率

随着中国金融业对外开放持续深化，人民币国际化水平不断提升，稳居全球主要货币前列。党的二十大报告提出：“有序推进人民币国际化。”2023 年国务院政府工作报告提出，2022 年“人民币汇率在全球主要货币中表现相对稳健”，2023 年要“保持人民币汇率在合理均衡水平上的基本稳定”。

货币国际化反映了国家综合实力，我国从 1996 年 12 月 1 日开始实行人民币经常项目下可自由兑换，近年来人民币国际化取得显著进展，2023 年人民币是全球第五大支付货币、第三大贸易融资货币、第五大国际储备货币，人民币外汇交易在全球市场份额增至 7%，成为近 3 年来市场份额上升最快的货币。

但相对于中国的经济实力，尤其是对外贸易和对外投资实力，人民币国际化程度显然是不够高的。推进人民币国际化受到多重因素制约，最根本的原因是拥有世界霸权地位的货币都是由国际地位决定的。英镑的霸权地位因第一次世界大战英国元气大伤而瓦解，第二次世界大战确立了美国的政治霸权而建立了以美元为中心的布雷顿森林

体系。通过国际地位的此消彼长来影响货币的霸权，是非常漫长的过程。

当前人民币国际化推进的成果表现在以下 4 个方面。一是人民币在本外币跨境收付总额中的占比约为 50%，2022 年跨境人民币收付总额是 42 万亿元，比 2017 年增长了 3.4 倍。二是人民币在国际货币基金组织特别提款权的权重排第三，全世界有 80 多个国家和经济体将人民币纳入储备货币。三是人民币在金融交易中的使用不断扩大，我国债券被纳入三大主要国际债券指数，到 2022 年底，境外主体持有境内人民币资产的余额为 9.6 万亿元，较 2017 年增长了 1.2 倍，其中股票和债券的规模分别为 3.2 万亿元和 3.5 万亿元。境外发行人累计在我国债券市场发行熊猫债 6300 亿元。四是中国人民银行先后与 40 个国家和地区的央行或货币当局签署了双边货币互换协议，协议总额超过 4 万亿元。2022 年，央行与香港金管局签了常备互换协议，把互换规模扩大到 8000 亿元人民币。央行同时扩展境外人民币清算行安排，目前已在 29 个国家和地区授权 31 家人民币清算行，覆盖了全球主要的国际金融中心。从 2015 年起，海关总署在核算进出口指标时，不再以美元计价，改为人民币计价。

经过十余年的发展，随着人民币清算行和本币互换网络的建立、离岸人民币市场的发展、国内金融市场的开放及中资金融机构的海外布局日趋完善，人民币初步具备了国际化使用的网络效应。随着人民币汇率形成机制改革不断深化，人民币汇率的弹性明显增强，企业在跨境贸易、投融资中使用人民币的意愿上升。同时，随着我国经济增长的动能恢复和金融市场进一步开放，人民币投资和避险功能逐步增强。此外，随着国际地缘政治、经济发展环境的变化，国际货币体系发展将更趋多元。

但也要看到，人民币国际化改革在整个金融体制改革中是相对滞后的。人民币国际化最核心的改革是资本项目下可自由兑换，但中国至今未实现完全可自由兑换，最大的顾虑是要设立中国的金融市场防火墙，主要是防范国际游资炒家和民营资本大规模逃离中国。

1993年，党的十四届三中全会通过的《中共中央关于建立社会主义市场经济体制若干问题的决定》提出，要“逐步使人民币成为可兑换货币”。2003年，党的十六届三中全会指出，要“在有效防范风险的前提下，有选择、分步骤放宽对跨境资本交易的限制，逐步实现人民币资本项目可兑换”。2010年，党的十七届五中全会通过的《中共中央关于制定国民经济和社会发展第十二个五年规划的建议》再次明确，要在“十二五”期间“逐步实现人民币资本项目可兑换”。但截至目前，依然没有完成任务。我国对资本账户的管制是较严格的。我国在商业信贷、证券投资、对外直接投资和个人资本流动等方面宜考虑进一步放开，这样既可以促进中国对外投资和国际贸易，又有助于对接更高标准的国际规则和自贸协定。

三、反对断链脱钩，维护国家安全

美国拜登政府通过各种行政命令推动“脱钩断链”的逆全球化政策。在中国和美国企业抵制下，拜登后来又提出较不刺激的“去风险”口号，但其本质未变。美国联邦政府当局不遗余力地推进“脱钩断链”，其实专指和中国“脱钩断链”，美国以5G通信技术领先的华为科技公司为重点打压对象，全面封杀中国培育的新兴企业福建晋华；同时，美国与北美自由贸易区的伙伴国加强了分工和贸易联系，封杀中国借道墨西哥出口美国享受零关税待遇的渠道，并大挖欧洲、日本的墙角，鼓励盟国企业到美国直接投资，企图以巨额财政补贴利诱全世界高新技术企业往美国集聚，形成以美国为中心的全球分工格局。在此之前，美国的第一大贸易伙伴是中国，但因中美贸易战和疫情原因，墨西哥跃居成为美国第一大贸易伙伴，加拿大排第二，中国则下降到第三。美国这种政治经济决策的变迁，一方面是因为面对中国日趋强大的国际竞争力，不得不做出的战略收缩，以确保其北美基本盘，但这样急于收缩可能会挫伤美国资本全球扩张的积极性，另一方面则是企图重构美国的制造业和高科技竞争力。值得关注的是，美国并非只会在舆论上激化中美矛盾，它更是默默地动用国家机器的力量发展本土经济、大搞基础设施建设（以马斯克的星链计划为代表），并且在很大程度上学习中国的经验，拜登多次公开承认美国的基础设施陈旧，与中国差距很大，必须改变现状，而且批准了规模庞大的基础设施建设计划。马斯克的特斯拉电动汽车、星链（世界最大的低轨互联网卫星星座）、星舰（美国载人登月的关键设备）三大产品，都获得了美国联邦政府多个部门的财政拨款。美国对创新型民营企业的扶持值得中国学习。

美国的“去风险”或“脱钩断链”，其本质是“去中国化”。习近平总书记曾对中美关系作出这样的表述：“宽广的太平洋足够大，容得下中美两国。”[①] 2023 年，习近平主席在会见美国国会参议院两党代表团时又提出，“宽广的地球完全容得下中美各自发展、共同繁荣”[②]。中国的态度正是超越零和博弈的体现。郑永年教授[③]把美国对华的心态总结为“集体恐惧感”。这种恐惧感主要来自美国联邦政府的财经高层和军界精英，并经媒体放大，泛滥到美国底层群众，他们感受到了中国崛起对美国的挑战。郑永年认为，今天的中美关系不是美国单方面定义的，中国要有自信去定义。由于中国的坚定战略定力，迫使美国和紧跟美国的日本、韩国、欧盟降低了对抗调门，不得不一边去风险一边继续拥抱中国的商机。全球化是资本、技术主导的，没有任何一个行政当局能阻止资本和技术的扩散，这是世界几千年历史所证明的。

在美国力推“去中国化”的同时，中国以牙还牙予以坚决还击。以斗争求得团结是正确的策略，但不能为了斗争而斗争。在维护国家

---

① 《习近平同美国总统奥巴马举行会谈》，《人民日报 》2014 年 11 月 13 日。

② 《习近平会见美国国会参议院多数党领袖舒默一行》，《人民日报》2023 年 10 月 10 日。

③ 郑永年，长年致力于中国内部转型及其外部关系研究。现任香港中文大学（深圳）讲座教授、全球与当代中国高等研究院首任院长，上海交通大学政治经济研究院名誉院长，香港中文大学（深圳）公共政策学院创始院长。

安全方面，我们要把限制美国及五眼联盟国家技术的范围尽可能缩小到军用和军工等少数关键部门，防范因突发情况而引起的不必要损失；而在经济社会的绝大多数领域，中国应坚持面向全世界开放的既定方针，强力推进双循环发展格局构建，来满足人民群众对高品质生活的需要。

本章小结

党的二十大报告第四部分提出，加快构建新发展格局，着力推动高质量发展。其中第五点是推进高水平对外开放。高水平对外开放的现实依据是，依托我国超大规模市场优势，以国内大循环吸引全球资源要素，增强国内国际两个市场两种资源联动效应，提升贸易投资合作质量和水平。高水平对外开放的重点任务包括：稳步扩大规则、规制、管理、标准等制度型开放，扩大面向全球的高标准自由贸易区网络，加快建设贸易强国；推动共建“一带一路”高质量发展；深度参与全球产业分工和合作，维护多元稳定的国际经济格局和经贸关系。党的二十大报告第十四部分“促进世界和平与发展，推动构建人类命运共同体”，系统阐述人类命运共同体的内容，这部分内容和共建“一带一路”高质量发展、以中国式现代化推进世界现代化密切相关。

高水平对外开放是构建国内国际双循环新发展格局重要组成部分。在全球化浪潮期间，中国坚持对外开放取得了巨大成就；在逆全球化尤其是美国推行“去风险化”“去中国化”政策的国际背景下，坚持高水平对外开放对于我们打破僵局、扩大合作伙伴意义重大。

思考题

1. 稳步扩大规则、规制、管理、标准等制度型开放，扩大面向全球的高标准自由贸易区网络，对中国有何利弊？

2. 福建是“21世纪海上丝绸之路”的核心区，历史上积淀了厚重的海洋文化，如何在“一带一路”建设中发挥独特的作用？

参考文献

［1］周绍朋. 坚持深化改革开放 构建高水平社会主义市场经济体制［N］. 光明日报，2023-02-07.

［2］唐任伍. 构建高水平社会主义市场经济体制的价值内涵、内容呈现和路径选择［J］. 贵州师范大学学报（社会科学版），2023，(1)：1-10.

［3］张占斌. 构建更高水平的社会主义市场经济体制［J］. 前线，2022，(2)：40-45.

［4］杨果. 切实激发市场主体发展活力［N］. 中国社会科学报，2022-06-01.

［5］杜国功. 完善中国特色国有企业现代公司治理［N］. 经济参考报，2023-06-13.

［6］王欣. 新时代推动民营企业高质量发展：制度演进、现实刻画和未来进路［J］. 产业经济评论，2022，(04)：5-25.

［7］高辰颖. 深化要素市场化配置改革 推动经济高质量发展［N］. 河北经济日报，2017-12-31.

［8］韩保江，崔笑李. 加快全国统一大市场建设的科学内涵和重大意义［N］. 中国经济时报，2023-06-20.

［9］沈荣华. 优化营商环境的内涵、现状与思考［J］. 行政管理改革，2020，(10)：24-31.

［10］刘伟，陈颜斌. 新时代宏观经济治理的发展脉络和鲜明特点.［N］. 经济日报，2021-10-12.

［11］穆虹. 完善宏观经济治理［N］. 人民日报，2020-12-22.

［12］刘尚希. 构建现代财税金融体制 为共同富裕铺路搭桥［N］. 中国经济时报，2023-08-07.

［13］习近平. 新发展阶段贯彻新发展理念必然要求构建新发展格局［J］. 求是，2022，(17).

［14］刘志彪. 全国统一大市场［J］. 经济研究，2022，57（05）：13-22.

［15］高培勇，袁富华，胡怀国，等. 高质量发展的动力、机制与治理［J］. 经济研究，2020，55（04）：4-19.

［16］蔡昉，江小涓，黄泰岩，等. 以中国式现代化推进中华民族伟大复兴——学习贯彻党的二十大精神笔谈（上）［J］. 经济研究，2022，57（11）：4-28.

［17］郑栅洁. 加快建设以实体经济为支撑的现代化产业体系［J］. 宏观经济管理，2023，(09)：1-6.

［18］杜传忠. 我国现代化产业体系的特征及建设路径［J］. 人民论坛，2022，(24)：22-25.

［19］许召元. 以制造业高质量发展为核心加快发展现代产业体系［N］. 中国经济时报，2020-12-03（04）.

［20］中共中央、国务院关于建立更加有效的区域协调发展新机制的意见［M］. 北京：人民出版社，2018.

［21］习近平. 推动形成优势互补高质量发展的区域经济布局［J］. 求是，2019（24）.

［22］习近平. 高举中国特色社会主义伟大旗帜 为全面建设社会主义现代化国家而团结奋斗——在中国共产党第二十次全国代表大会上的报告［N］. 人民日报，2022-10-26（01）.

［23］李心萍，刘温馨. 区域发展更加平衡更加协调［N］. 人民日报，2023-10-11（018）.

［24］刘坤. 我国区域协调发展呈现崭新局面［N］. 光明日报，2023-08-11（003）.

［25］陈明星，王成金，程嘉梵，等. 中国式现代化与中国区域发展新格局［J］. 经济地理，2023，43（07）：20-26.

［26］孙久文，史文杰，胡俊彦. 新时代新征程区域协调发展的

科学内涵与重点任务［J］. 经济纵横，2023，(06)：30-36.

［27］邓创，曹子雯. 经济高质量发展视阈下我国区域协调发展的政策效应评估［J］. 管理评论，2023，35（09）：13-25.

［28］张山杉. 中国式现代化视域下推动区域协调发展的若干思考［J］. 区域经济评论，2023，(06)：94-101.

［29］陆娅楠. 区域协调发展取得历史性成就［N］. 人民日报，2022-09-21（002）.

［30］范恒山. 促进区域协调发展的任务重点［J］. 区域经济评论，2022，(03)：5-7.

［31］张耀军，张玮. 共同富裕与区域经济协调发展［J］. 区域经济评论，2022，(04)：5-15.

［32］樊杰，赵浩，郭锐. 我国区域发展差距变化的新趋势与应对策略［J］. 经济地理，2022，42（01）：1-11.

［33］张军扩. 中国区域政策回顾与展望［J］. 管理世界，2022，38（11）：1-12.

［34］杨继瑞，杨蓉. 习近平新时代区域协调发展重要论述溯源与探讨［J］. 中国高校社会科学，2021，(06)：4-10＋154.

［35］薄文广，王毅爽，何润东. 新发展格局下完善我国区际利益协调机制研究［J］. 区域经济评论，2021，(05)：43-53.

［36］孙久文，张皓. 新发展格局下中国区域差距演变与协调发展研究［J］. 经济学家，2021，(07)：63-72.

［37］邓仲良，张可云. "十四五"时期中国区域发展格局变化趋势及政策展望［J］. 中共中央党校（国家行政学院）学报，2021，25（02）：66-76.

［38］樊杰，赵艳楠. 面向现代化的中国区域发展格局：科学内涵与战略重点［J］. 经济地理，2021，41（01）：1-9.

［39］杜运泉. 区域协同治理：区域协调发展的新机制［J］. 探索与争鸣，2020，(10)：4＋143.

［40］高国力. 推动适应高质量发展要求的区域经济布局研究

[J]. 区域经济评论，2020，(04)：38-44.

[41] 魏后凯，年猛，李功. “十四五”时期中国区域发展战略与政策 [J]. 中国工业经济，2020，(05)：5-22.

[42] 李兰冰，刘秉镰. “十四五”时期中国区域经济发展的重大问题展望 [J]. 管理世界，2020，36 (05)：36-51+8.

[43] 李兰冰. 中国区域协调发展的逻辑框架与理论解释 [J]. 经济学动态，2020，(01)：69-82.

[44] 张学良，林永然. 都市圈建设：新时代区域协调发展的战略选择 [J]. 改革，2019，(02)：46-55.

[45] 刘志彪. 建设优势互补高质量发展的区域经济布局 [J]. 南京社会科学，2019，(10)：18-26.

[46] 武英涛，刘艳苹. 习近平新时代区域经济协调发展思想研究 [J]. 上海经济研究，2019，(06)：29-37.

[47] 张红梅，李善同，许召元. 改革开放以来我国区域差距的演变 [J]. 改革，2019，(04)：78-87.

[48] 盛来运，郑鑫，周平，等. 我国经济发展南北差距扩大的原因分析 [J]. 管理世界，2018，34 (09)：16-24.

[49] 张学良. 以都市圈建设推动城市群的高质量发展 [J]. 上海城市管理，2018，27 (05)：2-3.

[50] 孙久文. 论新时代区域协调发展战略的发展与创新 [J]. 国家行政学院学报，2018，(04)：109-114+151.

[51] 张贡生. 我国区域协调发展战略的演进逻辑 [J]. 经济问题，2018，(03)：7-13.

[52] 任泽平，白学松，柴柯青. 中国人口流动预测报告 2022 版：未来 20 年人口将流向哪？[J]. 中国房地产金融，2022，(04)：54-57.

[53] 习近平. 切实加强耕地保护 抓好盐碱地综合改造利用 [J]. 求是，2023 (23).

[54] 习近平. 加快建设农业强国 推进农业农村现代化 [J]. 求

是，2023（6）.

［55］习近平. 坚持把解决好“三农”问题作为全党工作重中之重 举全党全社会之力推动乡村振兴［J］. 求是，2022（7）.

［56］杨圣明，王茜. 马克思世界市场理论及其现实意义——兼论“逆全球化”思潮的谬误［J］. 经济研究，2018，53（6）：52-68.

［57］王文涛，以党的二十大精神为指引推进高水平对外开放［J］. 求是，2023（2）.

［58］林毅夫. 解读中国经济［M］. 北京大学出版社，2012-9.

后 记

进入新发展阶段，是我国经济发展的历史方位；坚持新发展理念，是我国经济发展的指导原则；构建新发展格局，是我国经济发展的路径选择；推动高质量发展，是我国经济发展的鲜明主题。这是习近平经济思想的重要内容。为帮助党政干部深刻领悟习近平经济思想，深入学习贯彻党的二十大、二十届三中全会精神和习近平总书记在福建考察时的重要讲话精神，正确认识党和人民事业所处的历史方位和发展阶段，完整准确全面贯彻新发展理念，加快构建以国内大循环为主体、国内国际双循环相互促进的新发展格局，推动经济社会持续高质量发展，中共福建省委党校（福建行政学院）经济学教研部负责编写了本书。写作具体分工如下：

第一章由余文鑫副教授负责撰写；第二章由俞建雄副教授负责撰写；第三章由王建文副教授负责撰写；第四章由廖萍萍副教授负责撰写；第五章由王庆华副教授负责撰写；前言和后记由陈心颖教授负责撰写。全书由陈心颖教授提出总体框架结构，并负责协调、统稿、排版等工作。福建人民出版社编辑为本书的编辑、出版工作付出很多心血，谨此一并致谢！

由于编撰时间仓促，编者水平有限，行文难免疏漏，祈请大家批评指正。

编者

2024 年 11 月